真北

125位全球顶尖领袖的领导力告白

〔美〕 比尔·乔治 (Bill George)
彼得·西蒙斯 (Peter Sims) 著
刘祥亚 译

廣東省出版集團
广东经济出版社

图书在版编目(CIP)数据

真北：125位全球顶尖领袖的领导力告白 /〔美〕乔治，〔美〕西蒙斯著；刘祥亚译. —广州：广东经济出版社，2012.9
ISBN 978-7-5454-1436-3

I.真… II.①乔…②西…③刘… III.企业领导学 IV.①F272.91

中国版本图书馆CIP数据核字(2012)第172578号

版权登记号 图字：19-2007-098号

True North: Discover Your Authentic Leadership

出版发行	广东经济出版社（广州市环市东路水荫路11号11楼）
经销	广东新华发行集团
印刷	深圳市东亚彩色印刷包装有限公司
开本	787毫米×1092毫米 1/16
印张	20
字数	265千字
版次	2012年9月第1版
印次	2019年1月第10次
书号	ISBN 978-7-80728-827-5
定价	42.00元

如发现印装质量有问题，影响阅读，请与承印厂联系调换。
发行部地址：广州市水荫路11号11楼
电话：(020)83780718 83790316 邮政编码：510075
邮购地址：广州市水荫路11号11楼直销部
电话：(020)37601950 37601509 邮政编码：510075
图书网站：**http://www.gebook.com**

广东经济出版社常年法律顾问：屠朝锋律师、刘红丽律师

致中国读者

TRUE NORTH

比尔·乔治先生对与中资出版社合作发行《真北》一书的简体中文版感到非常满意。该书自 2007 年 3 月出版以来，在世界各地的读者中产生了极大的反响，并荣登《华尔街日报》及《商业周刊》商业畅销书排行榜。同时，《真北》还得到了诸多知名媒体的推荐，包括《纽约时报》、《商业周刊》、《华尔街日报》、《财富》、《上海日报》等等。下面是乔治先生特致中国读者的一封信。

出版者言

亲爱的中国读者：

你们好！

欢迎加入真诚领导全球社团这一成长迅速、充满活力的团体！

中国是世界上发展最快的新兴市场，目前，这里正快速涌现出一批又一批像读者朋友们这样的领导者。《真北》简体中文版旨在将真诚领导的精髓原汁原味地传递给所有的中国读者。

我一直认为，《真北》的领导哲学与中国企业领导者的信仰和原则有着异曲同工之处。这一点在我用中文给来哈佛商学院进修的中国企业高级主管们讲述的领导课程中也得到了体现和证明。真诚领导的精髓与中国社会流芳千年的孔子思想是是完全相容、相似和相通的。

与资本市场注重投资者短期利益的最大化不同，《真北》使领导者们意识到，只有努力将自己塑造成真诚的领导者，将企业塑造为真诚的组织，才有可能获得成功，实现企业的长足发展。

在《真北》一书中，我们采访了125位来自世界各地的领导者，从他们的故事中，读者可以得出这样一个结论：**真诚的领导者往往是从自己独特的生活经历中发掘出领导热情，并以此培养员工的领导才能，激励他们走上领导岗位**。对中国读者来说，雅芳集团主席兼CEO钟彬娴的事例对这一结论的阐释无疑具有特殊的意义。钟彬娴正是在中国传统思想精髓的指引下，领导着拥有来自中国内外的550万名员工的国际型大企业走向辉煌的。

在中国发展的历史性阶段，能有机会接触中国当代及未来的优秀领导者，并为中国企业真诚领导团体的发展贡献自己的绵薄之力，我感到既荣幸又惶恐。衷心祝愿每位读者在发现自身真诚领导的道路上都能有最大的收获！

真诚地祝福你们！

比尔·乔治

《真北》作者

哈佛商学院管理实践教授

美国美敦力公司前主席兼CEO

TO CHINESE READERS

Bill George has been pleased to work with Grand China Publishing House in releasing the Chinese version of *True North*. Since its launch in English in March 2007, *True North* has influenced readers around the world, and has become a Business Best-Seller in the *Wall Street Journal* and *Business Week*. It has been recommended by such prestigious media as the *New York Times*, *Shanghai Daily*, *Wall Street Journal*, *Fortune*, and *Business Week*. The following is a special letter to the Chinese readers written by Mr. George.

The Publisher

To the Chinese Readers of *True North*:

Welcome to the rapidly growing community of authentic global leaders!

China is the world's most rapidly growing market, and is developing leaders like you at a very rapid rate. This Chinese edition opens up the leadership ideas of *True North* to Chinese readers throughout the world.

I have long thought that the leadership philosophy of *True North* is especially appealing to the beliefs and principles of Chinese business leaders. This has been affirmed in the *True North* leadership courses I teach in Chinese at Harvard Business School to senior executives of Chinese companies. These ideas are entirely consistent with the principles of Confucius on which Chinese society has been built.

In contrast to the short-term shareholder maximization ideas of Wall Street, *True North* helps leaders realize that their only route to long-term success is through developing themselves as authentic leaders and creating authentic organizations that can sustain long-term success.

As you will read in the life stories of the 125 authentic leaders from around the world whom we interviewed for *True North*, leadership comes from discovering your passions to lead from your unique life story, and then empowering your employees to step up to leadership. A unique example of the success of these ideas is the story of Andrea Jung, chair and CEO of Avon Products. Through the principles of her Chinese heritage, Andrea leads the world' s largest organization – 5.5 million – in China and around the world.

In this historic period of China' s development, I am humbled by this opportunity to reach China' s current and future leaders, and to contribute in this modest way to the development of authentic leaders who will China' s business community. I wish the very best as you embark on the journey to discovering your authentic leadership.

Sincerely,

Bill George

Professor of Management Practice, Harvard Business School and former Chairman & CEO, Medtronic, Inc.

《真北》荣耀榜

TRUE NORTH

美国国家级畅销榜

National Best Seller Lists

连续 4 个月占据 CEO READ 畅销榜第 1 位

#1 on CEO READ, 4 months in a row!

《华尔街日报》畅销榜第 6 位

#6 Wall Street Journal

美国《商业周刊》畅销榜第 11 位

#11 BusinessWeek

美国地区性畅销榜

Exampld of some Local Lists

科罗拉多范尔市图书畅销榜第 1 位

#1 in Vail, Colorado

佛罗里达奥兰多市图书畅销榜第 1 位

#1 Orlando, Florida

双子城非小说类图书畅销榜第 3 位

#3 Non-Fiction in Twin Cities

中文简体版所获荣誉及影响力

《经理人》杂志与搜狐网合作颁发
“2008 年度十佳商业图书”大奖
《上海日报》《21 世纪经济报道》鼎力推荐
搜狐网、腾讯网、新华网、
凤凰网、新浪网、和讯网、
商业评论网、中国经济网、读书网、
京东商城读书频道、商都网文化频道、
《和邦》期刊、《世界经理人》杂志等
多家媒体争相连载

TRUE NORTH

编辑的话

我们的世界正变得越来越危险，我们所面临的问题也越发纷繁复杂，人们开始热切期盼真诚的领导者，期盼那些真正值得我们尊重和效忠的人物出现。但事与愿违的是，我们在近些年却一再遭遇那些糟糕的领导者。商业媒体不断爆出各类丑闻：那些因贪婪而被送进监狱的 CEO 们，那些为了眼前利益而听任执行官作恶的董事会，那些为了利润不惜牺牲客户利益的公司，还有那些腐化堕落、结党营私的政治家们。如今有太多所谓的领导者表现得正像乔恩·斯图尔特 (Jon Stewart) 和史蒂芬·科尔伯特 (Stephen Colbert) 在电视节目中所讽刺的那些主角们。

但比尔·乔治 (Bill George) 和彼得·西蒙斯 (Peter Sims) 在这本《真北》中所讨论的领导者却截然不同：他们让追随者感到自豪。在这本分量十足的书中，美国最受尊重的商业领袖和一位年轻且才华横溢的学者共同向我们揭示了这样一个事实：**道德上的完善不仅可以帮助一个人成为合格的领导者，这同时也是一种最有效的领导方式。**这是一条振奋人心的信息，相信所有听到它的人都会为之欣喜不已。

为了完成这本助你通向真诚领导的指导手册，乔治和西蒙斯先后采访了各行各业中的125位领袖人物。这些受访者的年龄跨度极大，年轻的只有23岁，年长的则有93岁，他们当中有企业家、社会活动家、政治家，还有领导力研究专家。无论从事哪种职业，他们都在各自的领域中取得了杰出的成就。有些受访者，比如说政治家、柏克德公司 (Bechtel) 前任总裁乔治·舒尔茨 (George Shultz) 曾经在很多领域都作出了杰出贡献；还有些受访者，比如说星巴克创始人霍华德·舒尔茨 (Howard Schultz)、教育家和政治评论家大卫·格根 (David Gergen)，也都是在美国家喻户晓的人物；还有一些人物的名气虽然不那么响当当，但也同样默默地为我们的社会作出了重要的贡献，比如说"为美国教书"(Teach For America) 的创始人温迪·科普 (Wendy Kopp)、金融巨头查尔斯·施瓦布 (Charles Schwab)、雅芳公司 CEO 钟彬娴、安进公司主管凯文·夏尔 (Kevin Sharer)、设计哲学大师大卫·凯利 (David Kelley)、大哥哥大姐姐公司 (Big Brothers, Big Sisters) 的朱迪·弗里登伯格 (Judy Vredenburgh)，所有这些在《真北》当中出现的领导者向我们揭示了真诚领导的本质，并向我们讲述了该如何成为一个真诚的领导者。

《真北》带给我们的一个启示就是：真诚领导者的领导行为在很大程度上都受到他们个人经历的影响。在本书中，受访者们一次又一次地讲述了自己生命中的转折点（我称其为严峻的考验），正是这些转折点造就了今天的他们。从这些故事当中，我们可以感受到他们内心深处的价值观以及他们最热诚的信念。星巴克创始人霍华德·舒尔茨回忆了自己7岁时，当装运工的父亲在冰上滑倒而导致脚踝骨折的故事，这次意外事故让舒尔茨的父亲失去了工作，整个家庭顿时陷入了困境。正是这次经历让舒尔茨最终创建了一家全球性的公司。有趣的是，这家公司赖以生存的基础并不是拿铁和奶茶，而是一个坚定的信念——让所有在这家公司工作的人都能得到尊重和照顾。

"这些早期的记忆一直陪伴着我，"舒尔茨告诉本书的两位作者，

“我想要创建一家我的父亲当年没能遇上的公司，无论你来自哪里，你的皮肤是什么颜色，你的教育水平如何，都能得到尊重和重视。对因父亲失去医疗保险而导致全家陷入困境的惨痛记忆使得星巴克成为全美第一家为所有员工，包括兼职员工，提供医疗保险的公司。”

在本书中，这些领导者的经历一直都在激励着他们，使他们的道德指针一直指向自己的真北。这些故事不仅读起来十分有趣，而且也会对读者产生巨大的激励作用。

诺华制药主席兼 CEO 丹尼尔·魏思乐 (Daniel Vasella) 的经历就像是狄更斯笔下的传奇故事。魏思乐出生在瑞士，在那他度过了孤独而难熬的童年时代，在心理和生理上都承受了巨大的磨难。8 岁那年，他患上了结核病和脑膜炎，被安排到外地修养了一年。在这一年中，他的父母从来没有去看望过他。由于年少轻狂而又缺乏父母的关爱，他加入了当地的一个飞车党，终日酗酒打架。但魏思乐和本书中提到的其他领导者并没有被生活中的这些挫折打败。相反，他们从这些挫折中学到了很多东西，并最终找到了他们的未来。

在加入飞车党的那段日子里，魏思乐有了自己的理想，并开始憧憬着一种能够有更多主控权的职业生涯。他去上了医学院，后来又成为一家世界顶级的医药保健公司的最高管理者。他的领导风格在很大程度上受到了自己早期对于贫穷和疾病的感悟。“作为 CEO，”魏思乐告诉作者，“我有能力影响更多人的生活。我可以听从自己的道德指针，去做那些真正正确的事情。因为我坚信，对于任何一个人来说，最终真正重要的就是我们到底为别人做了些什么。”

在这本令人着迷而又分量十足的书中，我们可以看到超过 100 个这样的关于顶级领导者的故事。有些故事非常有趣，有些振聋发聩，有些引人入胜。在本书出版之前，我的一位朋友曾经读到过这本书的手稿，他发现这本书与大多数商业图书有所不同。本书并不只是简单地告诉读者该如何前进，相反，它为读者提供了一个极为实用的操作指南，帮助读者最大限度地发挥他们的潜力，并让他们最终意识到：只有真诚和正直才是领导力的最终决定力量。值得一提的是，我的那位朋友甚至想把这本书送给自己的孩子们读一读。

作为医疗设备巨头美敦力的CEO，比尔·乔治不仅在事业上取得了巨大的成功，而且他的人格魅力也是众所周知的。这是他继《诚信领导》之后推出的(与彼得·西蒙斯合著)又一本真正值得一读的好书。在《真北》当中，作者把《诚信领导》当中的理念向前推进了一步，它不仅告诉读者真诚领导的力量到底有多大，更重要的是，它还告诉了读者该如何成为一名真正的真诚领导者。

沃伦·本尼斯

圣莫尼卡，加利福尼亚

2006年10月

谨以本书献给我的妻子，彭妮，

三十七年来，她一直是我忠实的伙伴，

她帮助我坚守了自己的真北。

还要献给我们的儿子，杰夫和乔恩，还有我们的儿媳雷娜和珍纳特，

他们代表着新一代杰出的真诚领导者。

TRUE NORTH

目 录

转型：从“我”到“我们” 第3章

领导者的任务之一，就是为自己的团队成员提供服务，要学会激励身边的人、培养他们，并帮助他们学会改变自己。这是你必须面对的挑战。

第二部分　发现你的真诚领导力

认识你的真诚自我 第4章

要抽出时间了解自己，找到自己的激情、力量源泉和人生目标。只要你能够做到这一点，就能改变世界并在自己的人生旅程中获得真正的快乐。

实践价值观和个人原则 第5章

坚守自己的价值观绝非易事。受外部的诱惑和压力影响，你很容易偏离航道；但如果你能清醒地认识自己，你的道德指针会帮助你返回正途。

知名人士推荐

TRUE NORTH

吉米·卡特 (Jimmy Carter)

美国第39届总统，2002年诺贝尔和平奖获得者。

比尔·乔治再次提醒我们，对于商业领导者来说，理解和热忱与投入和果断同样重要。

大卫·格根 (David Gergen)

哈佛大学肯尼迪政府学院公共领导力中心主任，美国历史上第一个先后为尼克松、福特、里根和克林顿四位总统担任顾问的人。

发现你的“真北”是在任何领域进行领导的关键，无论是在公司、政府部门，还是非营利组织。

沃伦·本尼斯 (Warren Bennis)

美国当代杰出的组织理论、领导理论大师。四任美国总统的顾问团成员，并担任过多家500强企业的顾问。

比尔·乔治和彼得·西蒙斯的《真北》所讨论的是一种不同的领导者……《真北》不仅告诉我们真诚领导的力量有多么强大，而且最让人高兴的是，它还告诉了我们该如何实现真诚领导。

钟彬娴 (Andrea Jung)

雅芳全球董事会主席兼首席执行官。

《真北》讲述的是真诚领导的力量。伟大的领导者都有一种激情与使命感，同时也有一种强烈地想要改变世界的冲动。只要你真正热爱你所做的事情，你就能找到自己的“真北”。本书为那些迫切想要开启这段旅程的领导者提供了一幅完美的地图。

权威媒体推荐

TRUE NORTH

领导力密语

《纽约时报》（*New York Times*）
威廉 ·J. 霍尔斯坦

多年来，管理大师、专家顾问及学院教授们异口同声地宣称：他们能够通过教育把管理者培养成为领导者。诸如此类的言论数不胜数，从而大大丰富了图书馆的藏书，尽管其中许多言论明显过于简单或是人云亦云。

《真北》的出版可谓众望所归。该书的作者比尔 · 乔治和彼得 · 西蒙斯对领导所持的观点和理论具有真正的宝贵价值。

乔治先生曾担任美国美敦力公司 CEO 达十年之久，现任埃克森美孚石油公司、高盛公司、瑞士诺华公司董事会成员，并在哈佛商学院授课。该书是在对 125 位领导进行深入采访的基础上完成的。

“领导的心智不是学来的”，这是书中所提出的一个观点。相反，**领导者是由个人危机及其他生活经历共同塑造而成的**。这种经历常常发生在年轻时代，或是中年时期，它能使人产生强烈的使命感。如果这种观点是正确的，那么许多花在领导力培训上的钱就是不折不扣的浪费。

星巴克集团主席霍华德·舒尔茨讲述了令他终生难忘的一次经历。那是 1961 年的冬天，他当时只有 7 岁。一天，他正在布鲁克林的“Bayview Housing Projects”外和朋友打雪仗。突然他母亲大声叫他进去。原来，他父亲出事了。他的父亲是一位货运司机，不小心摔倒在冰面上，扭伤了脚踝。

父亲因此而丢了工作，并因而失去了所有收入来源，他开始在饭桌上和舒尔茨的母亲就借多少钱的问题大肆争吵。书中原原本本地引用了舒尔茨先生的话：“我的周围都是那些整天忙碌工作、疲于奔命的人，这种记忆我永远忘不了……永远。”

从这些话中可以看出，舒尔茨家庭的凄惨经历激发了他争取成功的野心，刺激他着手创建了星巴克，直至发展到今天的规模。舒尔茨先生手下的每一位员工工资都至少高于最低标准，而且还能领取数目可观的健康福利津贴和股票期权。所有这些，同样也是源于家庭经历带给舒尔茨的感悟和影响。

丹尼尔·魏思乐是瑞士诺华公司的 CEO。他从小就患有哮喘病、肺结核和脑外肿，因而不得不长年与家人分离。他的妹妹死于癌症，父亲死于一次外科手术中。

魏思乐的初衷是当医生，他希望帮助家人和自己摆脱疾病的困扰。但后来，他的兴趣转移到了制药领域。在他任职诺华公司期间，他总是催促研发人员尽快研究新的药物，因为他对病人有一种感情上的亲近。“作为诺华公司 CEO，我的力量和影响关系到的是许多人的生命。”魏思乐先生如是说。

乔治先生指出，上述情况是杰出领导者中普遍存在的一种现象，即他们都强烈渴望实现更远大的目标，而不仅仅是赚钱。

总而言之，本书中描绘的 CEO 形象与通常出现在大众畅销书中的那些高傲而贪婪的CEO形象截然不同。乔治先生并不否认这类CEO的存在，但他认为他们并不是真正的CEO，也不可能取得最终成功。**真正优秀的领导者拥有令组织中所有人都理解并欣赏的品质，这就是真北的精髓所在。**

“那些只盯住权力、财富和名声的领导者，往往一味追求别人的满意，要求所有人都认可他的光辉形象。”乔治先生在书中写道，“这样的领导者无论在公共场合还是在私人场合，都表现出极端的自恋。”

《真北》体现了领导理念上的鲜明变化，即由以美国国际集团前CEO莫里斯·格林伯格 (Maurice Greenberg) 为代表人物的“命令–控制”式管理向协作型管理的转变。

最关键的是要认识到管理活动并不是围绕“我”——即CEO的活动，而是关于“我们”，即整个团队的活动。“领导者的作用并非迫使其他人服从，而是在于通过授权使他人学会领导”，乔治写道，“如果管理活动主要集中在领导者个人，那么领导者将很难激发出员工创造最大的工作绩效。”

书中提出的其他深刻见解将有助于开辟关于公司领导问题的新思路。其中一个观点阐述的是，领导实际上可以向他人展现出自己脆弱的一面，而没有必要煞费苦心地装作神通广大、无所不知。

安妮·马尔卡希 (Anne Mulcahy) 是施乐公司的CEO。2001年，她面临着公司倒闭清算的危险局面。她在书中这样描述她的感受：“晚上8点半，我结束了一天的工作，拖着疲惫的身躯走在回家的路上。我把车停在了马利特公路路边，然后对自己说，‘我该去哪儿？我不想回家。我根本没地方去啊！’”

她毫不吝啬地展示出了自己脆弱的一面，同时也表达了自己追求胜利的决心。正是这种脆弱帮助安妮重新整顿队伍、恢复士气，并努力清偿了60%的负债，从而挽救了整个公司。最终的分析表明，领导其实是与个性和性格密切相关的。

乔治先生花费大量工夫讨论了最优秀的领导者所必备的、工作与生活之间的平衡。这一点颇令人费解，因为这相比起把所有时间投放于工作、把家庭完全抛在脑后的典型领导者形象来说，可谓大相径庭。

乔治举了约翰·多纳霍 (John Donahoe) 先生的例子。多纳霍曾在美国贝恩咨询公司任职。尽管他官运亨通、春风得意，但却常常为如何处理工作与生活之间的关系而大伤脑筋。他的妻子艾莲每天早上 7 点半去上班。这样一来，谁送他们的两个孩子上学就成了大问题。多纳霍找到老板，提出辞职以方便接送孩子。但出乎意料的是，他的老板和客户一致同意他每天上午 10 点上班。乔治先生最后总结道，现任 eBay 高级长官的多纳霍，这样做在某种程度上提高了自己的领导效能。

“处理工作与生活的关系是领导者所面临的最大的一个挑战”，乔治写道，“领导者要想拥有完整无缺的生活，就必须学会将个人生活和职业生活的各个主要因素整合在一起，包括家庭、社区环境、朋友，等等。只有这样，领导者才能够从容面对各种情况，免于遭受分身应对各种情况的痛苦。”如果切实做到了这一点，领导者就可避开孤立与傲慢的误区。

杰出的领导者亦具有建立不断增强的良性领导循环的能力。乔治对此阐释道，这样的领导者往往受个人经历所激励，善于授权给周围的人。这引领他们的企业走向成功，并逐渐吸引了更多的优秀人才和先进理念。

综上可见，《真北》是近年来关于领导力领域最重要的书籍之一。该书的写作是基于大量紧贴个人生活的细致观察，比起管理专家一窝蜂兜售那些枯燥理论来说，《真北》的现实意义要强得多。

领导之路

《商业周刊》(*BusinessWeek*)
戴安娜·布雷迪

如果企业高管们动笔写书，那么内容不外乎两种，一种是歌功颂德式的回忆录，另一种则是传授成功模式的盲目乐观的说教文。但比尔·乔治跳脱了这两种框架的束缚。这位美国美敦力公司的前 CEO，现在正担任哈佛商学院的教授。他与彼得·西蒙斯一起，为读者奉献了《真北》一书，对领导者的经历进行了深入考察，兼具启发性和实用性。本书可以说是 2003 年乔治所著的畅销书《诚信领导》的续篇。但作者在《真北》中提出了“成功人生内在规范”的理念，并指导读者如何成功把握这种内在规范，因而本书可谓是乔治真正的巅峰之作。

《真北》的核心内容由 125 位管理者的访谈记录构成。从诺华公司的 CEO 丹尼尔·魏思乐，到 Palm 公司创始人之一唐娜·杜宾斯基 (Donna Dubinsky)，涵盖了不同国家、行业、性别的各层次管理者。两位作者有时会和管理者一起，对他们的成功经历津津乐道；但有时也会引导他们谈起自己的失败经历、感情挣扎、人生悲剧、个人遗憾，等等。正是受这些事情的触动，管理者们才摒弃了平凡的职业道路，走上了不平凡的领导之旅。在和管理者的交流和沟通中，《真北》一书的真谛也得到了最好的诠释：**成功的领导没有捷径**。本书见解深刻，发人深省，读后余香，令人久难忘怀。

《真北》可分为三个部分。第一部分通过丰富的事例揭示了真诚领导所蕴含的意义，并对不同受访 CEO 的成功和失败经历进行了考察。现任安进公司 (Amgen)CEO 的凯文·夏尔曾是通用电气的主力干将。1988 年，夏尔离开通用电气，转投当时风头正劲的 MCI 通讯 [1998 年被世通 (Worldcom) 公司收购]。可是，他非但没有迎来事业的辉煌期，而且还遭到了 GE 总裁杰克·韦尔奇的“抛弃”，处境十分尴尬。夏尔并没有因此而自暴自弃。他学会了忍耐与宽容，最终成为了全球最大的生物技术公司安进的 CEO。

第二部分集中阐述了领导力培训计划的五个关键要素，是全书最具实用性的一部分。第一步是“了解真实的自我”。这就要求我们具有自知之明。美国嘉信理财 (Charles Schwab) 前任 CEO 戴维·波特拉克 (David Pottruck) 在这方面就显得有些力不从心。波特拉克是个野心勃勃的人，他整天长时间地工作，言谈举止又过于激进，渐渐失去了同事的信赖并招致忿恨。与此同时，他的第三次婚姻也出现了危机。为解决这些问题，波特拉克要求自己定期接受反馈，虚心听取周围人的看法和意见。

第二步，当我们具备了一定的自我认识后，就应该坚持自己的信仰和价值观。大卫·格根和乔恩·亨茨曼 (Jon Huntsman) 曾是尼克松政府的成员。他们亲身经历了水门事件的全过程，同时也经受了一次对道德底限的考验。亨兹曼回忆道，“当时整个白宫都弥漫着一种是非难辨的气氛。”他甚至奉命诬陷其他的政治家，这使他逐渐醒悟，并加快了离开的步伐。

领导力培训计划的第三步是找出自己的激励因素。作者写道，最成功的领导者走上领导岗位，或许是为了改变现状，或许是想超越自己的能力极限，亦或许单纯出于对工作的热爱与激情，总之，极少是为了钱。在很多情况下，真正的领导者是为了一个不确定的未来而放弃稳定的职位。

第四步是建立好的支持团队。作者列举了许多硅谷企业的领导者的例子，其中包括 Palm 公司的 CEO 杜宾斯基，她得到了被乔治称为“教导主任”的 Intuit 公司主席比尔·坎贝尔 (Bill Campbell) 的帮助。星巴克创始人霍华德·舒尔茨也从管理大师沃伦·本尼斯处得到过启发。

最后，我们应该努力将工作与家庭、朋友、社区服务、体育锻炼、宗教信仰等所有重要的生活元素整合在一起，也就是追求作者乔治和西蒙斯提出的一种“完整无缺的生活”。

《真北》第三部分讨论的是如何激励身边的人。在书中，领导们各自谈到了工作的高层次追求（这一部分包含的女性领导者多于前两部分）。钟彬娴，美国雅芳公司 CEO，对“我们的努力与信念，有助于给未来的女性创造更美好的生活和开创新的机会”这一企业使命进行了阐述；施乐公司 CEO 安妮·马尔卡希则谈到施乐面临清算危机时所采取的员工激励措施。与书中其他部分一样，这些内容并不是歌功颂德式的回忆录。马尔卡希这样描述了自己的感受：“晚上 8 点半，我结束了一天的工作，拖着疲惫的身躯走在回家的路上。我把车停在了公路边，然后对自己说，‘我该去哪儿？我不想回家。我根本没地方去啊！’”

读者从众多领导者的事例中或多或少能够发现自己的影子：或者是目睹亲人去世的痛楚，或者是在利益与自我之间的挣扎。领导者也会犯错，领导者也拥有自己的情感。毫无疑问，他们是真实的。全书每章后附有 DIY 领导训练，旨在指导读者对自己的行为作出评估，对所确定的重点事项进行评价。尽管没有指明任何捷径，《真北》的丰富内涵却能够帮助读者找到通向成功的领导之路。

缺乏道德规范，领导意义何存

《上海日报》(*Shanghai Daily*)
吴加寅

在中国企业界，领导者滥用公众信任而引发的丑闻似乎总是不绝于耳。每天，报纸上都会有企业高管因违背伦理道德而被迫下台、定罪判刑，甚至锒铛入狱的报道，读者对此早已耳熟能详。

用《真北》作者比尔·乔治和彼得·西蒙斯的话来说，这些高管普遍缺乏一种内部道德规范，而这种道德规范必不可少，构成领导的伦理基础。

当前，许多领导者以利己为中心，一切向钱看，无时无刻不在疯狂地追逐权力。渐渐的，公众对他们领导的企业丧失了信心，对其他企业也失去了原有的信任。

据报道，贵州茅台有限公司前任总经理乔洪因受贿嫌疑被监禁，并一直接受调查。2007 年 2 月，27 岁的商界女杰吴英受到了浙江省东阳当局的拘留。调查人员仔细察看了她写的书，并对她创建本色集团所利用的财务关系进行了审查。

除了乔洪和吴英，还有许许多多人在竞相追逐着自己的领导梦。他们没有任何实质性的目标，只是在追求伴随领导职位而来的财富、地位和荣耀。

这些人的才能或许不可否认，但是他们向往的领导决不是真诚的领导。

大卫·格根是哈佛大学肯尼迪政府学院公众领导中心的主任，有着三十余年为美国企业总裁进行咨询的丰富经验。格根的观点是：品德好、能力差最多导致领导不力，而能力强、品德差却会造成莫大的危害。

正如比尔·乔治在书中描述的那样，真诚的领导者应该坦诚；且善于思考，具备深刻的洞察力；目的性强，能被远大目标所激励；同时具有正确的自我认识、严格的行为标准和坚定的道德准则。

丹尼尔·魏思乐是制药业巨头诺华公司的主席兼CEO。在很小的时侯，魏思乐就饱受数种严重疾病的折磨，他的姐姐和父亲也都死于疾病。抱着与疾病作斗争的愿望，魏思乐当了一名医生。随后，他进入制药行业，供职于行政部门，最终成为了诺华公司的CEO。

现在，世界各地的人们都靠着诺华的药品保持身体健康、提高生活质量，这一切都得益于魏思乐的超越领导。

但是，中国的很多企业领导者却不具备这样的远见卓识和高尚动机。相反，他们时常为了追逐短期利益而忽视了长期目标。

这就可以解释，为什么许多中国人暗地里发财后，总是不愿意登上财富榜的排名；为什么很多曾经问鼎财富榜的富豪最后进了监狱。显然，这些人领导企业的方式是有问题的。他们压根没有长期奉献的打算，而是把经营企业当做一种冒险和投机。连最基本的是非观念都没有，又怎么能指望他们保证企业长盛不衰呢？

乔治强调，**要成为真诚领导者，就必须首先确定自己的道德底线。**

乔治并不是只会夸夸其谈的传教士。作为全球医药领先企业美敦力 (Medtronic) 的前CEO，他为美敦力确定的使命是“减轻病痛，恢复健康，延长生命”，而并非股东利益的最大化。不仅如此，美敦力清白的企业记录也一直让乔治深感自豪。乔治认为，基于伦理道德进行领导不仅可以实现，在很多情况下，这甚至是最有效的领导方式。

对于仍在短期利润和自身信念、价值观之间摇摆不定的领导者来说，比尔·乔治的《真北》绝对值得一读。我们需要“真北”的引导来实现领导者的真诚使命。

前言

TRUE NORTH

由于从小在一所著名的大学里长大，所以我一直相信，只有那些最聪明的人才能成为最优秀的领袖。我出生在一个学者家庭，父亲是数学教授，两位哥哥也分别成了医学教授和心理学教授，所以我有这种想法也是很自然的。我的家族成员和朋友们都非常看重一个人在智力上的成就，所以我也相信，那些真正聪明的人往往也能在大多数事情上，比如说领导别人上做到最好。后来我才明白，我错了。

快 30 岁的时候，我搬到了华盛顿，开始在现实社会中接受教育。在大约 30 年的时间里，我有幸在白宫先后成为四任美国总统的顾问，并与政府、媒体、商业等多个领域的领袖级人物一起共事。他们当中有很多人都非常出色，我也十分珍视与他们之间的友谊。他们还教会了我很多关于领导的知识。是的，一个人的能力是非常关键的：要想领导其他人，你就必须了解自己的工作，具备强烈的好奇心和敏锐的判断力。但最终造就一位伟大领导者的，却是个人的内在品质。你很难定义这些品质，但它们对于成功却极为重要，我们每个人都必须学会培养这些品质。在本书当中，比尔·乔治，这位美国最真诚的领导者之一，所探索的正是这些品质。这本书就像是一盏指路明灯，照亮你的人生旅程。

为了说明坚持自己的真北到底有多重要，我想先跟你分享一些我自己的心得。20 世纪 70 年代早期，我从法学院毕业没多久，并且刚刚从海军退役，就开始为理查德・尼克松 (Richard Nixon) 效力。我在他的白宫办公室工作了三年半的时间，主要负责他的演讲稿起草和领导他的研究团队。我当时的导师雷・普莱斯 (Ray Price) 告诉我，尼克松是美国有史以来最为复杂的总统之一。他有着非常光彩耀眼的一面，直到今天，我还相信他是这个国家曾经选出的最出色的战略家之一。尼克松似乎可以爬上山顶，看到 20 或 30 年后的未来，而且他可以告诉你怎样通过协调国际形势来保障美国的安全。他的中国之行和他所作的其他很多决定都说明了这一点。如果没有其他缺点的话，尼克松很可能会成为美国历史上最伟大的总统之一。

可惜的是，尼克松的性格当中还有黑暗、尖酸和扭曲的一面。你跟他一起共事的时间越长，就越能感受到他内心的恶魔，而且你会发现，尼克松从来没有战胜过它，甚至可能从来都没有认清它。但这种恶魔的破坏性却是极其强大的：他在白宫内部建立了一个小组，专门用来监视那些可能会危害国家安全的人，但这支小组后来却把重点放到了政治选举上面。以他的名义所进行的犯罪活动最终不可避免地进入了公众的视线，并直接威胁到他的政治前途。他成为自己宿命的设计师，虽然他具备所有成为总统的条件，但最终却由于内心的迷失而走向失败。

尼克松离开白宫之后，我的上司变成了杰瑞・福特 (Jerry Ford)，然后是罗纳多・里根 (Ronald Reagan)。两人都不及尼克松聪明，但他们最终取得的成就却远比尼克松出色，尤其是里根。福特非常了解自己，非常清楚自己的长项和弱项，而且由于他有着很清醒的意识，所以他很愿意请一些比自己更加聪明的人担任内阁成员。因此，虽然他担任总统的时间不长，但他却成功地组建了美国现代史上最出色的内阁；虽然他先后经历了多次失败，但他能够从中总结经验教训，最终以自己的人格魅力给白宫带来了荣耀，并拯救了整个国家。

里根跟福特一样，也是一个非常了解自己的人，并且能够坦然接受自己的一切。他不仅在生活中有着明确的指针，在政治上也有着非常明确的信念，并且他还将自己那极富感染力的乐观精神传遍整个美国。不管他的政策是否得到认同，但他无疑是自富兰克林·罗斯福以来最优秀的美国总统。里根并没有自以为是，他非常清楚自己应该怎么做。让他走向成功的关键就是奥利佛·温德尔·霍姆斯 (Oliver Wendell Holmes Jr.) 曾经用来评价富兰克林·罗斯福的那句名言，**"他只有一个二流的大脑，但有一种一流的性格。"**

再来说比尔·克林顿 (Bill Clinton)，他是我曾经效力过的第四任总统。大多数美国人都承认克林顿的确是一个很有天赋的人：他的心智和口头表达能力要远远超过当代国际舞台上的任何一个人。我曾不止一次地在椭圆形办公室里见到这样的一幕：克林顿与三四个人坐在一起，他一边和大家交谈，一边默默地玩《纽约时报》上的填字游戏。而且更加让人印象深刻的是，他总是懂得从不同的角度看问题：不仅是站在他的同事的角度，还包括那些通常都没有发言权的人，比如说黑人、西班牙裔、女性等。他拥有一种我所说的"360° 领导力"（我相信，在今天这个日趋复杂的世界里，这种领导能力将会变得越来越重要），这种能力大大地提高了他的判断水平。因此，他可以轻松地作出一些政策上的选择。

可另一方面，正如所有人都知道的那样，克林顿的性格当中也有着残缺的一面。在我看来，虽然他一直在努力地修补这些缺陷，但却并不是十分成功。我一直认为，如果等他更加成熟，人格变得更加完善时，再当总统，那么他留在我们心中的整个形象可能会变得更加高大。在我 2000 年出版的《见证权力》(*Eyewitness to Power*) 一书当中，我曾经深有感触地写道：

> 如果说尼克松一直都在光明与黑暗之间挣扎的话，我感觉克林顿的核心问题是：他的内心没有一个明确的指针。他拥有360°的视角，却没有一个坚定的真北。他的内心不够强大……他不清楚自己到底是谁，总是希望通过别人的视角来定义自己。这让他变成了一个充满冲突和矛盾的人，而在其他人看来，他似乎也是一个矛盾的混合体，给人一种忽强忽弱的感觉。

当然，克林顿的批评者对他的评价要更加严苛一些。但是我并不是要在这里大肆评价克林顿。相信所有人都看到，克林顿本来是一个非常有潜力的人，可恰恰就是由于他性格中存在的一些残缺之处，使得他在历任美国总统中的排名远低于其应有的位置。可即便如此，我还是相信他要比那些批评者所说的优秀得多。而且需要指出的是，在离开白宫之后的这些年里，克林顿开始变得越来越真诚，他正做着许多有益于人类的事情。

所有这些都说明了什么呢？非常简单：对于一位总统来说，能力是非常重要的，但内在的品质却更加重要。正如历史学家大卫·麦库卢 (David McCullough) 在评价哈里·杜鲁门 (Harry Truman) 时所说的那样："人品是一位总统身上最为重要的资产。"我还要加上一句：**对于一位领导者来说，只有人品没有能力是一种软弱，而只有能力没有人品则意味着危险。**

比尔·乔治和他的天才合著者彼得·西蒙斯，在本书当中提出了一条令人信服的论点：无论是在商界、政府部门还是非营利组织当中，发现并追求自己的真北是实现真诚领导的关键所在，对此我深有同感。在过去的几十年里，我有幸接触过各行各业的领导者，有年轻的，有年长的，有男士，也有女士，我还曾经为其中一些人提供过指导和建议。从他们身上我可以看到，引领他们走向成功的关键就是比尔和彼得在本书中所讲的真诚。而且在这个问题上，我相信没有任何人比比尔更有发言权了。从经历上来说，他本人就可以成为其他人的榜样。比尔如今投入了大量的时间和精力教导和帮助年轻的领导者。我曾经发现，当他和哈佛的学生谈到真诚领导时，所有人的眼里都露出了光芒，这不禁让我大为敬佩。

他在本书中所谈到的，是他和彼得采访了125位领袖人物之后得出的结论，也是所有有抱负的领导者真正需要的深刻而实用的人生智慧。它不仅是比尔那本备受推崇的《诚信领导》的续集，还是一本能够帮助今后几代人发现自我的无价指南。

希望大家阅读愉快，享受这次真北之旅。

大卫·格根

剑桥，马萨诸塞州

2006年10月

引言

TRUE NORTH

你的真北是什么？

你的人生目标是什么？你的领导目的是什么？你知道你忠于自己的内心吗？

真北就像每个人内心深处的一个指针，它可以指导你成功穿越自己的生命。它代表着内心最深处的自己。它是你的定位点，只要能够找准你的真北，你就能在这个变幻莫测的世界中把握好自己。你的真北源于那些对你最重要的东西——你最珍视的价值观、你的热情和动力，它们是你生命中所有幸福与满足的源泉。

"就像指南针总是指向磁场一样，你的'真北'也总是会引导你朝向自己的人生使命。一旦听从了你的内心指针，你的领导就会变得真诚，人们自然就会跟随你。虽然很多人可以指引或影响你，但你的真北却来自于你自己的人生经历，只有你才能确定它到底是什么。"

要想找到自己的真北，你需要穷尽一生的时间去努力和学习。每一天，当你接受各种新的考验和经受各种历练时，你要对着镜子问自己，"我尊重面前这个人吗？""我为自己选择的生活感到自豪吗？"有时候你的答案是果断的，有时候却又是迟疑的，但只要你能对自己忠诚，你就能应对生活中那些最为艰难的考验。

这个世界对你和你的领导行为的期待或许与你截然不同。无论你是领导一个小团队，还是统领一个规模庞大的组织，你都会受到来自外界的各种压力和诱惑。这些可能会让你偏离自己的真北。但一旦偏离过远，你的内心指针就会告诉你：有些地方出问题了，你需要重新调整自己的方向。但如果要承受压力和抗拒诱惑，并在必要的时候校正自己的方向，就需要你具备极大的勇气。

Sara Lee 公司 CEO 布兰达·巴恩斯 (Brenda Barnes) 说道：“**在领导者的成长过程中，最关键的就是你的性格和价值观。**”她还说：

> 只要你按照自己的性格和价值观来作决定，一切问题都会迎刃而解。所以一定要用你的价值观来指导自己的行为，千万不要失去自己内心的指针，因为在这个世界上并非所有事情都是黑白分明的。在商业领域，还有很多灰色地带。

当你按照自己的价值观行事时，你就会发现你的生活经历与你的领导行为能够保持一致。正像心理学家威廉姆·詹姆斯 (William James) 在一个世纪之前写的：“我觉得，定义一个人性格最好的方式就是找出他内心深处最积极、最活跃的那些精神活动和道德判断。只有在进行这些活动的时候，他的内心才会有一种声音告诉他，‘这就是真实的我。’”

你知道自己什么时候最活跃，并且能够充满自信地告诉自己“这就是真实的我”吗？当你能够这样做时，就是与自己的真北保持一致，并且已经为成为一名真诚领导者作好了准备。我还记得，当我 1989 年第一次走进美敦力，开始与一群才华横溢的人共同为“减轻痛苦，重塑健康，延长生命”这样一个使命而努力时，我就能清晰地感受到自己内心的那种激情。我感觉我可以做回真实的自己，并会因此得到别人的尊重和感激。我能立刻感受到这个组织的价值观与我的价值观是一致的。

领导危机

如今我们在领导行为上存在着一个巨大的真空，无论是在商界、政界、教育界、宗教界还是在非营利组织中，都是如此。但这并不意味着我们这个社会缺乏有足够领导能力的人。问题在于，我们很多人都没有想清楚这样一个问题：到底怎样才能成为领导者？由于企业高层领导者的错误观念，很多人在这个问题上都给出了错误的答案。而这种错误的观念导致的后果之一就是：它会让不适合担任领导的人变成了领导者。

在很多组织当中，我们都可以找到那些等待机会承担领导工作的人。可另一方面，我们又发现很多人并没有得到充分的授权，而且他们往往也没有得到足够的回报。《真北》的目的就是帮助你找到自己的真诚领导力，让你在忠于自己的同时成为一名合格的领导者。

20 世纪 90 年代，我在美敦力担任 CEO，其间亲眼目睹了很多公司的董事会都选择了错误的人来管理公司。在华尔街要求短期效益最大化的压力之下，这些董事们在选择管理者的时候只会关心候选者的个人魅力、行事风格和个人形象，而不是他们的人品。

当安然 (Enron)、世通、安达信 (Arthur Andersen)、泰科 (Tyco) 等公司的问题浮出水面的时候，领导层危机便真相大白了，结果使得人们对整个商界领导层的信任开始动摇。事实上，我并不是很关心杰夫·斯基尔林 (Jeff Skilling，安然公司前任 CEO。——译者注)、伯尔尼·埃贝斯 (Bernie Ebbers，世通公司创始人，前任 CEO。——译者注)、理查德·斯克鲁士 (Richard Scrushy，HealthSouth 前任 CEO。——译者注) 和丹尼斯·科斯洛夫斯基 (Dennis Koslowski，泰科公司前任CEO。——译者注)这些人会受到怎样的惩罚。因为我相信我们的法律是非常健全的。

我所真正关心的是，居然有这么多的商业领袖为了个人利益而屈服于股票市场的压力。他们失去了自己的真北，滥用了手中的权力，结果给整个组织带来了巨大的灾难，还有一些领导者在离开时带走了一笔巨额资产。

这种做法的结果是，我们的员工、客户和股东开始对领导者失去信任，以至于公众对商业领袖的信任度跌到了50年来的最低点。在商界，信任就是一切，一家公司的成功在很大程度上取决于客户对自己所购买的产品的信任，员工对管理层的信任，投资者对管理者的信任，以及公众对市场经济的信任。

向真诚领导者学习

出现领导真空，在很大程度上是因为人们对“到底怎样才能成为一名有效的领导者”这一问题存在着一些误解。为了确定什么才是最有效的领导风格，并找出那些伟大领导者身上所共有的特点和性格，在过去的50年里，领导力研究学者先后进行了超过1 000项的研究。可没有任何一项研究能够告诉我们理想的领导者到底是怎样的。如果说这些学者们能够开出一张“伟大领导者速成”秘方的话，相信所有的人都会争先恐后地效仿。但如果是这样，这些领导者就会变得非常危险，因为别人一眼就能看穿他们。

事实上，这个世界上没有一个人可以通过效仿他人而成为一名真诚的领导者。没错，你可以吸取他人的成功经验，但你绝对不可能通过模仿他人而获得成功。只有当你表现出自己真诚的一面时，人们才会真正地信任你。正像通用磨坊(General Mills)的里萨·克拉克·金(Reatha Clark King)所说的那样，“如果只想着要成为其他人，你就会变成一个毫无主见的模仿者，因为你以为人们希望你去模仿别人。如果一味保持这种想法，你永远都不可能成为一颗明星。但事实上，你完全可以成为一位明星，无法复制的明星。你所需要做的，就是学会听从自己内心的真北。"

安进公司主席兼CEO凯文·夏尔曾于20世纪80年代在杰克·韦尔奇(Jack Welch)手下工作，这段经历让他受益无穷，可是他发现公司中的很多人盲目崇拜杰克。"所有的人都想成为杰克，"他解释，"但是领导力的表现方式有很多种。你需要成为你自己，而不是一味地去模仿别人。"

自从2001年将大权交给我的继任者之后，我一直在通过教授、辅导、写作、演讲等方式来培养新一代的商业领袖。2003年，我出版了《诚信领导》一书，希望能够告诉新一代的领导者(从企业刚上任的CEO到刚刚踏入职场的新人)该如何进行真诚领导。

根据我从读者(其中有很多CEO)那里得到的反馈信息，我发现他们都非常希望能成为真诚领导者。很多人问我："我该怎样才能成为一名真诚的领导者呢？"著名的商业作家吉姆·柯林斯(Jim Collins)在他的《从优秀到卓越》(*Good to Great*)一书当中也提出："你能通过学习成为一名高水平的领导者吗？"他给出的结论是："我至今却没有找到答案。"

在我的合著者彼得·西蒙斯、我的同事戴安娜·梅耶和安德鲁·麦克莱恩的帮助下，我着手去寻找这个问题的答案。我们先后采访了125位全球顶尖领袖，希望能从他们那里了解到成长为一名真诚领导者的经历。值得庆幸的是他们都非常开明，直接向我们讲述了自己成为一名领导者的过程，并坦诚地与我们分享了他们的人生经历，既有坦途也有挫折，既有成功也有失败。很多人表示他们以前从来没有接受过这样的采访。毫不夸张地说，在"如何成长为一名真诚领导者"这个问题上，我们所进行的是历史上规模最大的深度研究。

接受我们采访的领导者的年龄跨度非常大，覆盖了从23岁到93岁的各个年龄段，每个年龄段的代表人物都不少于15位。在确定采访名单的时候，我们都是根据他们的个人声誉以及我们对他们的了解而作出最终选择。此外，我们还有大量来自其他领导者和学者的意见和建议。采访结束之后，我们还根据本书中所描述的真诚领导力的维度对这些受访者进行了评级。

我们的采访对象涵盖了各类人群，分别来自于不同的国家、种族、宗教、社会经济背景。他们当中有富国银行(Wells Fargo)主席兼CEO迪克·科瓦塞维奇(Dick Kovacevich)、雅芳集团主席钟彬娴、嘉信理财的创始人查尔斯·施瓦布(Charles Schwab)，以及Infosys的创始人N.R.纳拉亚纳·穆尔蒂(Narayana Murthy)等。其中有一半受访者是企业的CEO，还有一半是各种非营利组织的领导者：有正处于职业生涯中期的领导者，也有刚刚踏上领导之路的年轻领袖。(要想更仔细地了解我们的研究，请翻阅附录A。我们在附录B中给出了一份详细的受访者名单。)

采访完这些领导者之后，我们开始明白为什么人们无法通过学术研究描绘出一张理想领导者的画像了。领导者是高度复杂的人群，他们具有截然不同的性格特点，完全不是我们所能描述的。优秀的领导者都有着与众不同的人生经历，他们在寻找自己的人生使命、定义自己的领导目标的方式上也是独一无二的。

在研究了3 000多页采访记录之后，我们的团队惊讶地发现：这些领导者并没有把自己的成功归因于某种性格特点、技能或者风格。相反，他们认为自己的领导能力完全来自于自己的人生经历。他们通过不断地在现实世界中考验自己，不断地重新诠释自己的人生经历，从而更好地认识自己。由此，他们才能释放自己的激情，发现自己作为一名领导者的意义。

这些领导者并不会坐等上司提拔自己，相反，他们会抓住每一个机会去承担领导任务，并在这个过程中不断地得到成长。事实上，每个人都会面临各种考验，有些考验相当严峻。很多受访者都把自己的成长经历，以及那些帮助自己成长的人，看成是推动自己走向成功的主要动力。几乎毫无例外，这些领导者都认定。**真诚可以让自己变得更加高效，更加成功**。他们成长为真诚领导者的过程与我的个人经历有着惊人的相似，所以我们坚信：真诚领导力需要有意识地去培养，而前提则是要忠于自己的人生经历。

这本《真北》是写给任何想要成为真诚领导者的人的。它适用于任何阶段的领导者，从大型组织的最高领导者到准备成为领导者的MBA学生，从那些已成为领导者到仍在不断寻求新机遇的人。年龄永远都不是借口，无论你的年龄有多大，你都可以随时接受新的挑战，成为一名真诚领导者。我们所采访的125位领导者的领导时间加起来总共有数百年，我本人也曾经担任过40年的领导工作，我们的经历都可以证明这一点。而对于你——我的读者来说，你可以把这看成是一个从真诚领导者那里学习的机遇，并根据他们的成长经历来制定自己的成长计划，让自己成为一名真正的真诚领导者。

一定要记住：你现在就可以找到自己的真诚领导力。

- 你不必天生具有领袖特质；
- 你不必坐等命运的垂青；
- 你不必等到大权在握之后才能成为一名真诚领导者；
- 在人生的任何一个阶段你都可以担任领导工作，成为一名真诚领导者。

正如杨·罗必凯(Young & Rubicam)广告公司CEO安·傅洁(Ann Fudge)所说的那样，“每个人身上都蕴藏着巨大的领导天赋，有的在商业领域，有的在政府部门，有的则在非营利组织中。问题在于，我们应当如何更好地了解自己，发掘自己的领导潜能，从而更好地服务他人。我们活在这个世界上一定是有目的的。我认为，生命的全部意义在于给予，在于让自己活得更有价值。”

为什么要畏缩不前呢？为什么不现在就开始踏上领导之路呢？

在你考虑是否要成为真诚领导者时，不妨问自己两个问题：如果不是我，那会是谁？如果不是现在，那该是什么时候？

美国最佳领袖——温迪·科普

21 岁时启航。在很多人看来，要想领导别人，自己首先必须拥有足够的权威和权力。而对于 21 岁的温迪·科普来说，一个人只要找到了自己的激情所在，便可以开始进行领导。在普林斯顿大学读四年级时，科普并不知道自己毕业之后要做什么。作为一个迫切想要改变世界的女孩，她并不打算像同学那样去过一种典型的“办公室族”的生活。由于长久以来一直希望能够通过教育改革来减少社会的不平等，所以温迪决定组织一场由学生和商业领袖参加的研讨会，希望能够探讨一下该如何改进美国的 K-12 教育系统 (K-12 教育系统，kindergarten to 12thgrade：美国从幼儿园到 12 年级的教育体系——译者注)。

在这次会议期间，她脑子里闪出了一个念头：“为什么不组织一个全国性的教师组织，专门吸引那些刚刚大学毕业，并且愿意投入两年时间在公共学校里教书的大学生呢？”正是这个念头激发她创建了“为美国教书” (Teach For America) 项目，时至今日，该项目已经发展成为全美 25 年来最成功的中学教育项目。

科普在达拉斯富人区的一个中产阶级家庭长大。回想起自己的童年时代，她感觉自己所在的社区是一个“与现实隔离，并在教育机会上极不平等的社区”。在普林斯顿，她积极地参加“学生交流基金会” (Foundation for Student Communications) 的工作。由于没有想清楚毕业之后到底干什么，科普在大学四年级的时候开始陷入沉思。在了解公共学校教育现状的过程中，她发现，很多人都和她一样，认为教育机会的不平等是一个全国性的悲剧。

在了解到美国的公共学校迫切需要更多有责任心的教师之后，科普决心创建“为美国教书项目”，为公共学校系统招聘成千上万名即将毕业的大学生。在对“为美国教书”的使命充满了热情的同时，她也意识到了教师们本身会遇到的各种问题。“这些教师都非常关心自己的学生，但是他们也要面对很多的困难和挑战，”她说道，“所以我们眼前最需要做的是帮助他们克服自己所面临的困难，帮助他们对我们的使命始终充满热情。”

要做到这点并不容易。在最初的几年当中，由于缺乏管理经验和稳定的资金来源，“为美国教书”在资金上经常入不敷出。科普不得不一次又一次地亲自筹资，调整预算和开支，才能让整个组织得以正常运转。虽然困难重重，可内心深处的使命感还是让她坚持了下去，并激励身边的人与她一起克服了各种考验。

15 年之后，科普不懈的努力终于得到了回报。时至今日，“为美国教书”已经接收了 1 万名大学毕业生，其中有 60% 的人一直从事教育工作。科普的组织不断发展壮大，并拥有稳定的资金来源。2006 年，科普被《美国新闻和世界报道》(*US News & World Report*) 提名为“美国最佳领袖”之一。科普年纪轻轻就成为了一名领导者，她的经历本身就印证了真诚领导的核心秘诀：**找到一个能够让你充满激情的事业，并激励他人加入到你的事业当中来。**

真诚领导者

无论是从资质还是从性格上来说，如今新一代领导者身上都出现了一个富有戏剧性的变化。这一代领导者以通用电气的杰夫 · 伊梅尔特 (Jeff Immelt)，IBM 的萨缪尔 · 彭明盛 (Sam Palmisano)，施乐公司的安妮·马尔卡希和宝洁公司的阿兰·雷富礼(A.G.Lafley)等人为代表。他们都已经意识到了这样一个道理：领导的关键并不在于取得个人成功，也不在于吸引忠诚的下属来追随自己。他们知道，成功建立一家组织的关键在于让各个层级都存在一些得到充分授权的领导者，甚至包括那些根本没有直接下属的基层员工。

真诚领导者不仅会激励自己身边的人努力工作，他们还会授予这些人足够的权力。所以我们可以给“真诚领导”一词下个新的定义：**真诚领导能够用一个共同的目标将身边的人聚集到一起，授予他们足够的权力来担负起领导职责，并最终为所有的利益相关人创造价值。**

在《诚信领导》一书中，我将真诚领导者描述为“那些能够忠于自己、忠于自身信念的人”。他们不仅能够让身边的人真正信任自己，而且能够跟他们建立一种真诚的感情纽带。因为只有得到了别人的信任，真诚领导者才能激励身边的人取得更好的业绩。真诚领导者从来不会让别人的期待左右自己，他们总是倾听自己的心声，追寻自己的方向。在成长为真诚领导者的过程中，他们更关心的是如何更好地服务他人，而不是只关心自己的成功和声誉。

当然，这并不是说真诚领导者都是完美无缺的。事实上，每一位领导者都有自身的弱点，他们也是普通人，也会有普通人的弱点，也会犯错误。但他们能够正视自己的不足，承认自己的错误，愿意与身边的人沟通交流，并敢于充分授权。

图表 I.1 列出了真诚领导者的五个阶段：

- 充满激情地追求目标
- 拥有坚定的价值观
- 用心领导
- 建立持久的关系
- 表现出高度的自制力

图表 I.1 真诚领导的五个维度

充满激情地追求目标

许多领导者都在努力地探寻领导目标。要定义自己的领导目标，真诚领导者首先必须了解自己，理解自己的激情。反之，他们的激情又可以帮助他们指明自己的领导目标。如果没有真正的目标，领导者就会受自身欲望的控制，甚至陷入自恋的深渊。

拥有坚定的价值观

一个人身上最重要的东西就是他的价值观，而价值观是一种非常个人化的东西，一个人的价值观不可能由其他人来决定。但不管怎么说，诚信始终都是所有真诚领导者所必需的价值观。一个人如果没有诚信，就得不到他人的信任。真诚领导者的价值观在很大程度上取决于他们的个人信念，这是他们在多年的学习、反思、求教和经历中逐渐形成的。考验一位真诚领导者的真正方式并不是听他说了什么，而是要看他在面对压力时会作出怎样的选择。如果领导者并不忠于自己所宣称的价值观，人们很快就会对他失去信心。

用心领导

真诚领导者不仅会用大脑领导，还会用心去领导。用心领导听起来是一种比较软弱的做法，似乎这样做会很难作出一些困难的抉择。但事实远非如此，用心领导绝对不是软弱，而是表明你对工作充满了激情，对你服务的对象充满了热情，你能很好地理解那些与自己共事的人，并且有足够的勇气作出某些艰难的抉择。对于每天都要在一个未知的领域里寻找方向的领导者来说，勇气是一种相当重要的品质。

建立持久的关系

能够建立持久的关系是真诚领导者的一个重要特点。对于我们来说，只有与上司建立了良好的个人关系，他们才能全身心地投入到工作中。他们相信，只有与上司保持坦诚而深厚的个人关系，彼此才会形成信任和忠诚。一旦与上司建立了持久的关系，作为回报，人们就会对自己的工作投入巨大的热忱，对自己的公司表现出绝对的忠诚。

表现出高度的自制力

真诚领导者知道，要想在激烈的竞争中取胜，他们就必须表现出高度的自制力。他们会为自己确立极高的标准，并且也会用同样的标准要求身边的人。他们会要求自己对结果承担全部责任，并且同样会要求其他人也对自己的业绩负责。当一位领导者出现问题时，他会有足够的勇气承认错误，并立刻采取措施进行补救。他们在个人生活中也表现出足够的自制力，否则，他们就不可能在工作中做到自制。

发现你的真诚领导力

成为一名真诚领导者并不容易。首先，你必须真正地了解自己，因为这个世界上最难领导的人就是你自己。一旦了解了自己，你就会发现，领导其他人其实是一件相对容易的事情。

其次，要想成为一名高效的领导者，你必须对自己的成长承担起全部责任。就好像那些天生具有某种天赋的音乐家或运动员，虽然他们本身具有巨大的先天优势，可要想成为一流的音乐家或运动员，他们还须不断地超越自己。同样道理，要想成为一名伟大的领导者，你也必须不断地提高自己。这听起来似乎是不言自明的事情，但问题是许多领导者经常不知道该怎么做。这也正是我们写作本书的目的：告诉你如何发现自己的真诚领导力。

克罗格 (Kroger) 公司 CEO 大卫 · 迪龙 (David Dillon) 曾经说过，他发现，许多优秀领导者都是自学成才的。“在我的公司，我给人们的建议是，千万别指望公司会给你制定一份无所不包的发展计划。你需要对自己的成长负责。”为了帮助读者更好地做到这一点，我们在每一章之后提供了一系列练习，你可以通过完成相应的练习制定自己的领导力发展计划。

《真北》第一部分讲述的是真诚领导力的形成过程。首先我们讲述了大量领导者的人生故事。这些都是非常独特的经历，这些经历对他们领导风格的影响比任何性格特点和领导技能都要深远。然后我们分析了领导力形成的三个阶段，并指出了每个阶段的一些关键步骤。在这一部分当中，我们发现，有很多领导者都曾在自己的领导之路上迷失过方向，并最终脱离了原有的轨道。为了帮助读者更好地理解为什么会出现这种情况，我们列出了五种类型的领导者，并详细阐述了他们迷失方向的具体经过。最后，通过描述这些领导者所遇到的一些影响其一生的个人经历，我们指出了他们是怎样完成从“我”到“我们”的转变，并在这个过程中明白了授权的重要性。

在你的领导之旅上，你也需要内心的真北指引自己前进的方向，并且能够在脱离轨道时助自己返回轨道。本书第二部分为你提供了这样一个指针和成长计划，从而帮助你在面对挑战时更加坚定地忠于自己的真北(见图I.2)。这个指针一共包括领导力发展的五个主要环节：指针中央是你的自我意识，指针的四个针尖上是你的价值观和原则、动力、支持团队以及完整的生活。

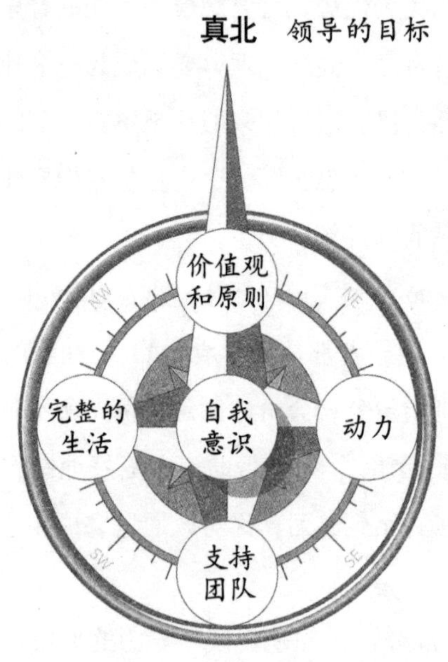

图 I.2 领导之路指针

第三部分讨论了人们应当如何按照内心的激情来找到自己的领导目标。你应当如何通过授权激励身边的人，并用一个共同的目标引领大家前进。本部分最后还讨论了你应当怎样提高领导效率，帮助自己的组织实现更好的业绩。在本书的尾声部分，我会与读者分享我对于高效领导的一些思考。

我相信，只要你能够真正全心投入，就一定能够发现自己的真诚领导力。

引言练习：如何成长为一名真诚领导者

读完引言，建议你仔细思考一下自己该如何成长为一名真诚领导者。首先不妨从下面的练习开始。

1. 你最崇拜（包括以前和现在）的领导者是谁？
   - 你最崇拜对方的哪些特点？
   - 在这些领导者当中，你觉得哪些人属于真诚领导者？
   - 你从他们的领导经历中学到什么？
2. 回顾自己的领导经历，其中哪些事情是最让你感到自豪的？
3. 思考一下你的领导特点，问问自己：
   - 作为一名领导者，你希望自己具有哪些品质？
   - 你希望自己进一步提高哪些领导品质？
4. 按照真诚领导者的五个维度进行自我评估：
   - 你理解自己的领导目标吗？
   - 你遵守了自己的价值观吗？
   - 你是在用心领导吗？
   - 你懂得如何建立良好的关系吗？
   - 你表现出足够的自制力了吗？
5. 你觉得做一名真诚领导者会让你变得更加高效吗？或者说真诚领导的方式是否会限制你的领导效力？
6. 你是否会有意培养自己的领导能力？

第一部分

领导是一段旅程

这个世界上根本没有领导者速成课程。要想成为一名真诚领导者，你就一定要面对无数的考验和引诱，经过数不清的顶峰和低谷。要想成为一名真诚领导者，你必须学会对自己保持忠诚，因为在通往真诚领导之路的过程中，注定会有不计其数的诱惑想要将你拖离自己的真北。如何在这个过程中保持真北将是所面临的最大挑战。

在采访真诚领导者成长与发展的过程中，我们发现，他们总是对自己的人生经历充满了特殊的感情，而正是这些经历在一直不断地激励着他们，让他们成长为真正的真诚领导者。所以你要首先问一下自己：我的人生经历是怎样的？在理解和阐述自己的人生经历的过程中，你会发现自己真正的领导目标，并对自己的真北保持忠诚。

第 1 章

真诚领导之路

领导是一段旅程，而不是一个终点。
它是一场马拉松，而不是一段冲刺跑。
它是一个过程，而不是一个结果。

——约翰·多纳霍
eBay 总裁

Leadership is a journey, not a destination.
It is a marathon, not a sprint.
It is a process, not an outcome.
——*John Donahoe, president of eBay*

星巴克创始人霍华德·舒尔茨是一位用自己的人生经历定义领导目标的领导者。舒尔茨小时候住在纽约布鲁克林区的一套由联邦政府资助的廉租房里。1961年冬天，有一天他正在外面的空地上和朋友打雪仗，突然他的母亲从七楼的窗口喊道："霍华德，快进来。爸爸出事了。"接下来发生的事情改变了他的一生。

回到家之后，他看到父亲一条腿上缠满了绷带，正趴在沙发上。原来当卡车司机的父亲在工作时不小心踩到了一个冰块，跌伤了脚踝。这次事故让父亲失去了工作，还有整个家庭的医疗福利保障。由于当时根本不存在工伤赔偿这回事，而已经怀孕7个月的母亲又根本不可能去工作，所以整个家庭一时陷入了孤立无援的境地。曾经有很多个夜晚，舒尔茨听到父母在餐桌上争论到底该借多少钱，又该向谁借。从那以后，只要电话铃一响，妈妈就会让他去接电话，告诉债主父母不在家。

舒尔茨发誓：如果有机会，他一定会改变这一切。他梦想着能够建立一家善待所有员工、为员工提供医疗福利保障的公司。虽然当时他根本没有想到自己有一天会成为一家拥有14万名员工、业务遍及全球11万家店面的公司总裁。就这样，舒尔茨的个人经历激励他创办了星巴克，并将其发展成为全球顶级的咖啡连锁公司。在担任这家公司的CEO13年之后，他将大权交给了自己的继承者，但仍然担任董事会主席的职位。

童年的经历让舒尔茨把星巴克变成了美国第一家为所有每周工作20小时以上的员工提供医疗保险的公司。"这一决定完全来自于我童年的经历，我的父亲先后做过30份蓝领工作，可他最终却失去了工作，在他所供职的公司里，没有受过教育的人根本没有任何机会。”舒尔茨说道。

> 那件事情直接影响了星巴克今天的企业文化和价值观。我想要创办一家我父亲当年没能遇上的公司，在这家公司，每个人都会得到尊重和重视，无论你来自哪里，你的皮肤是什么颜色，你的教育水平如何。为所有员工提供医疗保险从根本上提高了星巴克的品牌价值，使得员工们对公司形成了强烈的信任感。我们要建立一家能够将股东价值跟员工价值直接相连的公司。

跟许多出身贫寒的成功人士不同，舒尔茨从来不避讳谈论自己的出身。他认为恰恰是这段人生经历给了自己足够的动力来取得成功，而这个成功是美国历史上25年来最大的商业成功之一。但你必须认真思考之后才能真正理解这些经历对他的意义，因为和所有人一样，他也必须面对这些经历所带来的恐惧和阴影。

在布鲁克林的经历已经深深刻进了舒尔茨的生命中。当他带着女儿前往自己从小生活的地区时，女儿吃惊地说道：“我真不知道你是如何长成正常人的。”但同时也正是这段经历让舒尔茨学会了跟所有人建立友好关系。他说话的时候带有一些轻微的布鲁克林口音，他会在附近熟悉的小馆子里吃意大利饭，他很喜欢穿牛仔裤，他尊重所有人。他永远不会忘记自己的出身，更不会被财富冲昏头脑：“我的身边都是一些吃了上顿没下顿的人，他们穷于应付各种账单，总是感到生活没有任何希望，永远没有机会休息。这些经历我永远都不会忘记——永远不会。”

他的母亲告诉他：在美国可以做自己想做的一切。“从我开始记事的时候，我的母亲就反复地告诉我这句话。这成了她的座右铭。”

但父亲的经历对舒尔茨的影响却截然相反。父亲当过卡车司机、出租车司机和工人。为了维持家庭的开销，他常常要同时做两三份工作，但他每年的收入从来没有超过 2 万美元。舒尔茨亲眼看着父亲一边抱怨自己没有机会得到别人的尊重，一边陷入崩溃。

十几岁的时候，舒尔茨就感受到了父亲的失败所带来的耻辱，所以他们两个经常吵架。“我总是觉得父亲不负责任，是个失败者，”他回忆道，“我一直以为，只要努力，他应该做得更好。”舒尔茨决定改变自己的命运。“我的动力部分来自于对失败的恐惧。我太了解失败的可怕了。”

幼年的经历让舒尔茨下定决心要取得成功。他最初喜欢上了运动，“在运动场上的时候，人们不会知道我是个穷人家的孩子。”凭着高中校队明星四分卫的头衔，他拿到了北密歇根大学 (Northern Michigan University) 的奖学金，也是舒尔茨家族第一位拿到大学学位的人。从那以后，他的这种强烈的竞争意识从来都没有减弱过：只是从橄榄球转到商业而已。

大学毕业后，舒尔茨加入了施乐公司，但很快就感觉到那里的环境过于僵化，自己很难得到发展。就这样，当其他人在施乐平步青云的时候，舒尔茨却迫切渴望去追寻自己的道路。“我必须找到一个能够让我做回自己的地方。”他说道。

在这个问题上，我绝对不会妥协。你必须有足够的勇气去选择一条不同寻常的道路。你不能用当时的情境来决定自己的生活，没有找到自己之前，你永远不会知道自己在人生之路上会有什么发现。我的人生经历影响了我的人生，塑造了我的领导风格。

舒尔茨随后开始销售咖啡过滤器，并在西雅图的派克市场上第一次接触到了星巴克咖啡。“我像发现了新大陆。”他说道。他积极地申请加入这家公司，成了它的运营和营销主管。

在一次去意大利采购时，舒尔茨注意到米兰的咖啡吧在当地客户的日常生活中扮演着一种非常独特的角色。于是他开始萌发了一个想法，希望能够以咖啡为载体，在美国的社区生活中创造一种同样的感觉。回到西雅图之后，舒尔茨决定自己创办公司，并很快在西雅图连开了三家咖啡店。在听说可以收购星巴克的消息之后，舒尔茨立刻开始从私人投资者那里募集资金。

可就在收购进行到最后阶段时，舒尔茨遇到了自己职业生涯中最大的挑战——他的一位投资商表示要自己收购这家公司。“我担心其他有影响力的投资者都会转向他那边，”他回忆道，“于是我开始向微软创始人的父亲老比尔·盖茨求助，我需要他的社会地位和信心，希望他能够帮助我与那些西雅图的商业巨头抗衡。”

舒尔茨与那位扬言要自行收购星巴克的投资人进行了一场激烈的交锋，后者宣称：“如果不接受我的建议，你以后别想在这座城市混了。你一个子儿也别想筹到。你完蛋了。”谈话结束时，舒尔茨眼里满是泪水。在随后的两个星期里，他准备了一份新的筹资方案，筹集到了 380 万美元，将星巴克从那位投资者手中拯救出来。

> 如果我接受了那位投资者的条件，我的梦想就会被夺走。他可能会随时解雇我，可能会破坏星巴克的氛围和价值观。那么我所有的激情和责任都会消失一空。

舒尔茨生命中最难过的时候就是他父亲去世的那天。当他向朋友聊起自己当初与父亲之间的矛盾时，他的朋友说：“如果你的父亲是一位成功人士，你可能就不会像现在这样干劲十足了。”

父亲去世后，舒尔茨对父亲的看法开始有所改变。他逐渐发现了父亲身上的一些好品质：为人诚实、对工作兢兢业业、对家庭负责等。他开始意识到，其实是父亲所处的组织摧垮了他。“父亲去世后，我意识到自己以前对他的看法是不公平的。他一直都没有机会在工作中获得满足感和尊严。”

正因为这样，舒尔茨开始把这股动力当成激励自己的力量：他一定要创办一家会让自己的父亲为在其中工作而感到自豪的公司。他支付给员工高于最低薪资要求的工资，提供大量的福利，并为所有的员工提供股票期权。通过这些方式，星巴克为员工们提供了舒尔茨的父亲从来都没有享受过的待遇。舒尔茨利用这些待遇来吸引和留住那些与星巴克价值观相同的人才。结果，星巴克的员工流失率不到其他零售商的一半。

舒尔茨最大的天赋之一，就是他能够和来自不同背景的人很好地相处。他会在一些特殊场合讲述自己的经历和星巴克的故事，他每个星期都会视察 20 家以上的星巴克店。他每天早晨 5 点半起床，通过电话与全球各地的星巴克职员交流。他说星巴克给了他一张“可以让他任意挥洒的画布”。

> 星巴克绝对是一家以人为本的公司，我们所做的一切都是围绕着人性进行的。星巴克的特色就在于它的企业文化和价值观，这也正是我们区别于竞争对手的地方。我们之所以能够吸引全世界的客户，是因为人们总是渴望能够相互沟通，彼此真诚相待。无论你是中国人、日本人、西班牙人，还是希腊人，咖啡就是这种沟通的催化剂。我不知道是否是我的出身让我爱上了这一行，或者说它给了我与其他人相互沟通的机会，但对于我来说，这一切都是那么的自然。

舒尔茨的经历之所以能够给人巨大的启示，是因为他总是有意识

地利用自己的个人经历构建理想中的星巴克，并最终通过努力将其变成了现实。事实上，像舒尔茨这样，把自己的成功直接归功于个人经历的真诚领导者还有很多，舒尔茨只是其中之一罢了。

人生经历与领导风格

每当真诚领导者被问到自己为什么去领导别人时，他们总是会表示，是他们的人生经历给了自己成为领导者的动力。正是这些经历让他们清楚地认识了自己，并开始学会追随自己的真北。

他们的故事涵盖了各个层面：父母、教师、教练和那些发掘他们潜力的导师的影响；他们所生长的社区的影响；他们在球队里的经历，童子军时期的经历，学生组织中的经历，以及早期工作的经历等。许多领导者发现自己的动力来自于那些比较痛苦的经历：他们本人或某位家庭成员的患病；父母或兄弟姐妹的去世；或者是一种被同伴们排斥、拒绝或歧视的感觉。

在采访过程中，我们渐渐发现，所有受访的领导者都是通过自己的人生经历找到激情的。

- 他们并非天生就是领导者。
- 他们甚至并不相信自己具有一位领导者的性格或者风格。
- 他们也没有刻意地模仿其他优秀的领导者。

有些杰出的真诚领导者，比如默克 (Merck) 公司前任 CEO 罗伊·瓦格洛斯 (Roy Vagelos) 表示，他从来没有把自己看成是领导者。相反，他觉得自己只是想改变什么，想激励其他人和自己一起冲向一个共同的目标罢了。如果说这还不算领导的话，那什么才算呢?

下面让我们详细了解一下其他三位领导者的人生经历吧。阅读这些故事时，我建议你不妨思考一下你的人生经历对你产生了怎样的影响，并进而定义自己的领导目标。

美国收益增长率最快的富国银行主席兼 CEO
——迪克·科瓦塞维奇

从运动场到第一银行家。在过去的 20 年间，旧金山富国银行主席兼 CEO 迪克·科瓦塞维奇交出了一位商业银行家所能交出的最完美的答卷。在接受采访的过程中，他并没有过多讨论自己在商业上所取得的成功，反而大谈自己在西华盛顿一个小镇上长大的经历是如何影响自己的领导哲学的。

科瓦塞维奇自幼生长在一个工人家庭，从小就和各种不同收入和教育水平的人打交道。在他的印象中，他所接触过的那些农场工人、伐木工人，还有当地锯木厂的工人们都非常聪明和勤奋，并且都有很高的道德标准，他们唯一缺少的只是接受大学教育的机会。这些工人和他的老师都对他产生了巨大的影响，他们鼓励他努力学习，一定要考上大学。

从 11 岁那年开始一直到高中，科瓦塞维奇都在当地的一家杂货店工作，这段经历让他对商业产生了浓厚的兴趣。他每天上午上课，下午从 3 点到 5 点半进行体育锻炼，然后跑回家吃饭，再从 6 点工作到 9 点。当他的杂货店老板去外地避暑时，他就被任命来经营整个商店。他要负责货物的摆放、定价、订购等工作，在这个过程中他逐步培养起了对商业的兴趣。这些经历同样给了一些让科瓦塞维奇受益终生的经验和教训：“我开始逐渐形成了一些商业活动中所需要的直觉和领导技能，这比我在商学院里学到的多得多。”

体育运动对科瓦塞维奇成长为一名领导者也产生了重要的影响。从 4 岁开始，他每天都会抽出几个小时打球，后来他成了中学垒球队的队长和橄榄球队的四分卫。“在运动场上，我发现一群人精诚合作的力量要远远大于个人单打独斗的力量之和。就这样，通过早年的领导经历，我在不断的尝试和失败中学到了许多可以应用于任何商业领域的技能。”

> 如果所有的球员都想当四分卫，那你的球队一定会输掉比赛。就好像人们总是过于高估四分卫的作用一样，人们也总是过于高估 CEO 的作用。事实上，如果没有优秀的前锋、优秀的接球手和一个好的跑阵的话，你不可能成为一位明星四分卫。
>
> 对于任何一支高效的团队来说，技能的多样化都是非常重要的。所以每当看到领导者在身边安插与自己相似的人时，我就会感到非常意外。这样的团队根本不可能变得高效。我们要意识到自己的不足，但不要去放大它。你需要在自己的身边安排一些能够跟自己形成互补的人，用他们的优势来弥补自己的不足。

迪克·科瓦塞维奇先后在花旗银行、西北银行和富国银行任职，他将自己的这一领悟很好地应用到了工作当中。他请来了一大群才华横溢的执行官创办银行的个人业务，并给了他们极大的权力和自由度来发挥他们的优势，他本人却始终担任四分卫的角色。

科瓦塞维奇自幼在小镇长大的人生经历深深地影响了他的银行经营理念。当其他银行开始使用计算机为客户提供服务时，科瓦塞维奇却在努力地把富国银行变成每个社区中对用户最友好的银行。当你走进富国银行申请房屋抵押贷款时，信贷部的人很可能会建议你开一个存款账户，为女儿以后上大学做准备，或者建议你开一个退休账户。由于科瓦塞维奇身边有很多极具才华、极富责任心的执行官，所以在过去的 20 年间，富国银行成为了美国收益增长率最快的商业银行。

世界一流的海瑟顿基金会CEO——爱伦·布雷耶

从家庭主妇到CEO。爱伦·布雷耶(Ellen Breyer)，世界一流化学依赖治疗组织海瑟顿基金会(Hazelden Foundation)的CEO，声称自己是通过激情来指引领导风格的。20世纪60年代末，还在纽约读大学的时候，她就是一名活跃分子。她积极参与反越战运动，曾经多次到华盛顿组织示威游行，并在自己的家乡，纽约的新罗谢尔市(New Rochelle)，领导过投票登记运动。

布雷耶起初并不知道联邦政府已经瞄上了她，并暗地里将她确定为反政府分子。有一天，校方突然告诉布雷耶她的联邦学生贷款已经被取消了。"政府对游行队伍进行了拍照，搜集了大量的签名资料，找出了相关的大学生。当时我们班一共有4名学生被取消了贷款，我就是其中之一。"她说道。

> 当时的确发生了一些出格的事，但我并没有参与。反战运动是一个持续时间很长的系列活动，而且我们并没有违反法律。我们对自己所做的事情怀有强烈的信念，我们有自己的理由。当你投入精力去做一些能够给这个社会带来一些改变的事情时，你会有一种非常奇妙的感觉。我喜欢这种感觉。

毕业之后，布雷耶结了婚，并开始进入商界，后来被提升为高迪瓦(Godiva)巧克力公司的营销总监。当她的三个儿子陆续出生时，布雷耶决定放弃工作，专心抚养孩子。随着丈夫在美国运通的事业不断发展，布雷耶一家先是搬到了伦敦，然后又搬回了纽约，后来又去了明尼阿波利斯。每次搬到一个新的地方，爱伦都要另找一份新工作。当她最小的儿子高中毕业之后，她决定给自己好好放个假。"我的生活就像是画了一个圆圈，这种感觉真是非常奇妙。"她后来回想道。

我花了很多时间在非营利组织从事志愿工作，我非常喜欢那种感觉。休假期间，我前往阿斯彭山 (Aspen) 滑雪，并认真思考了自己未来的人生方向。我问自己，我怎样才能完成从营利环境到非营利环境的转变？

在海瑟顿基金会供职期间，由于基金会的董事会正在全国范围内选拔新的 CEO，所以布雷耶被任命为过渡时期的代理 CEO。7 个月后，她被任命为基金会的正式 CEO，她终于有机会帮助那些瘾君子了。

这次的经历让我重新找到了自己的激情。我非常喜欢帮助人们戒酒戒毒。从个人的角度来说，这是因为我的父亲就是因为酗酒过度而去世的。我现在所做的事情和我 30 岁之前所做的事情有着直接的联系，它把我的工作和我的激情重新连接起来，更加坚定了我能够改变这个世界的信念。

布雷耶的经历给我们留下了深刻的印象，她不仅能够重新寻回自己早年的激情，而且能够将其与现在的工作联系起来。她很好地总结了自己以往的经历，并重新确定了未来的生活。结果，她在担任 CEO 时所释放出来的激情也深深感染了她身边的人。

通用磨坊基金会主席——里萨·克拉克·金

从棉花地到董事会。里萨·克拉克·金的生活可以追溯到乡村地区，早在那时，很多人就鼓励她成为一名领导者。金告诉我们，“能走到今天，没有他们的帮助，我不会取得今天的成功，我要感谢那些一直给予我帮助的人。”

金于 20 世纪 40 年代在乔治亚州长大，她的父母都是当地的农场工人。在她很小时，她的父亲就离开了他们，她的母亲只好去做佣人来养活三个孩子。由于家里实在太穷，她不得不离开学校，到棉花地工作，这样她每天就能赚到 5 美元，以贴补家用。“对于我来说，那是一段相当痛苦的经历，白人的孩子就不需要离开学校，”她回忆道，“我们之间的对比太明显，太强烈了。”

很小的时候，金就发现教堂是一个可以让她暂时逃避贫穷和歧视的天堂。“在我的记忆中，每个星期天都是一段美好的时光，我们上午 11 点去教堂，可以在那里一直待到下午 2 点。至今我只要一闭上眼睛，脑子里就会浮现出外婆祈祷的样子。”教堂里年长的被称作“修女”的女士们发现了她的天分，注意到她是一个很聪明的孩子，工作态度很积极。“修女，我的老师，还有社区里的人都在关注着我，他们鼓励我克服社会对黑人的歧视。”

金指出，迄今为止，对她影响最大的人有两个人：一位是辅导了她 7 年的学校老师，还有一位是学校的图书管理员。她们鼓励她申请亚特兰大的克拉克大学 (Clark University)，金在那里申请到了一份奖学金，此外她还在图书馆找到了一份兼职工作，每个小时可以挣 35 美分，这样她就可以支付自己的食宿费用了。

在克拉克大学读书的时候，金遇到了化学系的系主任，他激发了金对化学研究的兴趣，金从此立志成为一名研究型的化学家。大学毕业之后，她申请了芝加哥大学的博士，对于一名来自乔治亚的年轻女孩子来说，这在当时是一个相当大胆的举动。在芝加哥大学获得了物理化学博士学位之后，她进入全国标准局工作，后来又成为纽约约克学院 (York College) 的一名教师。可即便到了这个时候，金的生活还是很拮据。“一位黑人教员称我是‘想要解决问题的汤姆大叔’，”她回忆道，“这是我一生中最为痛苦的回忆之一。”

后来她当选为明尼阿波利斯都市州立大学 (Metropolitan State University) 的校长。但直到此时，她还没有把自己看成是一名领导者。

其他人觉得我是领导者，可在我看来，我只是在做一些需要去做的事情而已。真正推动我去领导的不是我自己的需要，而是我身边那些人的需要。我遇到了很多有趣的挑战。如果没有人愿意担负起领导责任，或者说没有人愿意去领导别人的话，我就有义务站出来接受这个挑战。

后来金发现自己的性别同样也是一个障碍。“要克服种族和性别歧视的障碍，你必须拥有巨大的勇气。为了找回自己的信心和动力，我经常回想起一路帮助我走过来的那些修女和老师们。”

还在州立大学时，她就应通用磨坊CEO的邀请，担任通用磨坊基金会的总裁。她利用这个平台设立了一些专门帮助少数民族年轻人的项目。从通用磨坊退休之后，金开始全身心地投入到公司董事会的工作当中。很快，随着她先后被选入埃克森石油、富国银行、明尼苏达共同基金会、Department 56、富勒公司等组织的董事会，金的名声变得如日中天。2004年，美国董事协会提名她为“年度董事”。“我很高兴能有机会为这些公司的董事会服务，因为我觉得他们本身就需要多样性。并非所有人都喜欢跟与自己不同的人在一起，但我却很喜欢这种感觉。”她说道。

金经常回想起父母当初的做法，并且经常怀疑自己是否正在竭尽全力。“我经常会问自己，你的领导目标是什么？我的目标非常简单：为人们争取到更多的机会。我渴望消除人与人之间的不平等，帮助人们接受自己，欣赏自己，这种渴望就像血液一样在我的血管里流淌。”

就这样，无论是在工作还是在日常生活中，金总是用自己的人生经历校正自己的方向。她一边平静地跨越种族和性别歧视的障碍，丝毫没有任何不安和愤怒，一边开始尽自己最大的力量去帮助身边的人。对于她来说，她可以一边在世界最大公司的董事会工作，一边为那些穷人创造机会，她对此乐此不彼。

你的人生经历是怎样的？

我们能从霍华德·舒尔茨、迪克·科瓦塞维奇、爱伦·布雷耶和里萨·克拉克·金的故事当中学到些什么呢？他们同我们采访过的其他领导者一样，都是从自己的人生经历当中汲取力量，进而成长为一名领导者。在理解了早年生活中的那些经历之后，他们学会了用一种新的方式重新审视自己的生活，并在激情和真北的指引下开始自己的领导工作。

读到这里，你可能会问，谁没有自己的人生经历呢？既然每个人都有自己的经历，那么是什么导致领导者的经历对他们产生的影响与其他人不同呢？

很多有过痛苦经历的人都把自己看成是牺牲品，感觉整个世界都在和自己作对。他们没有去思考自己的人生经历与自己正在追求的目标之间有什么联系。而有些人则只顾追求世人的羡慕，结果永远都没有机会成为真诚的领导者。

真诚领导者与这些人之间的区别在于他们看待自己人生经历的方式。真诚领导者会通过这些经历找到自己的激情和梦想，希望能够尽自己最大的力量改变这个世界。小说家约翰·巴斯 (John Barth) 曾经说过，“你的人生经历并不是你的人生。它只是你的故事而已。”换句话说，真正重要的是你如何描述人生，而不是你的生活中到底发生了什么。这些故事就像一盘在我们大脑当中反复播放的录像带。我们总是一遍又一遍地重播以往生活中那些比较重要的人和事，总是希望能够从中读出它们的意义，并通过解读这些人和事来确定我们在这个世界上的位置。

只要学会用一种新的方式重新描述这些故事，我们就会意识到，自己其实并不是这些经历的牺牲品；恰恰相反，这些经历可以为我们提供足够的动力，帮助我们成长为真诚的领导者。当我们开始学会重新解释自己的过去、现在和未来时，我们的人生故事将会更加精彩。沃伦·本尼斯曾经说过，**"你是自己人生的创作者。"**他鼓励人们用自己的人生故事激励自己创造更加美好的未来。

作为自己人生故事的创作者，你该怎样把自己的过去和未来连接起来，在你的人生中，到底有哪些人或哪些事影响着你，激励着你，推动着你，使你成为一名真诚的领导者。你生活中的那些关键转折点究竟是什么？

领导力发展路径

了解了人生经历的重要性之后，我们就已经准备好开始踏上真诚领导之路了。

还是先说说我自己的故事吧。大学毕业之后，我曾经非常天真地认为通往领导职位的道路是一条坦途。可残酷的现实告诉我：领导不仅仅是一个简单的终点，不仅仅是 CEO 的位置。事实上，领导是一场马拉松，要经过许多不同的阶段，攀越一个又一个顶峰。不止我一个人有过这种想法。在我们所采访过的所有 40 岁以上的领导者中，没有一个人是按照自己设想的方式到达今天的位置的。

在 Vanguard 集团 CEO 杰克·布伦南 (Jack Brennan) 看来，职业生涯规划实在是一个荒唐的事情："我所认识的那些对生活不满，或是经历过道德或法律危机的人都是那些制定了明晰的职业规划的人。"布伦南认为，当人们面临未知机遇时，应当变得更加灵活，勇于尝试，敢于冒险。"如果你只是一味地想着推进自己的职业生涯规划，你最终会对生活产生不满。"

50 年前，当时的人们大都会在二十出头，也就是刚从学校毕业或部队服役期满的时候，加入一家公司；努力工作 40 年，熬到退休，然后到一个气候温暖的地方享受晚年，不到 70 岁就去世了。但在采访那些位于领导之旅各个阶段的商业领袖的时候，我们发现了一套全新的领导力发展路径，详见图 1.1。

正像我们可以从生命线中看到的那样，你的成长之路并不是一条直线(虚线)，而是一个曲折起伏的过程(实线)。事实上，在当今这个时代，你的职业生涯更可能是一条蜿蜒上升的路径，而不是一场直接登顶的冲刺跑。

正好像 eBay 的约翰·多纳霍所说的那样，“人生中的一切都是一个圆圈。”

> 当形势在不断上升的时候，只有一点是可以确定的：它一定会下降。当你处在下坡路的时候，也只有一点是可以确定的：它一定会上升。但你可能并没有注意到，你下一次下降的最低点可能会比你上次上升的最高点还要高。生活就是这样，是一个不断学习、不断成长的过程。你的人生就像是一部电影，而不是一部沿途拍摄的特写集。

现在很多人都可以活到 90 多岁，所以当今的领导之旅也大大延长了。延长后的领导之旅大致可以被分为 3 个阶段，每个阶段大约为 30 年。每个阶段都包含着大量的领导机遇。在最初的 30 年里，领导者主要是通过教育和学习，再加上一些课外活动和早期的工作经历，培养自己的领导能力。所以第一阶段被称为“准备领导”；第二阶段，在 30 ~ 60 岁的时候，被称为“领导”，这时领导者会不断承担许多新的角色，直到攀上领导巅峰。

最后，第三阶段被称为“反馈”，也就是心理学家艾里克·埃里克森 (Erik Erikson) 所说的“生产 (generativity) 阶段”。这一阶段大约开始于 60 岁，此时的领导者刚刚结束了自己的领导工作，并继续享受自己的余生。在这一阶段，真诚领导者通常会寻找机会传播自己的

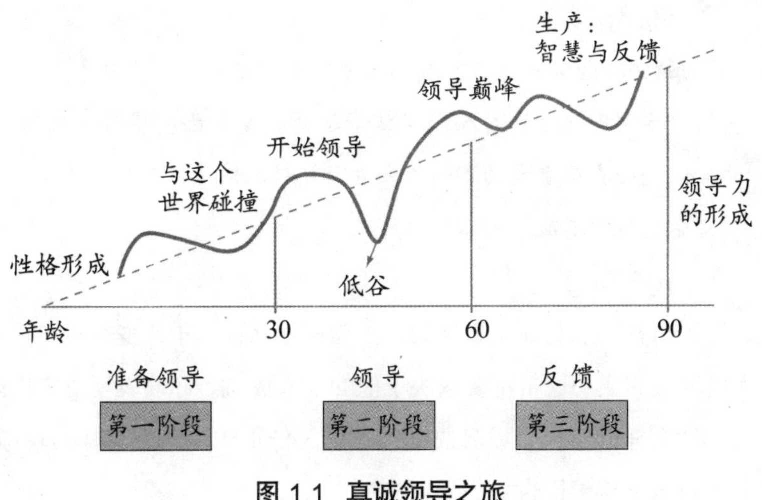

图 1.1 真诚领导之旅

知识和智慧，有时甚至会继续积极地学习新的知识。

第一阶段：准备领导

人生的第一个 30 年是准备领导的阶段，此时人的性格逐渐形成，人们开始成为某个团队的一分子，或者是开始第一次领导一个团队。正好像卢卡斯艺术公司 (Lucas Arts) 前任 CEO 兰迪·科米萨 (Randy Komisar) 所说的那样，“这是一个很好的机遇，可以让你不断地遭受挫折，感受这个世界。”

如今的领导者很少会在二十几岁的时候就立下终生的志愿。相反，他们会利用大学刚毕业的这段时间获得一些宝贵的工作经验。在通常情况下，他们会每隔 18 ～ 24 个月换一次工作，从而让自己获得更多的经验，在这个过程中，很多年轻的领导者还会继续进入商学院、法学院或政府机构等。有些已经拿到了硕士学位的人还会在选定一个具体的公司或行业之前在咨询公司或金融企业工作一段时间。

曾担任房地产开发商川麦尔柯罗公司 (Trammell Crow) 合伙人的斯坦福商学院教授乔尔·彼得森 (Joel Peterson) 这样评价这一阶段：

一般来说，在这十年当中，大多数人只关心自己，他们会问："我的强势和弱势是什么？我怎么才能做得更好？我怎么才能影响这个世界？"这时的人们满脑子想的都是自己。然而一旦你开始做一些真正重要的事情，或者开始跟人们建立某种关系时，你就会发现你不能只关心你自己了。

出现这种心态是非常正常的，因为在十几、二十几岁的时候，一个人所取得的成功通常主要取决于他的个人成就。你的表现决定你能够进入什么样的学校，或者决定你在第一份工作中取得怎样的业绩。兰迪·科米萨接着说道：

刚开始的时候，生活是一条直线，这时你的目标通常会非常清晰。一旦目标变得模糊，或者说你需要开始重新设定自己的人生目标时，生活就会变得复杂。通过不断遭遇挫折，不断感受这个世界，你开始慢慢了解自己。否则，你这一辈子恐怕就只能永远服务于其他人的利益或者是满足其他人的期待了。

他还指出，对于年轻人来说，这段旅程的起点通常非常艰难。他告诉自己的学生，一个人很难完全掌控自己的生活。"他们看着我说，'嘿，哥们儿。我只是想找份好工作，有辆属于自己的汽车，买套属于自己的房子，结婚生子。就这么简单。'"科米萨说。他倒是希望生活真的会这么简单，他告诉他们：

就当做是先播下一些种子吧。记住这些话，十年之后再作判断。我不是要求你们沿着我的道路前进。我只是希望你们能够经常问问自己，"我这辈子到底想要做些什么？"迟早有一天，你们会意识到这个问题的重要性，我现在告诉你们这些，只是希望你们将来遇到这个问题的时候能够做好准备。

哈佛领导力机构创始人——乔纳森·杜琴

前馈。23岁的乔纳森·杜琴(Jonathan Doochin)是我们采访过的最年轻的领导者。他还在哈佛大学读四年级的时候就创建了哈佛领导力机构(Harvard's Leadership Institute)，这个机构为全校200多名学生组织撑起了一把保护伞。作为该机构的创始人，他组织了很多项目来培养年轻的领导者。

杜琴认为，自己喜欢帮助别人是缘于自己在三年级时的一段经历。在一次拼写比赛当中他居然没有拼写出"惊讶(surprise)"这个单词。"大家都在笑我。我感到自己是个彻头彻尾的失败者。"在被诊断出患有识字障碍之后，他的父母每天晚上花3～5个小时的时间辅导他完成家庭作业，并且他的五年级老师每天也都会对他进行很多辅导。"杰克逊小姐对我充满了信心，她让我觉得自己什么都可以做，"他说，"如果不是她的信心和我父母的关怀，我根本不可能取得今天的成就。"

正是由于这段经历，杜琴形成了一种"前馈"的个人哲学。他相信那些接受过自己帮助的人也会向其他人伸出援助之手，时间一长，这种循环就会影响到更多的人。"我可能永远无法直接报答那些一路上帮助过我的人，但我可以影响后来者，"他说道，"并不是只有CEO才有能力帮助别人。你每天都可以帮助自己身边的人，比如说你可以从自己的邻居开始。我们在人生的每一个阶段都可以成为一名领导者。"

美国基因组公司创始人——伊安·常

掀起一场科学革命。伊安·常(Ian Chan)也是一位在很早时就找到了自己激情的领导者。大学快毕业的时候，他告诉自己，"一定要找一份能够让自己每天都很兴奋地跳下床去上班的工作。"在投资银行和私营公司度过了一段毫无生趣的时光之后，他和他的弟弟开始对人类基因组研究产生了浓厚的兴趣。

于是常氏兄弟立刻创办了一家后来对医学界产生了革命性影响的高科技公司——美国基因组公司（U.S Genomics），为人们提供个人化的基因组服务。在这个过程中，他们还吸引了一些著名的科学家，比说第一个描绘出基因组图的克雷格·文特尔（Craig Venter）和知名技术专家鲍勃·朗格尔（Bob Langer）。他们用借贷来的10万美元创业，并很快从风险投资商那里筹集到了5 200万美元的风险投资，由于常氏兄弟放弃了超过一半的股份作为回报，所以其中一些投资商还加入了公司董事会。

在随后的5年中，这家公司引起了整个科学界和风险投资界的关注，成为整个行业的领头羊。2001年12月，当两位创始人向董事会汇报公司当年业绩的时候，董事会全体成员起立对其报以热烈的掌声。但就在4个月之后，董事会告诉两位创始人，他们准备聘请一位新的CEO接替他们的工作，常氏兄弟不禁大惊失色。“公司当时一切运转良好，直到今天，我都不知道怎么会发生这种事情。”

多年以来，你全身心地投入去做一件事情，可突然之间，一切都结束了。这是一种让人心碎的感觉，你全心投入创建的一项事业，对它充满坚定的信念，并为它作出了巨大的牺牲，可别人最终却从你手中夺走了一切。虽然你仍然保留一些股份，但你感觉自己已经不再是这家公司的一分子了。刚开始的时候，我对此表示坚决反对，拼命捍卫自己的权益，可我感到很无助。

现在回想起来，正是这5年的时间让我为随后的职业生涯做好了充分的准备。我一直忙于工作，结果让自己身心俱疲。我以前根本没有任何个人生活，所以感觉自己需要调整一下。为了东山再起，我用了两年时间攻读MBA。在这段时间里，我不断地反省，并且有机会与这个世界上最顶级的商业领袖进行

> 沟通。我意识到其实自己是非常幸运的，我的身体非常健康，我有自己的家庭，并且有幸能够生活在这样一个自由的国度里。我不应该对这些东西熟视无睹。
>
> 我意识到自己内心仍然充满了对创业的渴望，仍然对生物科技抱有极大的热情。这个世界上有那么多无法治愈的疾病，有很多机会让我可以对这个世界产生积极的影响。正因为如此，我才决定创办一家能够通过技术革新改善人类健康水平的公司。

刚开始的时候，伊安·常似乎是自己成功的牺牲品。当那些投资美国基因组的风险投资商们意识到这家公司拥有巨大的潜力之后，他们便决定聘请一位更有经验的执行官来领导它。虽然经历了很多痛苦和伤心，但常在这5年时间里积累了宝贵的经验，这些经验对他的领导之路产生了积极的影响。但不幸的是，由于害怕失败，很多年轻的领导者都没能像往常那样去抓住更多的机遇。杨·罗必凯广告公司的CEO安·傅洁指出，“挣扎和痛苦的经历最终会对一个人产生决定性的影响。”

> 千万不要害怕挑战。要学会迎接它们。即便会受到伤害，也要学会去克服这些挑战。告诉自己，你可以从这些经历中学到些什么。或许你现在并没有完全理解自己会学到什么，但迟早会的。这些都只是生活的一部分，而生活是一个不断学习的过程。每一次挑战都会让你的内心变得更加强大。生命中没有一件有价值的事情是很容易就可以实现的。

第二阶段：领导

在刚开始踏上领导之路的第二个阶段时，你首先会积累大量的领导经验，并通常在50岁左右达到人生的巅峰。在这段时间里，大多数领导者都会遭遇种种低谷，在工作或家庭生活中经历一段非常艰难的时光。这段时光会让他们重新思考领导的真正含义，而一旦想清楚这个问题，他们便会以更快的速度成长。

很多领导者都迫切渴望自己能在职业生涯的早期积累一些领导经验。许多商学院毕业的学生总是喜欢在咨询公司或投资银行先工作一段时间，可富国银行的科瓦塞维奇却从一毕业的时候就想要去管理一家公司，“我的目标就是要找到一家能够尽快让我有机会承担管理工作的公司。”

维珍移动美国公司 CEO 丹·舒尔曼 (Dan Schulman) 曾经把积累经验比作高中橄榄球队训练时的举重运动。“领导一家公司就像是多次举起 300 磅重的物体。如果不从轻一些的物体开始，不断反复练习的话，没有人可以一开始就举起那么重的东西。”他说道。“如果他们不通过各种方式让自己的肌肉变得更加强劲，他们就会被重物压垮。”

舒尔曼相信，领导者在成为 CEO 之前的每一次经历都有助于他们训练自己的肌肉。“**我从来都把它们看成是通往下一级台阶的垫脚石。**”他说道。

> 只有在经历过这些早期的磨难之后，你才能更好地应对未来的挑战。而那些少年得志，在事业的阶梯上爬得太快的人往往更易陷入困境。他们会误以为自己是英雄，可当真正的挑战或失败的现实来到面前的时候，他们就会变得不知所措。

美敦力投资关系副总裁——玛莎·古德伯格·艾伦森

担负起更多责任。在最初的几次成功经历之后，逐渐成熟的领导者就会在更大的范围内得到认可，并被认为是“具有领导天赋”，然后他们所在的公司就会用一些更加富有挑战性的工作考验他们。

刚开始在美敦力工作的时候，玛莎·古德伯格·艾伦森 (Martha

Goldberg Aronson) 的领导能力很快就得到了大家的认可，她被认为是一名很有领导潜力的人。随后她加入了公司的收购小组，并在两年之后得到了美敦力奖学金的资助，前往商学院深造。毕业之后，她又回到美敦力担任产品经理，并很快被任命负责专门领导公司新成立的一个部门。

当管理层将艾伦森负责的部门与该公司的现有部门合并在一起时，艾伦森被任命为合并后部门的总经理。随着她所在的部门不断地发展，艾伦森的职业生涯也变得一片光明。一天，当艾伦森正在家里陪伴两个孩子的时候，她的电话突然响了起来。美敦力的人力资源经理问她："我们正在考虑派你出国拓展新业务，你觉得怎么样？"艾伦森后来回忆说："我当时犹豫了一下，然后告诉她'今天可能并不适合讨论工作调动的问题'。"

艾伦森当时并不清楚接受这个任务会对自己的职业生涯和个人生活带来怎样的影响。她并不打算孤身一人带着两个孩子到海外漂泊。同时她也不希望在手头的项目还没有结果之前离开，而且也担心她的调动会对丈夫的工作带来一些不利的影响。通过和她的导师和丈夫讨论这次调动之后，她决定接受这份新工作。她意识到这对她来说是一个非常特别的机会，可以让她有机会到国外工作，可以更好地加深自己对那个地区商业活动的理解。

到了欧洲之后，艾伦森很快适应了当地的环境，并取得了不错的成绩。她每天都要和当地的文化接触，这让她受益匪浅，而且她所领导的多国团队也取得了良好的业绩。当机会来临时，她敢于接受挑战，愿意在前途未卜的情况下在一个更加复杂的环境中承担更加艰巨的任务。她的这番努力终于得到了回报，三年之后，她被重新召回美敦力总部，担任投资者关系部门主管，而就在此时，她的第三个孩子也悄然降临。

通用电气董事长兼首席执行官——杰夫·伊梅尔特

撞墙。很多领导者都会在工作中遇到一些特殊的经历，自我意识、价值观、对于未来的预期都会受到严峻的考验。我把这种经历称为“撞墙”，因为遭遇这种情况时的感觉就像是一辆飞驰的赛车撞到了跑道的护栏，即便是最有前途的领导者，在自己的职业生涯中也都至少有过一次这样的经历。

通用电气CEO杰夫·伊梅尔特30多岁的时候曾经被认为是公司内部最有前途的新星，可就是在这段时期，他也遇到了职业生涯当中最为严峻的考验。当时公司安排他回到通用塑料部门担任销售和营销总监，由于这只是一次平级调动，所以伊梅尔特完全可以拒绝公司的安排。但杰克·韦尔奇告诉他，“我知道这并不是你想要的，但我觉得这是你为公司服务的一次机会。”

由于市场竞争非常激烈，所以伊梅尔特的部门不得不与几位重要的客户，包括美国几大汽车制造商，签订了一份固定价格协议。可就在这时，美国突然发生通货膨胀，整个塑料部门的成本一路飙升。伊梅尔特的部门距离当年目标利润额出现了3000万美元的差距，只完成了预计利润额的70%。他曾经试图提高价格，但这会直接导致他的部门与通用汽车公司的关系恶化。

所有这些因素都进一步加剧了伊梅尔特的压力，最终韦尔奇不得不亲自与通用汽车CEO罗杰·史密斯(Roger Smith)直接联系。在了解了具体情况之后，韦尔奇毫不犹豫地拨通了电话质问伊梅尔特。伊梅尔特把这一年看作自己人生中极为难熬的一年。

没有人愿意跟随一个正处于低谷的人。遇到这种情况时，你必须从自己的内心汲取力量。领导是通往一个人灵魂的最神圣的旅程之一。

虽然杰夫·伊梅尔特当时面临着提高业绩的巨大压力，但他还是没有屈服，并且带领着自己的团队开始了一条漫长的复兴之路。后来伊梅尔特在塑料部门的成功为其成为韦尔奇的继任者奠定了基础，成为通用电气的新任掌门人之后，虽然面临的压力比以前更大了，但他始终没有偏离自己的真北，时刻准备带领公司在下一个10年里取得更好的发展。

上面这些领导者的故事说明：通向领导巅峰的道路绝对不是一条直线。事实上，它很可能是一场极其艰难的考验，要想成为整个组织的领导者，你首先必须成功地克服一系列挑战。

第三阶段：反馈

2000年前，罗马政治家马尔库斯·西塞罗(Marcus Cicero)曾经宣称“老年是应该被抵制的”。而在今天，一位领导者人生旅程的最后30年可能是其最多产、最高效的一段时光。许多领导者都会在退休之后继续供职于多个组织，与人们分享他们的领导经验。他们会服务于一些营利或非营利机构的董事会，担任教学工作，或者培养一些新近上任的CEO。

曾经在掌舵英国石油公司11年间率领公司攀上新高峰的约翰·布劳恩(John Browne)爵士就是一个很好的例子。在宣布自己将在60岁辞去CEO一职的时候，布劳恩曾经说过，“我不相信退休这种说法。这种说法如今似乎已经过时了。”他表示自己会寻找一些有趣的新工作。“我对商业活动已经上瘾了。”他总结道。

93岁的兹格蒙特·纳格尔斯基(Zygmunt Nagorski)恐怕是我们采访过的年龄最大的领导者了。在成功管理Aspen执行官项目长达10年之久后，纳格尔斯基在75岁的时候终于功成身退。随后他和他的妻子一起创办了国际领导力中心，开始为执行官们举办关于价值观和道德伦理方面的讲座。纳格尔斯基的探索式教学风格让很多领导者开始重新思考自己的价值观，思考如何在复杂的环境中处理问题。18年过去了，今天的纳格尔斯基依然强健。

继续自己的领导之路：我的故事

与沃伦·本尼斯一样，纳格尔斯基也是我在第三阶段的榜样。年轻的时候，我就信奉“你这辈子只能活一次”的人生哲学，所以我希望能够让自己的人生经历更加丰富一些。我发现有很多CEO在自己的职位上停留的时间过长，从来没有想过要去培养一位继承人，还有很多人在退休之后便不知道该做些什么。我当初为自己确定了非常清晰的目标：领导一家大型公司完成一些重要的工作，把它交给我的继承人，然后继续自己的人生旅程。

1991年当选为美敦力CEO的时候，我就告诉董事会，我的任期不会超过10年，因为这段时间已经足够我完成组织的目标，并培养出一名合格的继承人了。非常幸运的是，2001年退休之前，我终于找到了阿特·柯林斯(Art Collins)这样一位继承人。由于不清楚自己接下来想做什么，于是我在退休之后的前6个月里考虑了大量在政府部门、教育部门、健康部门以及国际关系领域工作的机会。每个领域都非常有趣，但我总感觉那些并不是我想做的。

与此同时，我还继续活跃于商界，在高盛、诺华制药、塔吉特和埃克森石油等公司的董事会担任董事，从董事会的角度了解到这些金融、保健、零售、能源等行业的领导者所面临的巨大考验之后，我开始对这些重要领域的领导者有了更多新的认识。

2002年，彭妮和我前往瑞士进行“工休”——我应邀在瑞士两所顶级大学讲授领导学。虽然彭妮感觉在离家这么远的地方应付工作有些吃力，但在瑞士生活的每天都很令人兴奋。我至今还清楚地记得自己第一天踏进教室，直接面对来自35个国家的90名MBA学生的情形。站在这些才华横溢而又咄咄逼人的学生面前的确是一件可怕的事情。讨论美敦力对我来说非常简单，但引导大家讨论一个关于英特尔的案例却是一个巨大的挑战。尽管如此，我还是发觉自己已经爱上了老师这个职业，而且非常享受给学生提供指导，听他们讲述自己的梦想、希望和恐惧的那种感觉。

在瑞士的时候，我开始写作《诚信领导》一书，这是一段十分艰难但却令人难忘的经历。从瑞士回来之后，我开始成为哈佛商学院一名全职管理学教授，并同时在耶鲁管理学院开设了一门为期 4 个月的选修课。在哈佛，我讲授“领导和公司责任”，这是一门新开设的 MBA 必修课，除此之外，我还开设了一门名为“真诚领导之路”的选修课，正是在教授这门课程的过程中我萌发了写作本书的念头。

如今的我非常庆幸自己能有机会不断成长，能够与正在领导之旅前行的领导者进行交流。在这个过程中，我还发现了领导者应有的一个新的使命：帮助培养下一代的真诚领导者。

无论你的旅程已经到了哪里，你已经到达了自己所在组织的顶端，或者刚刚开始，或者是在寻找一个新的挑战，每一段领导经历都会让你得到成长，并帮助你发现自己的真诚领导力。当你完成一段旅程时，另外一个新的机会就会出现，你就会利用自己在前一段领导旅程中学到的东西，并将其应用到新的环境当中。如果你能够不断地接受自己，你的领导之旅就永远不会终结。但在这个过程中，许多领导者都会遇到障碍，甚至迷失方向。这是一个所有领导者都必须面对的风险。在讨论怎样才能成为一名真诚领导者之前，我们还是先了解一下为什么有些领导者会在这个过程中迷失了方向。

第1章练习：人生经历与领导之旅

读完第1章之后，建议你回顾一下自己的人生经历和领导机遇，重点思考一下那些对你早期职业生涯有着重要影响的经历，以及你所遇到的一些具体的领导机遇。

在人生故事中发现自己的领导力

1. 在早期职业生涯中，哪些人对你的影响最大？
2. 从你开始有记忆的时候算起，影响你人生的关键经历有哪些？
3. 哪些经历最能激发你的领导热情？
4. 回顾早期的人生经历，哪些人、哪些事、哪些经历对你和你的生活产生了最大的影响？
5. 在自己的领导工作中，哪些经历最让你不满，哪些经历能帮你从其他人那里收到最有建设性的反馈建议？
6. 你有时是否会感觉自己像是一名受害者？
7. 你人生早期所经历的失败和失望是否会限制你的发展，或者说你能否从这些经历中学到些什么？

真诚领导之路

1. 你是会把自己的生活和领导看成是一个通向某个终点的旅程，还是一个让你不断学习、不断经历的过程？
2. 迄今为止，你所遇到过的最有意义的领导经历是什么？你从中学到什么？
3. 你需要怎样的经历才能将自己的领导力提升到更高水平？
4. 刚刚进入一个新阶段的时候，你是否已经对自己在该阶段的目标作出了明确评估？
5. 评估结束之后，你是否觉得有必要作出调整？如果答案是肯定的话，你准备作出怎样的调整？
6. 你怎样才能更好地利用自己以前的经历，将它们更好地应用到当前的领导工作中？

第 2 章

为什么领导者会迷失真北

否认和预测是妨碍我们认清现实的大敌。

——沃伦·本尼斯

Denial and projection are the enemies of reality.

------ *Warren Bennis*

University professor and

distinguished professor of business.

在领导的过程中，许多领导者会失去自己的真北，在领导的道路上迷失自我。这是一个所有的领导者都必然要面对的风险。在讨论怎样才能成为一名真诚领导者之前，还是让我们先了解一下许多领导者是如何在领导过程中迷失自己的吧。为什么许多颇有潜力的人会在眼看就要到达领导顶峰的时候突然偏离了正确的轨道呢？他们还能从失败的阴影中走出来，成为一名真正的真诚领导者吗？

相信所有想要成为领导者的人都曾经思考过这个问题，因为那些在领导过程中迷失了自我的人往往并不一定是糟糕的领导者。他们完全有可能成为优秀的甚至是伟大的领导者，只是在这个过程中，他们由于某种原因偏离了原有的轨道，在不知不觉之中陷入了自己之前的成功所形成的陷阱，并逐渐在成功的光环中迷失了自己。对于这些领导者来说，他们从外界获得最多欢呼和奖赏的时候，也恰恰是他们容易迷失自己、偏离自己的真北的时候。

在这方面，最近的一个例子就是摩根士丹利前任 CEO 菲利普·裴熙亮 (Philip Purcell)。裴熙亮曾经在自己的事业上取得了巨大的成功，并且从来也没有做过任何违法或不道德的事情，但他却在自己的领导之路上一度迷失了自己。

从事业的角度来说，裴熙亮一直都被看成是一颗闪亮的新星，他曾以第一名的成绩毕业于芝加哥商学院，后来进入麦肯锡 (Mckinsey)、希尔斯 (Sears，美国零售业先驱，曾对美国 20 世纪的大众消费产生过重大影响，它是第一家送货上门的商店，也是网络订购的前导，在 20 世纪后期开始衰落。——译者注) 和添惠 (Dean witter，摩根士丹利在

1997 年所并购的一家零售金融服务公司，业务涵盖信用卡及零售证券商业务。——译者注）。当他率领添惠与摩根士丹利合并，并担任合并后公司的 CEO 时，他似乎已经攀上了自己职业生涯的顶峰。

他在摩根士丹利面临的最大任务就是将投资银行与证券经纪业务结合起来，形成一个强大的金融服务巨型航母。可问题是，在完成这个任务的过程中，他并没有投入太多时间与资金经理和交易商们沟通。事实上，这些人才是真正为公司创造财富的人。他也没有和公司最重要的资产，也就是客户，打交道。相反，他把主要的精力都用于操纵董事会。

裴熙亮还开除了很多十分有能力，但却敢于向他的领导权威发出挑战的执行官。有一段时间，人们发现，在摩根士丹利，员工提升的标准已经从个人业绩转变为对裴熙亮的忠诚。不仅如此，后来他居然违背自己对摩根士丹利前任 CEO 约翰·麦克 (John Mack) 的承诺，在三年期满后拒绝交出公司的领导权。就这样，随着他在领导方面的问题变得越来越严重，大量的人才开始离开摩根士丹利。

到了 2005 年的时候，情况已经发展到了相当严重的地步，以至于摩根士丹利的执行官们联手组成了一个著名的“八人帮”说服董事会驱赶裴熙亮。随着人才流失越来越严重，以及来自华尔街的压力，董事会最终意识到，他们必须在“拯救裴熙亮”和“拯救公司”之间作出选择。他们选择了后者，裴熙亮被迫辞职。董事会说服麦克重新担任公司 CEO，将摩根士丹利带回到原来的轨道，麦克很快就做到了这一点。而裴熙亮则退休，回到了自己在犹他州的农场。

迷失真北的五个因素

裴熙亮并不是一个特例。近些年来，迷失方向的明星领导者并不在少数。下面让我们深入分析一下为什么这些领导者会在领导过程中迷失方向吧。

在人们承担领导角色之前，他们首先应该问自己两个基本的问题："激励我领导的动力到底是什么？""我担任领导工作的目的到底是什么？"如果说第一个问题的答案是"权力、名望和金钱"，那么领导者最终很可能会因为这些因素而掉入陷阱。想要获得这些东西的想法本身并没有什么不对，可前提是领导者本身应当有一种追求某种超越自我的目标的使命感。

那些只是为了获得高人一等的权力，赚到最多的金钱，或者是获得巨大名望的领导者往往会把身边的人看成是一种满足自我或者是炫耀自己权势地位的工具。无论是在公开场合还是在私下里，他们总是会表现出一种强烈的自恋心理。作为一名机构领导者，他们很容易相信自己就是这个机构，如果没有自己，整个机构就将无法运转。在这方面，一个最具悲剧色彩的例子就是纽约证券交易所前任 CEO 理查德·格拉索 (Richard Grasso)。就在他离开纽约证券交易所之前的那段日子里，格拉索的权力欲和名望欲已经膨胀到了一个极其夸张的地步，以至于他居然要求获得 1.3 亿美元的薪酬，而他最终的结果只能是被迫辞职。

相比之下，施乐公司 CEO 安妮·马尔卡希就表现得非常理智。尽管她成功地将施乐公司带离了困境，但她却在媒体的关注面前相当冷静。她告诉我们自己曾经接到过自己的导师，施乐公司前任 CEO 大卫·卡恩斯 (David Kearns) 的一个电话。当时她正处于自己职业生涯中最黑暗的时期，而她手头最主要的工作就是尽量避免公司破产，并想尽一切办法避免证券交易所对施乐公司开展调查。"马尔卡希，你相信他们在报纸上写的那些关于你的事情吗？"卡恩斯在电话那头问道。"不，大卫。"马尔卡希冷静地回答。"那就好，"卡恩斯说，"那当他们说是你拯救了施乐公司的时候，也不要相信。"

刚愎自用–闭目塞听

那些总是需要从外界评论中得到满足的领导者往往很难坚定自己的立场。他们会拒绝那些敢于直言不讳的批评者，这样做只会让自己的身边聚集一大群阿谀奉承、溜须拍马之人。渐渐地，他们就会拒绝与周围的人进行诚实的对话，而周围的人也开始慢慢学会不再跟他们直接对抗。

害怕失败–推卸责任

领导者之所以会表现出前面所说的那种倾向，很可能是因为他们内心深处害怕失败。许多领导者是通过将自己的愿望强加于人而爬到组织顶端的。到了组织最顶端之后，他们就会担心自己是否已经成了其他人瞄准的目标。在他们强势的外表之下，其实隐藏着一种巨大的不安全感，他们担心自己可能并不适合当前的领导职位，担心自己迟早有一天被拆穿。

为了克服内心的这种恐惧，他们开始拼命地追求完美，拒绝承认自己的弱势和失败。一旦遭遇失败，他们就会试图掩盖或想办法说服身边的人，让他们相信失败并不是自己的问题。同时他们会在自己组织内部或其他组织中寻找替罪羊，让别人为自己的过失承担责任。在这个过程中，他们会借用自己手中的权力、个人魅力以及沟通技巧说服其他人相信自己，从而让整个组织看不到真相。最终，当一切都被拆穿之后，真正要承担后果的，还是他们所在的组织。

虚荣自负–过犹不及

害怕失败的另一面是一种永不满足的对成功的渴求。大多数领导者都希望能够率领自己的组织取得好的业绩，并从中得到相应的认可和回报。一旦取得成功，他们就会得到更多的权力，并开始享受随之而来的名望。在这个过程中，成功很可能会冲昏他们的头脑，并让他们有一种特权感。一旦达到了权力的顶峰，他们就会有一种想要维持这种状态的欲望。他们总是想不断地突破极限，并且坚信自己一定能够做到。

诺华制药CEO丹尼尔·魏思乐在2002年接受《财富》杂志采访时这样描述这个过程：

> 一旦你进入了这种循环，即便是不小心进入的……你就会开始牺牲一些重要的，而且是从长远来看对你的公司非常重要的东西。你之所以要拼命地推动这个循环，与其说是害怕失败，还不如说是渴求成功……因为对于我们当中的很多人来说，成为一名成功的管理者是一件十分令人心醉神往的事情。这种寻求赞誉的心态形成了一种信念，甚至是扭曲的信念。当你取得一些好结果的时候，你通常会接到来自各方面的祝贺，于是你很容易就会开始相信所有的恭贺都是围绕你而来的。这时你就会对外部世界理想化，你就会很容易相信他们所写的关于你的一切都是真的。

回避风险–畏缩不前

虽然很多领导者都非常害怕失败，可具有讽刺意味的是，他们却往往能从失败当中学到更多的东西。嘉信理财前任CEO戴维·波特拉克就非常重视从每一次经历当中学到东西："你不一定要做一个完美的人。"他说道，"你可以先走错路，然后再回到正轨上。只要你能问问自己，我怎样才能从这次经历中学到东西，从而让我下次能够做得更好？你就可以将大多数失败转变为成功。"波特拉克相信，要想从失败中学习，最关键的就是要学会对自己诚实。"如果你能保持一个开放的心态，你就会发现，自己从失败当中学到的东西要比从成功中学到的还要多。”

当你取得成功的时候，你很容易把成功看成是理所当然的事情，并继续进行下一步。而失败却会迫使你不得不去反省。到底哪里出了问题？我怎么才能做得更好？这是一个可以让你承担起责任的机会。遇到困难的时候，最容易做的就是找个替罪羊。我自己也经历过多次失败，但我每次都能从失败当中学到一些东西，并设法让自己变得更加坚强。我总是不断地从失败中学习，并最终让自己走向成功。

杰西 (Arthrocare) 公司 CEO 麦克·贝克 (Mike Baker) 对我们讲述了他在西点军校时承受的心理和生理上的压力。“我还记得第一次参加高级统计学考试，考得一塌糊涂的情景。这在西点是一件非常严重的事情。一旦有一门功课不及格，你就完了。学校不会容忍失误。”

我总是对那些从来没犯过错误的人感到怀疑，因为一旦出现失误，他们就会束手无策。每个人天生都会失败。每个人都会出问题。真正重要的并不在于你会失败多少次，而是你能否站起来，如何站起来，以及你能够从失败当中学到什么。

跟波特拉克和贝克相比而言，一些正处于上升期的领导们却极为惧怕失败，因此他们总是会千方百计地回避风险。而一旦到达顶端，他们就不准备再继续迎接更多的挑战了。

内心孤独–缺少支持

高处不胜寒。领导者知道自己最终必须要承担起巨大的责任，知道很多人的幸福都掌握在自己的手上。一旦他们失败，很多人都会受到伤害。为了逃避这种压力，很多领导者选择让自己尽快逃离。

他们能与谁一起分担自己内心的焦虑呢？他们很难向自己的下属或董事会成员袒露自己所面临的最大问题和内心最深处的恐惧。来自其他公司的朋友可能根本不理解他们所面对的挑战，而且公开讨论自己的困惑还可能会引发很多不必要的谣言。有时他们甚至很难跟自己的配偶或导师一起讨论这些问题。

由于这种来自内心的孤独感，很多领导者都会回避自己的恐惧，封闭自己的内心，屈服于外界的压力，并相信只要能够应付这些压力，一切都会好起来。但这些来自外界的声音经常会发生冲突，让他们难以应付，于是他们只好选择听从那些和自己观点相同的人的意见。

与此同时，他们的职业生活和个人生活变得越来越不平衡。由于总是害怕失败，他们开始把更多的精力投入到工作中，他们甚至会说："工作就是我的生活。"最终，他们与那些最亲近的人：他们的配偶、孩子以及最好的朋友，开始疏远，或者他们会根据自己的喜好选择性地跟他们交往。慢慢地，这些小失误开始导致大问题，而这些问题都是无法通过努力工作来解决的。出现这种情况的时候，他们并不会想到去寻找睿智的建议，反而会开始给自己挖一个更深的洞。最终，当一切都陷入崩塌的时候，他们就会发现自己根本无法逃避这一切。

"他们"到底是谁呢？可能是某位正在面临巨大压力的执行官，也可能是某位"由于个人原因"而被迫辞职的前任 CEO 或组织领袖。但"他们"也可能是你，或者是我们当中的任何一个人。我们或许并不会遇到如此严重的问题，但我们都可能会迷失自己的方向。

迷失真北的五种领导类型

在观察那些偏离轨道的领导者的过程中，我们发现，失去真北的人总共可以被分为五种类型。这些人之所以会偏离自己的轨道，一个根本的原因就在于他们没能成功地把握好自己。第一种是那些缺乏自我意识、缺乏自尊的冒充者；第二种是那些会偏离自己原有价值观的狡辩者；第三种是那些总是渴求赞美的名利狂；第四种是没能成功地建立自己的个人支持网络的孤独者；第五种是那些无法建立完整生活的流星人。

你能从这五类人中找到自己的影子吗？这些特征是否会让你偏离自己原有的轨道呢？

冒充者（Imposters）

冒充者们往往都是通过玩弄各种手段在自己的组织当中平步青云的。他们深谙升官发财的秘诀，而且不会允许任何人阻挡自己前进的道路。他们大都是马基雅维利的忠实信徒，总是不遗余力地挖空心思往上爬。他们是最高明的政治动物，可以轻松地挖出自己潜在的竞争对手，然后逐个将其铲除。他们不喜欢自我反省，也很少会让自己变得更有自知之明。

亚伯拉罕・林肯 (Abraham Lincoln) 曾经说过，“如果你想要考验一个人，那就给他绝对的权力。”在得到权力之后，这些冒充者们往往会感到缺乏足够的自信。他们不知道该如何使用这些权力。由于他们最擅长的就是内部争斗，所以他们会开始怀疑下属们是否也在时刻瞄准自己的位置。

由于内心总是充满疑虑，他们无法果断地作出决定。而这种优柔寡断又会直接影响到公司的业绩和竞争力，所以他们便会经常抵触来自公司内部的批评，并在公司内部堵塞言路。这样一来，他们最能干的下属们很快就会发现自己其实根本无法改变上司的决定，于是他们开始与上司言和，甚至开始闭上嘴巴。就这样，那些继续留在组织中的人便会有一种毫无自主权的感觉，于是他们干脆背起双手，坐等上司作出决定。

狡辩者（Rationalizers）

在组织之外的人看来，那些能自圆其说的人似乎总能脱身事外。

当形势的发展对自己不利的时候，他们就会归咎于外部原因或自己的下属，或者是找一些治标不治本的解决方案。这种人很少会主动站出来承担责任。

随着他们在组织中的地位不断提高，所面临的挑战越来越大，他们就会把压力转移到下属身上。当这种做法仍然达不到效果的时候，他们便会削减投入到技术研究、企业发展计划，或者是组织建设等方面的资金，以便在短期内达到预定的业绩标准。最终，他们所在的组织就会不得不为这些短视的做法付出代价。他们就会开始预支整个组织的未来以实现短期的业绩目标，或者是篡改财务数据，并振振有词地表示自己很快就能将其变为现实。

不幸的是，他们的这些做法只会让组织的未来变得更加糟糕。于是他们转而采用一些更加冒进的策略，比如在季度销售额当中虚报未来的收入，或者是用库存来填充客户的仓库。当这些做法无法帮助他们实现预期目标的时候，他们就会采用一些更加孤注一掷的手段。最后，他们就会成为自己这些做法的牺牲品，并在这个过程中逐渐将整个组织拖入泥潭。

近些年来，狡辩者的这些做法正在变得越来越明显。20 世纪 90 年代的股价飙升（之所以出现这种情况，是由于投资者们对企业收入增长的幅度作出了过高的预期），使得许多执行官们为了迎合投资者们的期待而不惜牺牲公司的长期利益。即便是在很多年以后，他们还是会为自己当初的做法狡辩，不肯为自己所引发的问题承担责任。正好像沃伦·本尼斯所说的那样，**“否认和预测是妨碍我们认清现实的大敌。”**

名利狂（Glory Seekers）

名利狂总是会用外界对自己的评价来定义自己的价值。在追求成功的过程中，他们把自己的目标定义为金钱、声誉、荣耀和权力。在很多情况下，他们似乎觉得自己能否出现在“最有权势的商业领袖”名单当中比组织的长远价值还要重要。

他们对名誉有一种无法抑制的渴望。可由于这个世界上总是有人比他们更有钱，更出名，更有权势，所以无论取得了怎样的成就，他们总是无法满足。在内心深处，这些人总是感觉非常空虚。有时这种空虚甚至会让他们妒忌那些比自己更强的人，而在外人看来，他们似乎很难理解为什么一个如此成功的人还会去妒忌别人。

孤独者(Loners)

孤独者会拒绝与其他人建立密切的关系，或者拒绝建立任何支持网络。他们相信自己可以，而且必须，独立完成自己的工作。但与那些比较内向的人不同的是，孤独者经常会犯一些比较严重的错误。当没有达成理想的结果，人们开始对他们的领导能力提出质疑时，他们就会严阵以待，想尽办法击退质疑者。他们只是在生硬地追求自己的个人目标，经常意识不到有时恰恰是自己的行为妨碍了自己的发展。正是在这个过程当中，他们的组织开始陷入崩溃。

流星人(Shooting Stars)

流星人的生活完全是以工作为核心的。在旁观者们看来，流星人就像是一部永动机，他们总是在转动，总是在不停地向前赶。他们很少会留出时间给自己的家人、朋友、社区，甚至是自己。他们可以为了工作牺牲宝贵的睡眠和运动时间。随着流星人的步伐越跑越快，他们压力也会变得越来越大。

流星人的事业发展极其迅速，以至于他们根本不可能有时间去从自己的错误当中学习。工作一两年之后，当手头的工作还没有任何结果的时候，他们便会开始追逐下一个目标。而看到自己引起的失误开始浮出水面时，他们的焦虑会逐渐增加，于是他们便迫切地希望转到下一个新的岗位上。如果上司没有提拔他们，他们就会转而投向另外一家组织。迟早有一天，他们会发现自己已经陷入了一片问题的汪洋之中。一旦到了这个时候，他们就会开始作出一些不理智的决定。

重返轨道——学会授权

我们前面描述的五种类型的领导者：冒充者、狡辩者、名利狂、孤独者和流星人，都会把自己看成是一个无所不能的英雄。这种心态或许比较适合那些单枪匹马作战的音乐家、演员和运动员们。但对于一名领导者来说，这样的心态显然不行，因为通常情况下，想当英雄的人往往不懂得如何向自己的队友和下属授权。

在领导团队作业时，领导者的角色并不是吸引其他人追随自己，而是要懂得如何授权其他人来进行领导。如果领导者只是一味地表现自己，他们就无法激励自己的团队作出最佳表现。最终，他们的自我中心会让其他人无法肩负起必要的领导责任。毕竟，如果整个团队都是在为了领导者的面子而工作的话，他们为什么还要那么努力呢？

安进公司主席兼 CEO——凯文·夏尔

返回轨道。许多领导者都问，一个人在迷失之后是否还能返回原来的轨道。在回答这个问题之前，还是让我们首先了解一下一位真诚领导者是如何迷失方向，并最终返回原来的轨道的吧。

安进主席兼 CEO 凯文·夏尔是当代美国最为成功的商业领袖之一，但在 1989 年的时候，他却陷入了自己人生中最大的困境。此前一直春风得意的他第一次遭遇了人生的失败。作为通用电气一颗冉冉升起的新星，他希望能够尽快攀上人生的顶峰，而且他坚信自己可以战胜任何来自领导方面的挑战。正是抱着这种心态，他离开了通用电气，加入了一家电信公司 MCI，因为他相信，他完全有可能在两年之内做到 MCI 的最高位置。

“MCI是我人生中的一个低谷，”夏尔后来回忆道，“这次经历让我意识到，一个人要为自己的自大付出代价。”他还意识到自己的风格并不适合MCI高度竞争的企业文化。“在MCI，人与人之间的竞争激烈，这与我的价值观完全不一致。”他解释道。

公司的内部竞争已经达到了卑鄙无耻的地步，简直让人窒息。我的工作效率越来越低，对公司的忠诚度也越来越低。当你的价值观与周围人的价值观不一致的时候，你就应该离开这个地方。

由于迫切想要离开MCI，夏尔给杰克·韦尔奇打了个电话，表示想回到通用电气。韦尔奇并不喜欢夏尔当初甩手离开通用电气的做法。毕竟，通用电气为夏尔提供了很多机会。于是他说道，“嘿，夏尔，忘了你曾经在这家公司工作过吧。”“就在那一瞬间，”夏尔回忆道，“我知道自己已经被扔上了一条救生筏，开始独自一人在大海上漂泊了。”

我知道自己必须放弃手头的工作，但我不能甩手就走。对我来说，那两年的确是一段刻骨铭心的时光，也是我职业生涯中最有挑战性、最不开心的一段时间。我不是一个好斗士，我开始失去控制。开始时，我极力拒绝承认这种状态，结果我一败涂地。

最后，夏尔告诉自己：“我再也无法忍受了。我可不愿意变成一个尖酸卑鄙的家伙。”

我开始在情感上退缩起来。我太太不理解我正经历着怎样的困境，因为她从来没有在公司工作过。她总担心我被解雇，她的这种心态只会让我感觉更加孤独。毫无疑问，这是我一生中最艰难的日子。

凯文·夏尔找到自己真北的故事和许多领导者曾经面临的困境完全相似。他们都曾经遇到过挑战，他们的自我开始进入一种更加复杂的环境当中，并因此开始学会直面自己的弱点和失败。如果他们有足够的自我意识和自省能力，他们就会重新调整自己的指针，重新回到真北的轨道上。

夏尔在孩提时就梦想能追随父亲的脚步，成为一名海军飞行员。他就读于美国海军学院，但就在毕业前不久，由于没有通过视力测试，他的梦想破灭了。但是他很快从自己的挫折中恢复过来，开始申请加入海军内部大名鼎鼎的核潜艇项目。仅仅两个星期之后，他接受了该项目创始人、著名的海曼·里夫科 (Hyman Rickover) 将军的面试，并被顺利录取了。

加入核潜艇项目之后，他作为一艘核潜艇的首席工程师在水下整整度过了 5 年时间，退役之后，夏尔加入了麦肯锡公司，并开始将公司的创始人马文·鲍尔 (Marvin Bower) 确立为自己的人生榜样。两年之后，他终于得到了一个机会，开始进入通用电气担任韦尔奇的助理。

面试的时候，韦尔奇开门见山地问夏尔："我为什么要聘请你呢？你从来都没有承担过任何风险。"夏尔接过话来，告诉韦尔奇："在 26 岁的时候，我曾经开着一艘核潜艇逃离了俄罗斯的海岸线。"然后他决定挑战韦尔奇，于是问道："你除了用公司的钱去冒险之外，还冒过什么风险呢？"这句话让他得到了通用电气的工作。

在海军和麦肯锡的工作经历让夏尔很快适应了通用电气的工作强度。他在三十几岁的时候就坐上了总经理的位子。回想自己在通用电气的日子，夏尔说道："通过观察韦尔奇的领导风格，我从中学到了很多宝贵的经验。"

40岁的时候，夏尔开始经营通用电气的卫星业务，并被选为公司官员，成为整个公司范围内排名前100位的执行官。对任何人来说，这都是一个令人陶醉的工作，尤其是对于一个像夏尔这样野心勃勃的人来说，更是如此。当猎头公司想为MCI物色一位新的销售和营销主管的时候，他立刻抓住了机会，给自己的职业生涯来了个蛙跳。

“每个人都可以成为这家公司的CEO。”MCI副主席向夏尔保证道。夏尔信以为真。可这次情况并没有像他想象的那样顺利。刚加入公司不久，夏尔就了解到公司的首席运营官已经做好准备就任CEO，他也不希望这位来自通用的野心小子来打乱自己的计划。

加入MCI之后，夏尔没有浪费时间，立刻为公司制定了一套完整的转型计划。6个星期过后，他发现公司的地理营销组织在结构上有些问题。“我当时正处于一种最自大的状态。”夏尔说道，“我走进主席的办公室，建议他重新调整公司的销售部门。”他的建议直接威胁到了MCI众多资深执行官们的利益。由于并没有任何在电信公司工作的经验，夏尔发现自己在公司里根本无任何威信可言。

夏尔在MCI遭遇的低谷对他来说是一次极其珍贵的经历。这次经历让他感到羞愧，迫使他不得不学会控制自己的自我意识，并开始意识到除了争取提升之外，生活中还有许多更加重要的东西。就这样，一直心比天高的夏尔终于在MCI开始学会面对现实。

加入MCI两年之后，夏尔接到了一封信，信上问他是否认识任何有可能成为安进公司总裁的人选。由于从来没有听说过这家公司，夏尔到图书馆查阅了这家公司的资料，并决定自荐应聘这份工作，他最终被任命为安进公司总裁，与公司的CEO高登·宾德尔 (Gordon Binder) 一起共事。

由于在MCI已经尝过了自大的苦头，所以这时的夏尔从一开始就承认自己对生物技术行业一无所知。“如果不是在MCI有过那次经历，我很可能又会在安进栽跟头。”他说道。

我最后一次接触保健领域是在九年级生物课上，因此我请公司的一位科学家给我上生物课。通过非常耐心的学习，我开始对这个行业有所了解并着手了解公司的整体业务，给公司的销售代表们打电话，让他们知道我非常渴望学习。

与自己早期的职业生活相比，夏尔在跟随宾德尔的7年当中表现出了超长的耐心。在这段时间里，他躲开了猎头公司的引诱，并告诉他们能够在一家快速发展的公司里做二把手要比“在其他任何公司学到的东西都多”。终于，就在宾德尔退休的前一年，安进公司董事会向夏尔伸出了橄榄枝，“凯文，你得到了这份工作。在接下来的一年里，你要了解更多公司研发方面的情况。”于是夏尔开始从头了解安进的研发过程，整天泡在实验室里，向科学家学习研发方面的知识，一次又一次地参观竞争对手的研究设备。

当董事会宣布夏尔成为CEO之后，他逐个会见了公司前150名执行官。通过倾听他们的反馈意见，夏尔开始对公司高层领导者的心态有了一定的了解。

这些会谈是我在成为CEO之后做过的最有价值的工作。他们使我更清晰地了解整个组织的现状。我可以同他们一起分享一个共同的愿景，并共同为安进未来10年制定发展战略。

凯文·夏尔的这段经历帮助他重新找到了自己的真北。通过反省自己在MCI的遭遇，他清楚地认识到了应当怎样改变自己。虽然加入安进之后他身居高位，但他并没有忘记从自己早期的经历当中汲取经验和教训。他在接过大权之前对公司的业务进行了全面详细的了解，认真地向自己的同事们学习，并耐心地等待自己的机会。

如今夏尔的努力早已得到了充分的回报。在夏尔担任公司CEO的

6年当中，安进公司的收入每年都以25%的速度递增，公司的收益和市值都实现了飞速的增长。如今的安进公司已经从一家只生产两种药品的公司发展成为一个具有高度创新性的公司，新的药物源源不断地从公司实验室里奔流而出。

15年之后，在回想自己当初在MCI的经历时，夏尔说道："我们是各种经历的混合体。"

> 回想起来，在MCI的那段经历也不全是坏事。至少我知道了一家真正充满竞争力的公司能够做些什么，对进取精神和革新也有了更深的了解。一次类似于这样的痛苦经历会更深刻地了解你身边的人。

对比自己在MCI和安进的经历时，夏尔说道，"你必须喜欢自己做的事情，这点非常重要，否则，你不可能发挥出自己的最大潜力。"

> 当你与自己的产品融为一体时，就会产生一种强大的力量。在MCI的时候，我从来没有对公司的打折长途电话业务产生过任何感情。如果有人走到你面前告诉你，"你们的产品挽救了我的生命。"你就会感到自己对产品的感情是多么的强烈。

夏尔的故事说明，哪怕一名领导者暂时迷失了自己的方向，只要他们能够意识到领导的真正目的是授权给别人，而不是只顾自己，他们就可以重新找回自己的轨道。授权是一个从"我"到"我们"的转变过程，在下一章当中，我们将详细讨论这个问题。

第 2 章练习：迷路的危险

读完第 2 章之后，建议你仔细考虑一下自己对五种迷路领导者的看法。在完成下面这个练习的过程中，态度一定要坦诚，努力让自己站在一个客观的立场上。

为什么领导者会迷失方向

仔细考虑一下近些年为什么会有那么多领导者迷失了方向，并最终陷入失败。

1. 你是否曾经见过领导者迷失了自己的方向？你是否接触过这五种类型领导者中的某一种？
2. 你觉得领导者在迷失方向之前会有怎样的表现，会发出怎样的信号？

出 轨

参照我们在本章谈到的会导致出轨的五种领导行为：

1. 你是否会在自己身上发现冒充者的某些特点？
2. 你是否会在自己身上发现狡辩者的某些特点？
3. 你是否会在自己身上发现名利狂的某些特点？
4. 你是否会在自己身上发现孤独者的某些特点？
5. 你是否会在自己身上发现流星人的某些特点？

迷失了自己的方向

1. 你能否设想一下自己将来可能会在怎样的情况下迷失方向？
2. 你会在多大程度上顶住外界的压力，追寻自己的人生方向，做回真正的自己？
3. 你是否害怕失败？为什么呢？是因为担心别人会看不起你？还是因为个人的原因？
4. 你对失败的恐惧会怎样影响你的领导决策和职业生涯？你是否会有意无意地避免一些可能会失败的情形？
5. 你的失败经历会怎样帮助你实现自己的最终目标？
6. 你是如何渴望成功的？

7. 你对成功的渴望会怎样影响你在领导和职业生涯上的决定？你是否会有意无意地选择那些更有利于自己取得成功的环境？

预 防

你准备采取哪些措施避免偏离自己的人生轨道？

第 3 章

转型：从“我”到“我们”

一旦成为一名领导者之后，你所面临的最大挑战就是要学会激励身边的人、培养他们，并帮助他们学会改变自己。你必须克服这一挑战，同时明白，领导者的任务就是为自己的团队成员提供服务。

——杰米·埃里克
通用电气

When you become a leader, your challenge is to inspire others, develop them, and create change through them. You've got to flip that switch and understand that it's about serving the folks on your team.
——*Jaime Irick, General Electric*

到底是什么在帮助像凯文·夏尔这样曾经偏离轨道的领导者重归正途，从一名独行客转变为懂得授权的真诚领导者呢？我们采访过的大多数领导者都曾经有过与其类似的经历，并在这个过程中领悟到：领导者的真正目标并不是要取得个人成功，而是要学会通过授权来取得成功。

在畅销小说《炼金术士》(*The Alchemist*) 一书中，作者保罗·科埃略 (Paulo Coelho) 讲述了一位为了寻宝而穿越沙漠的牧羊少年圣地亚哥的故事。实际上，我们每个人都在寻找自己的珍宝——有些是物质上的珍宝，有些则是精神上的珍宝。当我们开始进入商界的时候，我们往往都会把自己想象成一位能够改变世界的英雄。

对于任何一位领导者来说，在一开始的时候有这种想法是非常自然的。毕竟，我们人生早期所取得的成功（学校里的考试分数，体育比赛中所取得的成绩，以及我们在第一份工作中所取得的业绩），都是依靠我们的个人努力而取得的。学校的录取办公室和公司里的老板们大都非常关心你的这些早期成绩，他们会将你与其他申请者或求职者进行对比。对大多数人来说，早期的领导机会大都局限于球队以及学校里的各种学生组织等。

当我们被提拔担任管理角色的时候，我们开始相信这是因为上司对我们的个人能力表示认可，所以才决定让其他同事跟随自己。但如果你认为领导只是让其他人跟从自己，并在这个过程中不断地沿着组织阶梯向上爬的话，那你很可能就会偏离自己的轨道。

你前进的道路并非一帆风顺，你的道路很可能会被堵塞，你的世界观会被一些事件彻底颠覆，这时你就需要重新思考自己的领导风格。你开始问自己：“我真的优秀吗？”“我为什么不能让我的团队和我一起实现我所设定的目标了？”有一些个人经历也会让你意识到：“成为第一”或许并不是生活的全部。

转变：领导之旅的关键步骤

很多人相信，领导的真正含义在于为自己培养大批的追随者，让他们按照你所指明的方向前进，从而助你一路上升到权力的巅峰。要想成为一名真正的真诚领导者，我们必须抛弃这种错误的观念。只有做到这一点，我们才能意识到，真诚领导的真正含义在于学会授权。

这就是我所说的从“我”到“我们”的转变。对于任何人来说，这都是他们在成为真诚领导者的过程中最为重要的一个步骤。试想一下，如果不能激励自己的下属发挥出最大的潜力，领导者怎样才能释放整个组织的潜力呢？如果我们的支持者只是盲目地跟随我们，那么他们的能力发挥就会受到限制，而领导者的视野也会变得狭隘。

毕业于西点军校并在通用电气成长为一名新星的杰米·埃里克(Jaime Irick)对此有深刻的认识：**“你必须意识到，在整个领导过程中，最重要的人并不是你。”**

刚开始进入商界的时候，我们的主要任务就是要让自己做到最好。想进入西点或者是通用电气，你自己必须是最好的。这也就意味着你此时的全部价值就在于你自己能够做到的事，比如说你是否是最好的分析师、咨询人员，或者说你是否能够在统考中取得最优的成绩。可一旦成为一名领导者之后，你就必须学会激励身边的人，培养他们，并帮助他们改变自己。如果想要成为一名领导者，你必须完成这一转变，并意识到领导的关键在于学会为自己的团队成员提供服务。这是一个非常简单的概念，但很多人却忽略了这一点。你越早意识到这一点，就能越快地成长为一名合格的领导者。

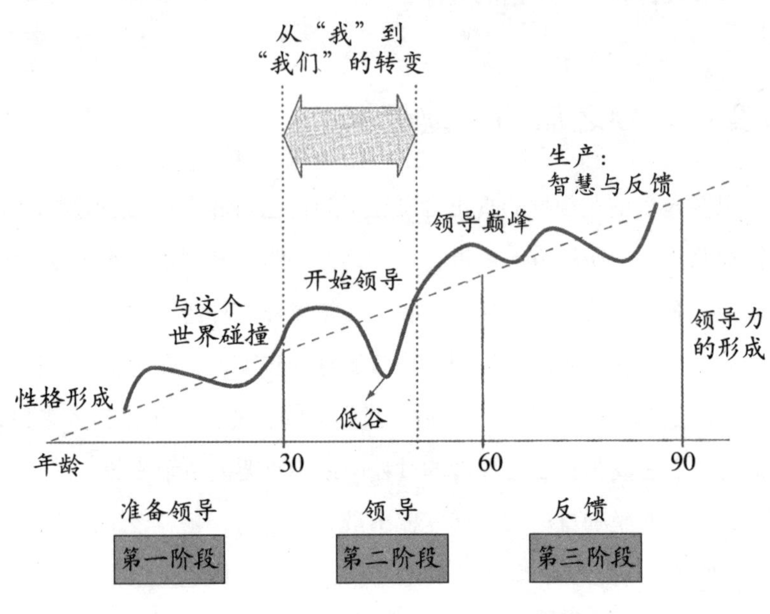

图 3.1 从“我”到“我们”的转变

只有当领导者不再继续关注自我需要的时候，他们才能够帮助自己身边的人成长。他们感觉自己不再需要与那些有才华的同事或下属竞争，能够更容易地聆听其他人的意见，所以也就能够更好地作出决定。在克服自己“控制一切”的欲望的过程中，他们会发现人们开始变得喜欢与自己一起共事。当他们意识到得到授权的下属们会迸发出无限潜力的时候，他们的领导之路就会越走越宽。

在我们人生中的任何一个时刻都可能会遇到这种转变性的经历。它可能是一位智者的点拨，也可能是年轻时的某一次特殊经历。虽然我们都希望能够得到这类积极的经历，但对于许多领导者来说，他们的这种感悟都是在人生遭遇低谷时才产生的。

在《极客与怪杰》(*Geeks and Geezers*) 一书中，沃伦·本尼斯和罗伯特·托马斯 (Robert Thomas) 将低谷的概念描述为一次“考验领导者极限的经历”。让一个人陷入低谷的原因是多方面的：可能是在工作上遇到了困境，受到了批评，甚至是失去了工作；也可能是痛苦的个人经历，比如离婚、生病，或者是爱人去世。

诺华制药主席兼 CEO——丹尼尔·魏思乐

漫长的转变之路。在我们的所有采访对象当中，诺华制药主席兼 CEO 丹尼尔·魏思乐所经历的事情，可以说是最为艰难、最不同寻常的了。魏思乐年轻时遇到过一系列极端严峻的考验，但最终他还是登上了全球制药行业的顶峰，他所走过的道路代表了很多领导者的经历。

魏思乐于 1953 年出生于瑞士夫里堡 (Fribourg) 的一个中等收入家庭。还在很小的时候，疾病缠身的他就和医生打过很多次交道，这些经历后来激发了他想成为一名医生的热情。他第一次对医院的回忆可以追溯到 4 岁，那年他因为食物中毒而进了医院。由于家里没车，所以医生亲自到他家，用毯子把他裹起来，然后开车带他去医院……这次的经历给魏思乐留下了极其温馨的回忆。

由于患上了哮喘，魏思乐在 5 岁的时候就被独自一人送到了瑞士东部的山区，并在那里度过了两个暑假。他和自己的 3 个哥哥和表哥住在一起。这里的人都说罗马语，而这时的小丹尼根本不懂罗马语，再加上他的表哥酗酒，对他总是冷言冷语，所以这 4 个月的时光对小丹尼来说尤其难熬。有一天，这位表哥在小丹尼身上发现了几枚从邮局偷来的硬币。交还硬币时所感受到的耻辱极大地影响了丹尼的一生。出于对丹尼的怜悯，他的一位哥哥把一枚硬币放进了丹尼空空的钱包，这件事同样对丹尼产生了巨大的影响。

8 岁那年，丹尼又因为结核病，以及随后引发的脑膜炎，被送往一个疗养院住了一年。由于父母很少去看望他，孤独和思家之情让小丹尼度过了非常艰难的一年。他至今还记得护士把他摁在手术椅上接受腰椎治疗时的那种疼痛和恐惧。

有一天，疗养院来了一名新医生，这位医生花了很长时间详细向丹尼解释了整个腰椎治疗过程。魏思乐问医生他能否在做手术时抓住护士的手，这样他就可以不用再被摁在手术椅上。医生同意了。“奇怪的是，以往手术时所经历的疼痛一下子全没了。手术结束后，医生问我，‘感觉怎样？’我立刻爬起来，用力抱住了医生。”魏思乐回忆道，“这些充满宽容、关怀和人性的做法给我留下了深刻的印象，并开始改变了我的人生方向。”

在自己的早年生活中，魏思乐的生活总是动荡不安。10 岁那年，他 18 岁的姐姐患上癌症，两年之后去世了。3 年之后，他的父亲也在一次外科手术中去世了。为了养活一家人，他母亲不得不到很远的地方打工，每三周才能回家一次。独自一人在家的丹尼开始跟朋友们组成了帮派，打架斗殴也就成了家常便饭。这种情形一直持续了 3 年，直到他遇到了他的女朋友，女朋友的关爱最终改变了丹尼的生活。

20 岁的时候，魏思乐考进了夫里堡大学医学院。“疾病给我的家庭带来了巨大的影响，所以我决定成为一名外科医生，这样我就可以更好地理解什么是健康，能够更好地控制自己的生活。”他解释道，“疗养院里的很多医生都充满了同情心，他们成了我的人生榜样，我也希望自己能成为像他们那样的人。”

在医学院期间，魏思乐迷上了心理分析，这样他就可以更好地理解自己的早期经历。“我想要更好地理解自己，不想让自己感觉像是个牺牲品。”他说道。“后来我终于意识到，在很多时候，一个人并不总是能够控制自己的生活。”通过分析，他重新诠释了自己的生活故事，并开始意识到自己想要经营一家帮助人们恢复健康的组织，从而能够对更多人的生活产生积极的影响。在以优异的成绩从医学院毕业之后，魏思乐在伯恩和苏黎世大学住了一段时间，并最终成为一家医院的住院医师。后来他申请成为苏黎世大学医院的首席外科医生，可招聘委员会最终还是以“太年轻”为由拒绝了他的申请。

虽然感觉有些失望，但这个结果并没有让魏思乐感到意外，他决定通过自己的领导能力扩大自己对医疗行业的影响。就在这个时候，魏思乐对金融和商业产生了浓厚的兴趣。他把自己的这个想法告诉了妻子的叔叔——当时在瑞士最大的化学公司山德士(Sandoz)公司担任CEO的马克·莫里特(Marc Moret)，希望能够通过他进入商界。但莫里特告诉他：“相信我，我知道领导一家公司的感觉是怎样的，你不会喜欢这种感觉的。”

莫里特令人泄气的回答反而更加激发了魏思乐的兴趣。他后来直接面见了这家公司制药部门的主管，后者派他前往山德士公司美国分公司担任销售代表，并答应随后可以让他担任产品经理。这样的安排让魏思乐有些犹豫，可他的妻子安娜·劳伦斯(Anne-Laurence)告诉他：“丹尼尔，放手去做吧。否则等你到了50岁的时候，你的人生会有很多遗憾，那样你会很不开心的。”在美国的5年时间里，魏思乐的事业取得了巨大的发展，他也得到不断的提拔。

回到瑞士之后，魏思乐被安排到了山德士制药部门担任首席运营官秘书，他的事业开始陷入低谷。“我的收入减少了40%，每天的工作就是写备忘录，以及处理上司的邮件。”

但没过多久，魏思乐就被安排去领导一个团队重新设计公司的研发流程，这次的经历让他对药品的整个研发过程有了深入的了解。他的出色表现让他成为了公司的营销总监，并负责公司全球药品研发的工作。当他的两位上司由于内部斗争被迫离开公司的时候，他被任命为公司制药部门的CEO。魏思乐非常喜欢这份新工作，这给了他一个可以全面推动制药行业的好机会。

在上任不到两年的时间里，山德士与自己在巴塞尔的竞争对手汽巴—嘉基(Ciba-Geigy)公司进行合并谈判。由于两家公司都没能选出一个更强有力的CEO接替他，所以双方之间的谈判进行得非常顺利。最后，虽然魏思乐经验尚浅，但莫里特最终还是提名他担任合并后公司的CEO。汽巴－嘉基公司的管理层对这一提名表示认可，同时双方也同意由汽巴－嘉基公司的CEO担任合并后的新公司诺华制药董事会主席。

上任之后，魏思乐的事业便开始进入了上升期。他感觉自己眼前正面临着一个绝好的机会，可以让自己建立一家能够拯救很多人生命的全球性制药公司。由于受到了童年时期遇到的那些外科医生的影响，魏思乐决定在诺华制药建立一个讲求“关怀、能力与竞争意识”的全新的企业文化。与此同时，通过在整个组织当中进行广泛地授权，他还在较短时间里迅速完成了两家公司的合并整合工作。

魏思乐时代的诺华制药推出了许多著名的新药。其中一种就是“给你活”(Gleevec)。这种药是魏思乐在诺华制药的研发实验室里发现的。魏思乐发现，这种新药对那些患有慢性髓细胞性白血病的患者具有显著疗效，但由于市场预测并不理想，公司当时并没有太重视这种药物。但由于此前已经亲自接触到很多“给你活”用户，魏思乐对这种药物的未来充满了信心，于是他极力说服自己的团队，告诉他们这种新药必须在两年之内完成所有的FDA(美国食品及药物管理局)审批程序，并以最快的速度推向市场。

“给你活”只是魏思乐上任之后公司推出的一系列新产品中的一种。就任CEO以来，魏思乐果断地扩大了公司的研发费用，并将公司的实验室搬到了美国的马萨诸塞州。这些举动很快让诺华制药成为了世界上最大的全球性制药公司之一，魏思乐也成了行业内人所共知的激情领导者。

丹尼尔·魏思乐说他最大的满足就是能够率领诺华制药实现公司的使命。“童年时代的经历，父亲和姐姐的去世，还有那些病危的病人们都对我产生了巨大的影响。”

作为一名CEO，我有能力改变更多人的生活。我会听从我内心的道德指针，去做一些自己认为是正确的事情。一个人在这个世界上最重要的成就就是我们到底为其他人做了些什么。

魏思乐不仅能够在面临最艰难的挑战时用一种积极而冷静的方式进行思考，而且能够在内心深处始终把诺华的用户放在第一位，能够做到这一点的领导者实在少之又少。通过大胆的心理分析，重新认识自己，理解自己，魏思乐完成了从“我”到“我们”的转变，并意识到自己并不是想要成为一名充满怜悯之心的心理医生，而是要利用自己的领导能力来解救成百上千万饱受疾病折磨的患者。

美国“脱口秀女王”——欧普拉·温弗莱

36岁重写自己的故事。对于许多人来说，只有在有了一次振聋发聩的经历之后，他们才能找到自己领导力的真正目标。欧普拉·温弗莱(Oprah Winfrey)就是一个最好的例子。有一次，正在采访一位名叫特鲁迪·切斯(Trudy Chase)的嘉宾的时候，欧普拉突然有了一次这样的经历。当特鲁迪谈到自己小时候受到性骚扰的经历时，欧普拉突然激动得热泪盈眶。“我感觉自己可能会失态，于是我大叫了起来，‘停！停！马上关掉摄像机！’”但摄像师并没有停下来，他记录了欧普拉情绪变化的这一幕。切斯的故事引发了欧普拉痛苦的童年回忆。“就在这一天，我突然意识到，应该责备的那个人其实并不是我。”她说道。

直到那一天之前，回忆的恶魔一直在毫无缘由地折磨着她。“十几岁的时候，我曾经是一个迷恋滥交的女孩子，并因此陷入了很多麻烦。我相信这一切都怪我自己。可直到36岁那年，我才恍然大悟，‘哦，原来是这样。’”

出生在单亲家庭的温弗莱在密西西比的乡下长大，自幼过着贫穷的生活。在她很小的时候，她的母亲为了找工作而搬到了北部。“所以我只能跟外祖母住在一起。我想我之所以成为今天的样子，很可能就是因为这段经历。”但即便还是一个小孩子，温弗莱就已经开始梦想着去过一种更加有意义的生活。根据她的回忆，4 岁那年，她站在自家的门廊里，一边看着外祖母在一个大汽锅里给衣服消毒，一边告诉自己，“我绝对不能过这样的生活。我一定要过得更好，”她说道，“我的这种想法并非是因为狂妄无知，而是因为我相信，我一定可以过上一种不一样的生活。”

温弗莱认为是自己那不识字的外祖母教会了自己读书。“阅读像是为我打开了一扇大门，让我开始相信生活会有无数种可能。我从小就喜欢读书，感觉它们就像是帮助我通向外部世界的通道。”她至今还记得自己 3 岁时在教堂读圣诗的情形，正是这段经历给了我充分的自信。“所有坐在前排的修女们都告诉我外祖母，‘依达，这孩子很有天分。’这种话听多了，我便开始信以为真。虽然我当时并不知道天分是什么意思，但我想她们一定在说我是个很特别的孩子。”

9 岁那年，温弗莱搬到了密尔沃基跟母亲住在一起，也就是在这里，她的表兄强奸了她。在和母亲住在一起的 5 年当中，她又多次受到了其他家庭成员和朋友们的性骚扰。“这种事情总是没完没了，以至于我开始告诉自己：‘或许生活本来就是这个样子’。”14 岁那年，她早产生下了一个孩子，而孩子只活了两个星期就夭折了。

和大多数人一样，温弗莱刚开始时只是想要追求自己的个人成功。她上了大学，并在此期间第一次得到了一个参加广播节目的机会。“刚开始的时候，我感觉非常不适应。”她解释道，“我想要模仿芭芭拉·沃尔特斯 (Barbara Walters)，可我看起来根本不像。同学们嘲讽我，她们都叫我‘抄袭鬼’。我当时的回答是，‘是的，可至少有人愿意付钱看我抄袭。’”

时至今日，温弗莱已经构建起了世界上最受尊重的媒体帝国之一，她拥有了自己的制作公司，她为自己的制作公司取名为 Harpo，也就是将她的名字颠倒过来。直到采访特鲁迪·切斯那天，温弗莱才真正意识到自己有一个更大的使命。自从童年的那段经历之后，她一直感觉自己总是想要取悦身边的人，从来不敢拒绝别人。直到这次采访后，她才意识到了自己为什么会有这种心理。从那以后，她的人生目标便超越了自己的个人需要，开始延伸到帮助其他人，尤其是年轻女性，并助她们取得成功。

“我总是在寻找爱和关注，总是希望别人能够告诉我，‘是的，你很有价值。’可我生命当中最重要的一课就是我意识到我只需要对自己负责就可以了。我活着并不是为了取悦其他人，而是要听从我内心的呼唤。”当有人问温弗莱她的节目主题是什么的时候，她告诉对方：“我所要传达的主题一直都没变：你只需要对自己的生活负责，我希望我所做的一切能够帮助人们更早地接收到这一信息。”

温弗莱的故事在许多真诚领导者中富有一定的代表性。如果有人认为自己只要小心翼翼避免挫折就可以毫无困难地度过一生，那这种想法简直太幼稚了。生活并不总是公平的。往往只有在那些比较艰难的时候，人们才会意识到，真诚领导者的主要目标并不是要一味地实现自己的个人价值，而是要激发身边的人取得最佳的表现。

和大多数人一样，我刚开始的时候也只是把欧普拉看成是一位电视名人，却忽略了她本身所拥有的领导力以及她对观众的生活所产生的影响。在2004年挪威奥斯陆举行的诺贝尔和平奖颁奖晚宴上和她聊了3个小时之后，我发现她非常渴望能够对成百上千万观众的命运产生积极的影响，并且希望能够鼓励他们对自己的人生担负起责任。离开奥斯陆之后，温弗莱前往非洲，给那里的人们送去了一飞机的图书和补给品，并先后投资3 000万美元在那里兴建了一所专为年轻女性提供教育的学校。

考虑到温弗莱年轻时遭受过的虐待和贫穷，我们会认为她很容易将自己想象成一名牺牲品。可她最终还是成功地用一种积极的方式诠释了自己的经历，并完成了一次自我超越：她首先对自己的生活负起了责任，并意识到自己有义务去鼓励别人对自己的生活负责。需要指出的是，她直到三十几岁才完成了这一转变。很多时候，**只有在经过了一些真实的经历之后，我们才会真正地找到自己在这个世界上的位置，也只有这些经历才能帮助我们理解为什么在实现理想的道路上是那么艰难。**

积极教练联盟执行主管——吉姆·汤普森

导师的力量。当一个人找到一位能够让自己敬重的导师时，他们之间的关系就会对他产生一种变革性的影响，甚至会彻底改变他对领导的看法。积极教练联盟 (Positive Coaching Alliance) 执行主管吉姆·汤普森 (Jim Thompson) 多年来一直在努力地找到自己的真北，可直到遇到约翰·加德纳 (John Gardner，曾任职于林登·约翰逊总统的政府)，他的人生才真正发生了变化。

自幼在南达科他州长大的汤普森不仅学习成绩优异，而且还是一名出色的运动员，可他从来没有想过自己能对整个国家产生巨大的影响。年轻时，汤普森教过书，后来又在政府部门任职，可他始终没有找到自己的位置。从斯坦福商学院毕业以后，他开始管理这家商学院的公共管理项目，并遇到了加德纳，从此他的人生便发生了改变。加德纳让汤普森意识到自己完全可以在这个社会上发挥更大的作用。从他们第一次谈话开始，加德纳就把汤普森当成完全平等的对象，并告诉他自己用了很多年时间才找到自己在这个世界上的真正意义。

在训练儿子的过程中，汤普森发现，许多年轻体育爱好者身上那种“不惜一切赢得胜利”的心态是错误的，它不仅会降低孩子在运动过程中获得的乐趣，而且会影响到他们的学习道路。于是加德纳鼓励汤普森去追求自己的激情。他帮助他认识了一个全国性的提倡“通过运动培养性格”的特别小组，并支持他写了一本书。汤普森的《积极教练》(*Positive Coaching*) 讲述了教练应当如何帮助孩子培养性格，建设团队，并更好地生活。通过分享自己早年的经验，汤普森在加德纳的支持下，发起了一场全国性的“改革青年体育文化”的运动。

汤普森深信，是加德纳改变了自己，改变了他对自己能力的认识，改变了他对人生使命的看法。1998年，汤普森创办了积极教练联盟，并在加德纳的鼓励和指导下先后在全美范围内吸收了超过10万名教练，并最终将积极教练联盟发展成为一家全国性的组织。

易康公司的主席兼CEO——道格·贝克

得到糟糕反馈的时候。这个世界上最难的事情之一就是学会通过其他人的角度来看我们自己。突然听到一些出乎意料的批评意见时，我们一开始总是设法为自己辩解。我们会质疑该批评意见的有效性，甚至会对批评者本身提出质疑。但如果能够克服这种情绪，并学会客观地看待这些批评意见，我们就可以从批评中获得一些积极的经验，并进而从根本上改变自己的领导水平。

还在明尼苏达的易康公司 (Ecolab) 平步青云的时候，道格·贝克 (Doug Baker Jr.) 就已经得到了这个教训。在德国从事了3年的营销工作之后，贝克被派往北卡罗莱纳担任一家新收购公司的代理主管。为了整合自己的团队，贝克聘请了一名教练对团队进行全方位的评估，并组织了团队讨论。

34岁的贝克将自己看成是一颗快速升起的新星。“坦白说，我当时很自大，希望能够快速实现自己的目标。”当他得到了这次测评时，他回忆道：“那是一次相当令人震惊的经历。我根本没想到自己会遭到这样的批评。”

作为整个评估过程的一部分，我与来自其他公司的十几位陌生人一起离开了5天，并和他们一起分享我的反馈结果。我自恃自己了解整个过程，原以为他们会问：“你的团队怎么可能给你这样的反馈？”可事实上，这个新的小组却给了我同样的批评。

就像有人在我状态最糟糕时在我面前放了一面镜子一样。我看到了非常可怕的一幕，同时也学到了极其重要的一课。那件事过后，我思考了很久，我与我 Ecolab 团队中的每个人交流了我的想法，并告诉他们：“我们谈谈吧，我需要你们的帮助。”

与此同时，贝克的部门面临着一个强大的竞争对手，对方威胁说要抢走麦当劳的业务，该业务量占到贝克部门很大的一部分。当他向上司报告自己的部门很难实现预期财务目标的时候，公司 CEO 亲自飞往北卡罗莱纳了解情况。当 CEO 要求他不惜一切代价挽回麦当劳的业务，并力保实现财务目标时，贝克拒绝向上司作出任何保证。这不禁让 CEO 勃然大怒，但贝克坚持自己的立场。后来回忆起自己面对上司时所表现出来的坦诚时，贝克说道：“我宁愿给上司留下一个不好的印象，也不愿度过一段糟糕的人生。”

如果失去麦当劳的业务，我会感到难堪，但真正会受到伤害的却是我的整个团队。当时北卡罗莱纳的许多工厂都关门了，失业率非常高。如果失去了手头的工作，他们就彻底失业了。突然之间你会发现，你其实是在面对心灵的召唤。挽回麦当劳的业务让我浑身充满了能量。幸运的是，我们最终取得了成功。这是一段让人痛苦的日子，但却让我从中学会了很多。

道格·贝克的当头一棒来得正是时候。就在他变得过于自信，以为领导艺术的本质就在于取得个人成功的时候，别人的批评让他重新回到了正轨。这让他认识到，作为一名领导者，他的主要任务就是用一个共同的目标团结组织中的每个人，挽回麦当劳业务为他提供了这样的契机。他顶着CEO“必须在短期内完成指标”的压力，成功地说服CEO要着眼于组织的长期目标。这段经历为他后来成为Ecolab的CEO铺平了道路。

AT&T 消费者市场部门 EVP——盖尔·麦加文

这不公平。曾经担任电信公司执行官，现在是商学院教授的盖尔·麦加文(Gail McGovern)向我们讲述了她的领导故事。“在不到一个月的时间里，我从最好的程序员变成了宾州贝尔最糟糕的部门主管。”她说道。

> 我简直不敢相信自己居然那么糟糕。我不知道如何授权。一旦有人向我请教一些工作上的问题，我会立刻亲自动手。由于所有的关键步骤都要经过我，所以我的小组什么也做不了。我的上司和导师发现了这个问题，并给我上了一堂非常特别的课：他派给我一大堆项目。这根本不现实。我的团队每天都要工作到凌晨4点半，我每天都要加班才能完成工作。
>
> 最后，我实在忍受不了。我冲进上司的办公室，像一个5岁的孩子那样跺脚，“这不公平。我一个人要做10个人的工作。”
>
> 他冷静地说道：“你看，你有10个人啊。让他们去工作吧。”真是一言惊醒梦中人。我立刻说道：“我明白了。”

你是否很难接受别人的批评意见呢？虽然人们很难接受批评，但这样的反馈意见却往往会为我们提供重要的机遇，帮助我们从关注自己转变到明白怎样才能成为有效的激励者和领导者，就像贝克和麦加文那样。要做到这一点，就要求我们必须学会放权，学会信任。

Twin Cities RISE! 创始人兼主席，通用磨坊前任 EVP
——史蒂夫・罗斯柴尔德

听到自己内心的呼唤。史蒂夫・罗斯柴尔德 (Steve Rothschild) 曾经是通用磨坊的明日之星。他在美国创建了优沛蕾酸乳酪业务，并将其发展成为一个价值 10 亿美金的业务部门。30 多岁时被提拔为公司的执行副总裁之后，他开始面临许多新的挑战，8 年之后，他开始感觉不安起来。他感到自己像是被架空了一样，反而有些怀念当初领导团队时的那种成就感。与此同时，他还在发展方向与跟公司产生了分歧，他希望能把公司发展成为一家国际化的公司。当上司要求他向董事会报告公司的国际商务战略时，他开始遭遇到了真正的挫折。“我认为我们应该成为一家国际化的公司，因为我们不能永远依赖于国内业务。”他解释道。

在西班牙出差期间，他接到了公司总裁打来的电话，后者告诉他公司 CEO 希望改变公司的国际化扩张策略。罗斯柴尔德回答道：“我不能这么做，因为我并不认同这种策略。CEO 希望我改变主意，但他从来没有直接和我对话，从来没有问过我的想法。”这次事件之后不久，罗斯柴尔德不得不面对这样一个残酷的现实：他和公司正在前往不同的方向，他没有了工作目标，而且他有些不再享受自己的工作了。“我陷进了一个自己并不喜欢的工作中。我感觉自己需要重新焕发活力。”他沮丧地说。

用了一年时间在家陪伴上班的妻子和孩子之后，罗斯柴尔德决定不再回到公司工作。他意识到自己的兴趣在于帮助穷人和弱势群体在经济上独立，并进而组建自己的家庭。于是他用自己的钱创办了 Twin Cities RISE！该组织的目的在于：通过为失业者和就业不足者，尤其是非洲裔美国男人提供培训，为雇主提供更多的熟练工人，并使接受培训者的年收入至少能够达到 2 万美元。

离开通用磨坊对我来说就像是上天赐给我的机会。它让我可以深入自己的灵魂，让我有机会重新审视自己的婚姻和家庭。自从离开通用之后，我和家人的关系变得越来越亲密，越来越深入。这个决定让我变成了一个更加完整，更加有成就感，也更加快乐的人。

每次“撞墙”之后，领导者通常会有两种反应。一种反应是：他们可能变得清醒，意识到自己并不是超人，并开始像其他人一样坦然面对挑战，如杰夫·伊梅尔特；另一种反应是：他们变得更容易理解别人，并懂得如何授权；或者他们可能会发现自己需要从根本上改变自己的生活，并开始寻求不同的职业方向如史蒂夫·罗斯柴尔德。但不管怎么说，这种经历都会为领导者提供一个从“我”到“我们”转型的机会。

Goldner Hawn 的 CEO——麦克尔·史威尼

应对疾病。28 岁那年，私企 Goldner Hawn 的 CEO 麦克尔·史威尼 (Mike Sweeney) 突然发现自己患上了睾丸癌。“这是我第一次意识到自己并不是不死的。”他说道。

从某种角度来说，我想推荐所有人都去体验一下睾丸癌。如果要得癌症，不如就选择睾丸癌，因为这种癌症在多数情况下都是可以治愈的，而癌症则会让你从一种不同的角度思考自己的人生。

史威尼描述了自己第一次发现自己患有癌症时的经历：

一天早晨，当我醒来之后，我几乎没法从沙发上站起身来。

> 我感到一阵以前从来没有经历过的沮丧。这并不是心理上的问题。我根本无法站立。第一次有这种感觉的时候，我感到房间里一片死寂。突然之间，我意识到，天哪，我真的会死。在那之前，我脑子里从来没有出现过死亡的概念。

这次经历彻底改变了史威尼的思考方式，促使他开始更好地理解自己，重新思考自己的职业和人生。

> 不能从沙发上站起来的感觉让我惊恐万分。我开始用很多时间思考自己到底想做什么，人生当中真正有意义的东西是什么，思考自己想要和谁一起度过。我见了一位心理分析师，和他谈起癌症并不是一个生理问题，而是一个情绪问题。癌症让我对眼前的一切有了更加清醒的认识。

他的父亲告诉他，既然癌症已经治愈了，他就应该忘掉这一切，重新开始工作。“我感到问题并不那么简单。”

我开始问自己，在我的工作和生活中，到底什么才是真正重要的。这并不是说我没有那么有野心了。我只是希望自己能够从人生中获得一些不一样的东西。我想创办一家能够让所有人都和我一样幸福快乐的公司。

当你像麦克尔·史威尼一样面临生死问题的时候，你就会开始认真思考人生中哪些东西才是真正重要的，你的真北就会变得异常清晰。当你的亲人去世的时候，你也会有同样的感觉。

美国最佳领导人之一，卡尔森集团公司主席兼CEO
——玛丽莲·卡尔森·内尔森

失去自己所爱的人。当你第一次遇到卡尔森(Carlson)公司CEO

玛丽莲·卡尔森·内尔森(Marilyn Carlson Nelson)的时候，相信你一定会为对方的热情、对生活的热忱以及她的乐观所感染。她相信，“只要能够激励人们站起来，担负起领导责任，一切问题都能迎刃而解。”但内尔森的经历远比我们想象的复杂。在接受采访的时候，她动情地向我们讲述了自己初闻女儿去世时的情景：“好像发生在昨天一样，一天早晨，丈夫和我听说我们漂亮的、只有19岁的女儿茱丽叶出车祸离开了我们。”

这是我们人生中所经历过的最大考验，是对我们的信念和我们的个人关系的考验。我当时一下子陷入到崩溃的边缘，甚至开始痛恨上帝。但上帝并没有抛弃我，它让我懂得每一天，每一条生命都是弥足珍贵的。我决定让自己以后的人生变得更有意义，把茱丽叶没有机会度过的时光用到更有意义的事情上。我的丈夫和我发誓要力尽所能地反馈社会，让人们的生活变得更美好。我们都是普通人，我们的人生都是如此短暂……

女儿去世之后不久，内尔森就全职加入了卡尔森公司，并开始带领公司的15万名员工用一种极其个性化的方式为客户提供服务。20年过去了，她至今仍然忠于自己当初立下的誓言：要让人们的生活变得更美好。2006年，她被《美国新闻与世界报道》评为“美国最佳领导人之一”。

维珍移动美国公司的CEO丹·舒尔曼告诉我们，是姐姐的去世改变了他的领导态度。“姐姐去世以前，我总是想着如何在AT & T爬到更高的位置，”他说，“我总是竭尽全力地向上爬，总有一种不安全感。而且我常常会把一些并不属于自己的功劳据为己有。”

姐姐的去世是我人生中第一次遭受的沉重打击。我很爱我的姐姐。当死亡发生在一个如此年轻的女孩子身上时。你会感觉到很多以往觉得重要的东西都变得不那么重要了。姐姐去世之后，我告诉自己："我要做真实的自己。"我想和我的朋友和兄弟们在一起，而不是一味地在公司里往上爬。"

从那时起，我开始变得不再关心自己能否得到荣誉，并很快把功劳让给其他人。作为一名团队领导者，我只关心如何用最好的方式完成工作。结果，我们的团队变得比以前更加高效。不知不觉间，我的事业也青云直上。

内尔森和舒尔曼都在亲近的人去世之后开始重新思考自己的人生和领导风格。正是通过这种反思，他们开始改变自己的领导风格，学会更加关心身边的人。

我的生活也历经坎坷

我自己也是在经历了一系列的挫折之后才最终改变了领导风格。在我很小的时候，我的父亲就经常鼓励我要成为一名领导者，我想部分原因可能是为了弥补他自己的失败吧。可不管我怎么努力，还是没有一名同伴愿意跟随我。高中时代竞选校学生干部失败之后，我开始试图加入一些学生组织，可最终还是大败而归。

受到多次打击后，我发奋图强，考上了乔治亚理工学院 (Georgia Tech)，希望能够在一个没有人认识我的地方重新开始。就好像冥想专家让·卡巴特·兹恩 (Jon Kabat Zinn) 写到的那样，"处处皆可获新生 (Wherever you go, there you are)。"屡遭挫折之后，我意识到：除非能主动改变自己，否则我永远不可能逃离自己的过去。我 6 次竞选兄弟会主席，6 次失败。我并没有弄清楚为什么别人不愿意跟随我。

就在这时，几位高年级学生接纳了我，并向我提供了一些很好的建议。"比尔，你是一个很有能力的人，但你总是想要超过别人，而不是去帮助别人做得更好。所以没有人愿意跟随你，这并不奇怪。”虽然这句话让我感觉非常难堪，但我还是在心里记住了他们的建议。我和同伴们讨论我在哪些地方做错了，并告诉他们我准备如何改正。最终，变化发生了，可供我选择的领导工作甚至让我有些应接不暇，其中最令我感到高兴的是，曾经拒绝过我的那群人竟然推选我为兄弟会主席。

二十几岁的时候，我经历了自己人生中最大的一次挫折。由于是独生子，所以我和母亲的关系非常亲密，她给了我无条件的爱。可就在我二十几岁时，她突然死于癌症和心脏病。母亲的去世让我开始思考自己的人生目标到底是什么。18 个月后，就在距离我结婚只有 3 个星期的时候，我的未婚妻突然死于恶性脑瘤。她的去世让我感到一种难以置信的震惊，一种前所未有的孤单笼罩着我。如果不是依赖祈祷的力量和朋友的支持，我可能会颓废终生。

幸运的是，不久之后我就遇见了我的妻子彭妮。她对我充满了同情，也给了我很大的慰藉。一年以后，我们结婚了。坦白说，遇见她是我这一生中最美好的事情。她不仅是一位出色的妻子和母亲，还是我的一位了不起的心理顾问。

可即便如此，我还是没有完全摆脱阴影。我认为自己很快就可以成为一家大公司的最高管理者。30 岁的时候，我就成了美国家用微波炉行业龙头企业 Litton 微波炉公司的总裁。在随后的 5 年时间里，我带领着我的团队占据了整个家用微波炉烹饪市场的大半份额。就在这时，我们母公司 Litton 工业公司的董事会参观了我们这个发展极为快速的部门。我不无得意地向他们解释了我们是如何保持每年 55% 的增长速度，并且成为整个公司利润最大的部门。

会议结束之后，公司 CEO 把我悄悄地拉到一边，郑重地告诉我：“年轻人，你现在还在蜜月期呢，根本不知道商业到底是怎么一回事。等等看吧，等到你需要扭转业绩下滑的企业时就知道了。”

他的建议让我勃然大怒。我想他根本不知道怎样创建一家成长型企业。可是我错了。一年以后，我离开了Litton，加入霍尼韦尔(Honeywell)公司，希望领导这家全球性的公司。当上司要求我不断地去挽救一些业绩下滑的公司时，我开始意识到Litton的CEO说的话一点也没错。就在第四次挽救一家业绩下滑的公司时，我告诉镜中的自己："这种生活并不是我想要的。"

我当时正陷入了一个严重的低谷，只是由于太忙，所以当时没有意识到而已。不仅如此，工作中的不愉快还影响到我和妻子的关系、我和儿子们的关系，还有我和好朋友的关系。可能我的命运并不是要成为霍尼韦尔的CEO，或许即便是我得到了那份工作，我也不一定喜欢。

当时我和我的妻子、我最好的朋友，还有一群我每周都会见一次面的人沟通了我的想法，希望他们能够坦白地给我一些建议。他们已经注意到了我的情况，很高兴我终于能够直面现实。以前我太专注于要成为CEO，结果却忽视了领导的真正目的：让其他人的生活变得更好。虽然我之前做了大量的工作,但我还是没能完成从"我"到"我们"的转型。

在那之前，美敦力公司的创始人曾经3次邀请我担任这家公司的总裁和COO，但3次都被我拒绝了，因为我想这家公司可能提供不了一个可以让我大展拳脚的发展平台。要知道，从当时的情况来说，美敦力的规模只有霍尼韦尔的1/3。可当我意识到自己需要重新确立目标之后，我拨通了美敦力的电话。

几个月后，我和创始人厄尔·巴肯(Earl Bakken)讨论了公司的发展使命，接着我加入了美敦力，并成为这家公司的总裁。迄今为止，在美敦力的13年是我一生当中最棒的职业经历。通过接受美敦力的使命；通过服务病人，授权公司3万名员工发现自己的领导力，我最终成功地完成了职业生涯中从"我"到"我们"的转型。

南非前总统，诺贝尔和平奖获得者——纳尔逊·曼德拉

寻求和解而不是报复。你曾经感觉自己受到了不公正的对待吗？当你错过了一次重要的提升，或者某个能力不如你的人得到的奖金比你更多，或者有人抢走了你的功劳时，你有何感想？下次当你感到委屈时，不妨想想纳尔逊·曼德拉 (Nelson Mandela)，他曾经在南非领导过反种族隔离运动。在我所见过的所有领导者当中，他的转型之路是最富戏剧性的。

年轻的时候，曼德拉组织过针对种族隔离政策的示威游行活动，并在游行中有过很多暴力行为。1956 年，南非政府以“煽动暴力”为由将其逮捕。他在监狱中度过了 4 年之后,政府宣布将其无罪释放。可政府并没有就此罢手，时隔不久，他们再次以“政治罪”为由将其逮捕，宣布不得保释。

就这样，曼德拉在监狱中度过了接下来的 27 年，虽然年龄越来越大，可他还是要做很多体力活。后来，由于全球范围内反对南非政府的声音越来越大，许多大型跨国公司也纷纷对南非发起抵制活动，1990 年，已经 71 岁的曼德拉最终被释放出狱。

按常理来说，曼德拉完全有理由仇视那些抓捕自己的人。那么他如何能如此大度地公开感谢曾经在服刑期间照顾自己的看守，并且原谅多年前宣判自己入狱的法官呢？他如何能与一个屡次下令殴打自己的人，并且不惜发动暗杀的少数党政府领袖展开谈判呢？ 4 年之后，当曼德拉被选为南非总统时，他又如何抛开所有的仇恨，主动和曾经迫害过自己的人和解呢？

要想知道这些问题的真正答案，首先必须走进曼德拉的灵魂深处，真正地去理解他。他的一生都是在歧视、不公和仇恨当中度过的。在监狱服刑的那些年里，曼德拉为自己确立了一个宏伟的目标：他希望能够让自己的民族免于内战，将整个国家重新团结到一起。就在被

释放的当天，他告诉前来庆祝的人们：

> 此刻，站在你们面前的并不是一位先知，而是你们谦卑的仆人。是你们不知疲倦的英雄般的奋斗让我今天站到了这里，我要把自己的余生交到你们手上。

在监狱度过的那些年里，纳尔逊·曼德拉明白了一件事：领导者要做的并不是要让人们跟从自己，而是要让自己融入到他们当中。他相信自己的工作是要把来自不同背景的人团结在一个共同的新愿景周围，让大家一起努力，为南非带来公正，为人民创造机遇。

我们能从纳尔逊·曼德拉身上学到什么呢？

- 他能够将人们团结在一起，投入到重塑南非的事业当中。
- 他在作决定时能够忠于自己的内心，不受外力的影响。
- 他相信是他的人民给了他自由。
- 他的目标是要让全国人民的生活变得更美好。

他的领导转型故事告诉我们：**要想真正领导其他人实现一些更伟大的目标，就一定要放弃个人英雄主义的想法**。毫无疑问，并不是每个人都有机会解放被压迫的人们，但我们每个人都有足够的能力改变身边的世界。

第3章练习：你面临的最大挫折

读完第3章之后，不妨回顾一下自己的生活，回忆一下那些曾经带给你最大压力或挫折的经历。

1. 写出你所经历过的最大的挫折，从下面的角度描述它们：
   - 你当时有何感受？
   - 你当时向谁寻求帮助？
   - 你当时是如何解决这些问题的？
   - 这些经历对你产生了怎样的影响？

2. 描述一下你的某些人际关系，比如说与某些改变了你和你的领导方式的导师之间的关系。你从这些关系当中学到了什么，它们对你产生了怎样的影响？

3. 描述一下影响你领导力形成的其他相关经历。
   - 回想这些经历，你能够从中学到什么？
   - 它们是如何帮助你成长的？

4. 你准备如何用这些经历重新理解自己的人生，从而更加完整地理解你自己和你的人生？这些经历是否在某种程度上妨碍了你的职业发展？

5. 从“我”到“我们”的转变。
   - 你是否正走在一条“英雄之路“上？你是否把自己看成自己旅程的主人？
   - 你是否已经完成了从“我”到“我们”的转变？如果答案是肯定的，是什么激发你作出这一转变。
   - 如果你还没有完成这一转变，你需要哪些条件才会激发自己作出这一转变？

第二部分

发现你的真诚领导力

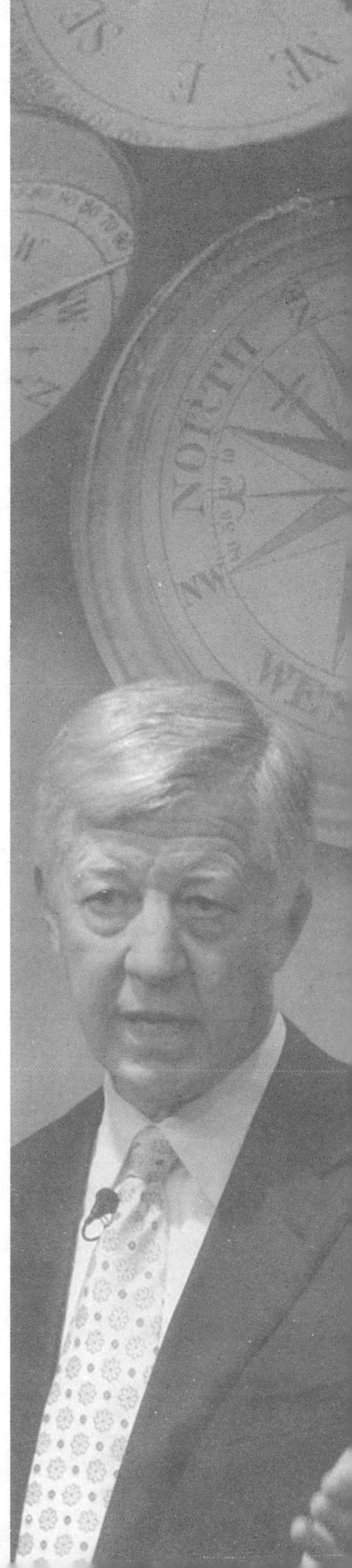

怎样才能成为一名真诚领导者呢?

要想发现自己的真诚领导力，你首先必须通过一系列真实的经历考验自己，考验你的价值观和个人信念。做到这一点并不容易，因为人生在世，总会受到外界的影响，别人会为我们确立很多成功的榜样,而且寻找真理的路程也并不总是一帆风顺的。

由于没有任何一张地图或者是坦途可以让你直接到达自己想去的地方，所以你需要一个清晰的指针指引正确的方向，在你被外力拖离轨道或偏离轨道的时候帮助你重返自己的真北。

不仅如此，你还需要不时地更新这一指针，并且通过不断地学习调整自己的方向，从而确保你的人生能够按照自己预想的方向发展。同时由于你所处的环境，你所面临的机遇，以及你周围的世界总是在不断变化，所以你需要不断地调整自己指针的中心。当你的指针的每一个部件都运作良好时，你就会直指自己的真北。

在下面的章节中，我们将讨论培养个人领导力时需要注意的五个领域：自我意识、价值观和领导原则、动力、支持团队以及一个完整的生活。在思考每个领域的时候，不妨考虑一下下面这些最基本的问题：

- **自我意识**：我有着怎样的人生经历？我的优势是什么？哪些方面还需要进一步加强？
- **价值观**：我最坚守的价值观是什么？我用哪些原则指引自己的领导工作？
- **动力**：是什么在激励着我前进？我如何平衡外部动力和内部动力之间的关系？
- **支持团队**：在前进的过程中，我可以向哪些人寻求帮助和支持？
- **完整的生活**：我怎样才能将生活的各个方面整合到一起，并从中找到自己的成就感？

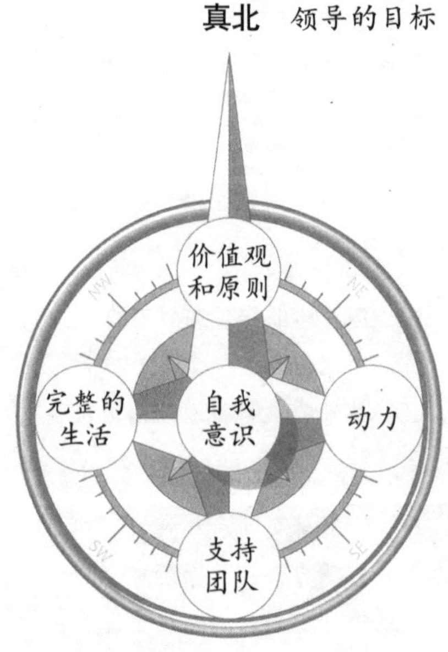

第 4 章

认识你的真诚自我

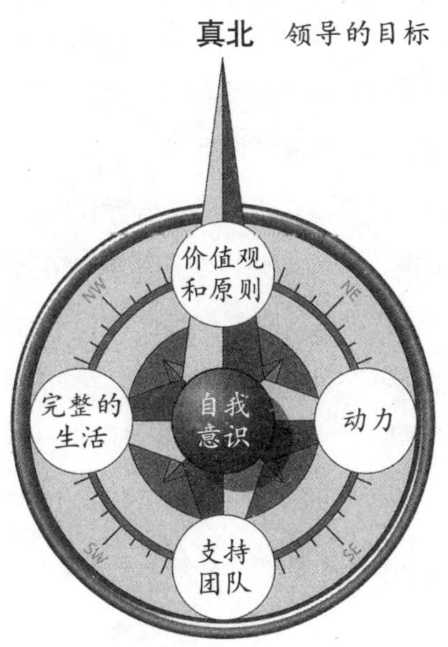

认识你自己。

——公元前 6 世纪刻在希腊德尔菲神庙上的箴言

Know Thyself

-------*Inscribed at the temple wall at Delphi in Greece during the sixth century B.C.*

早在几千年前，古希腊的哲人就向世人发出了“认识你自己”的建议。但由于人是一种多面性的复杂动物，所以要想在最深的层次上认清自己并不是一件容易的事。随着我们在这个世界上的经历不断增多，受到这个世界的影响也越来越多，我们就会不断地调整自己，以适应周围环境的变化，并最终找到我们在这个世界上的位置。

在接受采访的过程中，真诚领导者告诉我们，认清自己是成为一名真诚领导者的关键。正因如此，我们把它放在了指针的核心位置。一旦认清了自己，你就可以找到工作激情和领导的使命感。女性世界银行 CEO，曾当选为“美国最佳领导人”之一的南希·巴里 (Nancy Barry) 告诫年轻的领导者：“要抽出时间了解自己，找到自己的激情。要发掘自己的内心，找到自己的力量源泉和人生目标。只要你能够做到这一点，就能够改变这个世界并且在自己的人生旅程中获得真正的快乐。”

FirstMark 的 CEO 林恩·弗里斯特·德·罗 (Lynn Forester de Rothschild) 督促领导者要牢记莎士比亚的告诫：“要忠于自己。”

> 忠于自己是最重要的。如果你充满野心，那棒极了；如果你没有野心，那也很好。你只要忠于自己就可以了。并不是每一个人都能成为第一。即便是竭尽全力，你也不一定能够做到第一，而且即便最终做到了第一，你也未必开心。只要真正地了解自己，你几乎就可以实现生命中的任何目标。你几乎可以克服任何障碍，除非你自己。

需要指出的是，随着你所面临的选择越来越多，要认清自己就会变得越来越难。这些机会可以为你打开新的通道，助你更好地成长；它们也可以引诱你，让你偏离真实的自己。与此同时，你还会遇到一些会威胁你、讨厌你，或者拒绝你的人。为了保护自己免受伤害，你可能会全副武装，为自己戴上面具，并在这个过程中逐渐失去自己的真诚。

为什么说领导者的EQ比IQ更重要

正如心理学家，《情商》(*Emotional Intelligence*) 一书的作者丹尼尔·戈尔曼 (Daniel Goleman) 在描述领导者角色时所说的那样，认清自己是成长为高效管理者的第一要素。虽然智商 (IQ) 一直以来都被认为是经理人最重要的条件之一，但对于真诚领导者来说，情商 (EQ) 可能会更加重要。很多领导者深信，只要能够成为屋子里最聪明的人，他们的事业将一帆风顺。结果他们就会压制住很多不是那么有力的声音，而恰恰是这些声音当中可能蕴藏着一些重要的想法、见解或者是他们所需要的答案。

作为一名领导者，我当然也不可避免地会受到批评。我至今还记得美敦力的总顾问曾经告诫我在开会时不要那么强势，因为他相信这样做会让那些有话要说的人保持沉默。而且这样也会让我失去很多重要人物的支持。

富国银行的迪克·科瓦塞维奇认为，高智商有时反而会成为领导者的一个障碍。“当你的智商超过组织中 99% 的人时，智商和领导力之间就会出现一个反向关联。”他说道。

那些智商极高的领导者很容易对工作过于投入，从而很难容忍自己身边的人。毫无疑问，要想成为公司的高层，你的智商必须达到一定水平，但这并不是说你要成为那顶级的 1%。除了智商之外，你还要有领导技能、人际交往技能和团队工作技能，相比之下，这时智商水平已经变得不那么重要了。宝洁公司前任 CEO 德克・雅克 (Dirk Jager) 就是一个例子。雅克是一个非常出色的战略家，他对于宝洁公司所需要的战略和文化变革有许多很好的想法，可他的风格过于强硬，以至于威胁到宝洁文化的核心。结果，他的管理团队很快对他表示不满，不到 2 年时间，董事会就要求他下课，并指派一位在宝洁供职多年的执行官阿兰・雷富礼 (Alan "A.G." Lafley) 接替他的位置。通过自己的智慧、谦卑以及与员工之间建立起来的良好关系，雷富礼很快将宝洁公司打造成了 21 世纪最伟大的商业成功故事之一。作为这个时代最成功的商业领袖之一，雷富礼也被《首席执行官》(*Chief Executive*) 杂志评选为 2006 年"年度 CEO"，并被《美国新闻及世界报道》评选为"美国最佳领袖人物之一"。

为什么认清自己如此重要

当有人请斯坦福大学商学院的 75 名教授指出成为领导者最需要具备哪些能力时，他们的答案几乎如出一辙：认清自己。

"大哥哥大姐姐"公司 CEO 朱迪・弗里登伯格对此也表示认同。"认清自己是非常重要的。你需要真正了解自己的生活背景、你最适合的角色、你的天赋以及你天生的兴趣。只有这样，你才能找到一个更加适合自己的位置。"其他领导者也从下面几个方面强调了认清自己的重要性。

扮演合适的角色。无论是在一家刚成立的公司，一家面临困境的公司，还是一家成长中的公司，对自己了解得越多，你就越容易为自己找到适当的角色。美国药品利益管理公司 Medco 公司前任 CEO 贝尔・洛夫伯格 (Per Lofberg) 就是一个喜欢在成长型公司谋求发展的创业者。他在 Medco 发展早期加入了这家公司，并将其发展成为

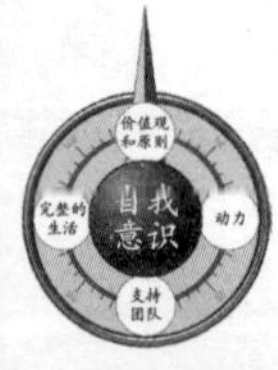

一家年收入达300亿美元，拥有1.5万名员工的公司。他说道："我根本做不到像'电锯'阿尔·邓莱普(Al, Dunlap, Sunbeam公司前任CEO)那样不顾一切地举起电锯砍掉视线中的所有东西。像邓莱普那样的人根本不适合创业。"

增强自信。当一个人能够认清自己的时候，他们会更容易接受自己。Adobe的CEO布鲁斯·齐森(Bruce Chizen)曾经供职于一家科技公司，由于他本人并不是一名工程师，所以他在这家公司缺乏安全感。当他意识到自己在商业和产品营销方面的优势时，他突然感到眼前豁然开朗。从那以后，他变得越来越自信："我非常了解自己，知道哪些地方是我不懂的，但我还是能够坦然接受自己。这种自我意识帮助我找到了真正的自信。"

言行一致。一旦认清了自己的特点和目标之后，领导者就可以在各种环境下保持言行一致，并从而赢得别人的信任。美国航空公司前任CEO唐纳德·卡蒂(Don Carty)曾经说过，"如果不能做到言行一致，你就不可能去激励身边的人。如果你不能和自己的员工和睦相处，怎么能指望他们能和你的客户相处愉快呢？"

培养良好的人际关系。大多数领导人都会把认清自己看成是培养人际关系能力的关键。惠普公司前任高级副总裁德卜拉·邓恩(Debra Dunn)强调，"当一个人能够认清自己的时候，你就能与身边的人建立更加真诚的关系。"那些对自己感到满意的人往往更容易敞开胸怀，更容易变得透明，他们甚至会主动告诉别人自己的弱点。

互补的技能。能够认清自己的长处和短处的领导者知道该如何请人来弥补自己的不足。Agilent前任CEO耐德·巴恩霍尔特(Ned Barnholt)曾经说过，"一旦了解了自己的优势和劣势，你就会更懂得如何建立一个强大的团队。我从小就不是一个好会计，所以我请了一群出色的财务人员帮助我。这要比努力去做一个你并不擅长的工作容易得多。"

如何认清自己——剥洋葱

如果没有认清自己，你就很容易去追求一些外部的成功信号，而不是去成为一个自己想要成为的人。当你感觉自己受到威胁或被拒绝时，你很难控制自己的情绪或恐惧心理，而且也很难压制住自己内心的冲动。如果没有认清自己的弱点、恐惧和渴望，你很难了解那些有着类似感受的人的心情。

许多领导者，尤其是那些刚刚开始职业生涯的人，总是在努力追求成就，结果没有时间去认清自己，他们也不会想到要去认清自己。随着年龄的增长，他们就会发现自己的生活中缺少了什么，或者意识到有些东西在阻碍着自己前进，让他们无法过上自己想要的生活。这时他们可能会遇到一件改变自己一生的事情，比如说丹·舒尔曼姐姐的去世让他开始深刻反省，思考自己到底应该怎样度过这一生。

对于其他领导者来说，由于童年的记忆过于痛苦，所以他们总是在努力切断那段回忆。为了彻底埋葬这些记忆，他们开始拼命地追求一些看得见摸得着，能够被外部世界所看到的成功符号——金钱、名誉、权力、地位，或者是一路飙升的股票价格。很多时候，他们的这种追求会让他们，至少是暂时，变得成功，但由于根本没有认清自己，他们很容易就会偏离自己的轨道，并会在作出判断的时候出现一些重大的失误。

Eos 航空公司主席兼 CEO，嘉信理财前任 CEO——戴维·波特拉克

认清自己的路。在我们采访过的所有领导者中，嘉信理财前任 CEO 戴维·波特拉克在发现自我的道路上可能是表现得最为勇敢的一位。波特拉克出身在一个中产阶级家庭：他的父亲是一位格鲁曼飞机师，母亲是一名护士。他是全联盟高中橄榄球运动员，由于表现出色，他拿到了宾夕法尼亚大学的奖学金，并成为学校橄榄球队的后卫球员。

当回忆这段经历时，戴维说道："我总是想尽办法激发所有队员全力以赴，在比赛时发挥出最佳的状态，最后我成了校队最有价值球员。"

由于没有被选入职业橄榄球队，失望不已的戴维只好去沃顿商学院攻读MBA，毕业后他进入了花旗银行，后来又从纽约搬到旧金山，成为嘉信理财的营销总监。他是一个非常勤奋的人，总是长时间工作，而且总是在赶着完成指标，可戴维不能理解为什么他的新同事不喜欢他的这种工作态度。"我想用我的成绩证明自己。"他说道。

> 我从来没有意识到自己旺盛的精力会对其他人构成威胁，因为我觉得自己是在帮助公司成长。我的同事们不喜欢我每天工作14个小时，因为他们只想工作9个小时，可查尔斯·施瓦布却很欣赏我的勤奋。

在认清自己的过程中，最难做到的一点就是学会从别人的角度看清自己。虽然征求反馈并不是一件容易事，但领导者的确需要在得到一些精确的反馈之后才能清楚地找到自己的盲点。当上司在"可信度"上给了波特拉克一个很低的分数时，他非常震惊，上司告诉他："戴维，你的同事并不信任你。"波特拉克说道："听到这话的时候，我感觉万箭穿心。"

> 我一直拒绝承认这个现实，因为我根本不会从别人的角度审视自己。我根本不知道自己在别人眼里是多么自私。但在我的内心深处，我知道他们的判断是对的。刚开始的时候，我想过换份工作。查尔斯·施瓦布知道了这件事情之后，要求我继续留在公司，并告诉我试着改善和其他团队成员之间的关系。最后，我不得不面对这样一个现实：如果不作出改变，我根本不可能取得成功。

波特拉克发现，要想改变自己并不是一件容易的事。“承受的压力越大，你就越容易退缩到原来的模式上去。”

> 就好像加入戒酒无名会时那样，我回到同事中间，告诉他们：“我是戴维·波特拉克，我的领导技能出了些问题。我想努力改变自己。我需要你们的帮助，希望你们能相信我。”

波特拉克请了一位教练，为自己量身定做了一套训练方案。他的教练教会了他真诚的意义，并告诉他“要学会讲故事”。后来当发表演讲时，戴维讲一些关于自己的生活、自己内心的恐惧、野心和自己遭遇到失败的故事，他发现这种做法效果相当好。

第二次婚姻结束之后，波特拉克意识到自己还有很多盲点。“当我的第一次婚姻失败后，我告诉自己，这全是她的错。第二次婚姻土崩瓦解之后，我想我可能是选错了妻子。”后来他找到了一位顾问，顾问告诉他：“我有个好消息，有个坏消息。好消息是，你并没有选错妻子；坏消息是，错的是你作为一个丈夫的表现。”

有很长一段时间，波特拉克一直不肯承认这个现实，可最终他决定要作出改变。“我感觉自己像一个病人，直到犯了3次心脏病之后，我才意识到自己需要戒烟，需要减肥了。”

> 拒绝接受现实是一个人面临的最大挑战。要想克服这一挑战，唯一的途径就是坦诚地面对自己，而不是一味地寻找借口。这种心态让我最终学会了认真聆听别人的批评，虚心接受，并认真考虑如何改正。

如今的波特拉克已经幸福地开始了第三次婚姻，并开始聆听妻子艾米丽提出的一些建设性的意见。他承认自己在面临巨大的工作压力

时，有时候也会重复以前的老毛病。但他现在已经找到了一种新的处理方法。“我太太的建议让我成为一个完美的丈夫，一个优秀的人。”

我们都想被人宠爱、被人仰慕、被人恭维，但同时我们也必须学会聆听那些逆耳之言。这就要求你对自己要有坚定的信心。我在生活中取得的成就已经足够让我建立自信，所以我可以接受批评，不会拒绝它们。就这样，我终于学会了正视自己的失败和挫折，并且让自己不被击倒。

我们必须从原来的“我”中走出来，聆听那些我们不想听到的反馈意见。年轻人常常没有建立足够的自信，认不清自己的错误，并且无法勇敢地承担起责任。当你做到这一点，并愿意敞开胸怀，学会用新的方式行事时，你将脱胎换骨。这个过程永远不会结束。

波特拉克的努力终于得到了回报。他最终赢得了同事的支持，他的领导工作也为公司带来了丰硕的成果。最后，施瓦布在1992年提拔他担任公司总裁。6年之后，他开始和施瓦布一起担任公司的联席CEO。在14年掌舵（或接近掌舵）嘉信理财的过程中，波特拉克大大地扩展了嘉信理财的业务范围，将其发展成为美国最受尊重的公司之一，并且被《财富》杂志选为“100家最适宜任职的公司之一”。

2003年，波特拉克被任命为公司CEO，施瓦布则继续担任董事会主席。2001～2003年股票市场下滑之后，经纪业务开始下滑，嘉信理财也陷入了困境。由于波特拉克和他的同事当时仍然持有一种锐意向前的心态，所以他们错误地以为当前的市场只是在经历一次调整而已，以为市场很快就会复苏。“我并没有看清眼前的变化。”他说道。

我不喜欢解雇员工，只要能够保证公司正常运营，我会尽量减少裁员的人数。我和这些人之间的感情太深厚了，所以我很难取舍，很难去裁掉那些我所深爱的人。现在我知道了，裁员其实是一件非常平常的事。

担任CEO仅仅14个月后，波特拉克在董事会的要求下被迫辞职，施瓦布重新成为公司的CEO。听到这个消息时，波特拉克的第一个反应是震惊和怀疑。就在这条消息公之于众后的第二天，波特拉克参加了英特尔的董事会，会后英特尔的安迪·格鲁夫(Andy Grove)把他拉到一边，非常富有智慧地建议道："当你被提拔为CEO时，你感觉自己因此变得更好了吗？那么，当你不再是嘉信理财CEO的时候，你觉得自己变得更糟了吗？抬起头吧。你和上个星期一样，并没有什么不同。"

除了格鲁夫的安慰之外，波特拉克还收到了大量的信件和电子邮件，大家纷纷对他的工作和友谊表示感谢。这些安慰使波特拉克很快走出了低迷，他的妻子开始帮助他直面新的现实。如今波特拉克的大部分时间是在沃顿学院教书，帮助其他人培养领导能力，并帮助他们更好地认清自己。最近他刚刚被聘请为一家新兴公司Eos航空公司的CEO。

"我们都有一种潜能，都能让自己变得更好。"波特拉克总结道。

如果我能够帮助人们相信自己可以做得更好，那我就可以激励他们完成自我发现之旅，帮助他们作出更加坦诚的自我评估，并帮助他们作出积极的改变。没有人天生就是完美的，每个人都会遇到各种各样的问题。你可以让这些问题阻挡你的一生，也可以解决它们。为什么不选择后者呢？

戴维·波特拉克在欣然承认了自己的不完美的同时，也在努力地提高自己的领导能力。真诚领导者的目标并不是要追求完美，而是要

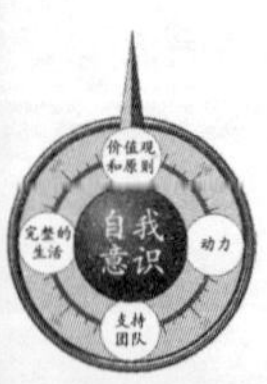

在成为一名高效领导者的过程中始终忠于自己。这就要求你像波特拉克那样，学会不断反省，接受大家的反馈和支持。

剥洋葱

认清自己就像是一个剥洋葱的过程。洋葱的外壳就是你向外部世界所展现的自己：你的外貌、面部表情、身体语言、服装以及你的表达方式等。在很多情况下，为了保护自己免受外部世界的伤害，这些外壳都是粗糙而坚硬的。

认清更深层次自己的第一个必要步骤就是理解自己的外壳，因为外壳往往是你通往内核的入口。打开这些外壳之后，你开始理解自己的强项和弱项，开始了解自己想从周围的世界当中得到什么。我曾经发现一个十几岁的学生每次出门的时候都会在镜子前面待上很长时间，于是我问他为什么要这样做。他的回答是："我想让自己看起来好一点，因为我的内心太痛苦了。"

如果再往里剥一层，你就会开始理解自己的价值观，以及你的个人经历是如何与你的价值观发生冲突的。再往里剥，你就会开始发现促使自己奋斗的动力究竟是什么。剥开这些外壳之后，你就开始真正理解自己的人生经历，并开始理解你的这些经历是如何影响自己的生活。当你接近包围你内核的最深一层时，你就会看到自己的盲点和脆弱之处。在你整个人的核心之处，你会看到自己的信念，以及你在这个世界上的位置。

在探索自己的过程中，每剥掉一层外壳，你就会发现下面有一个更深，而且往往会更加有趣的层面。越是接近自己的内核，你就会发现里面的内层越是柔软脆弱，因为这些内层往往并没有受到外部世界的攻击。当你感觉不够安全的时候，你就会保护自己的内核免受外部世界的伤害，在这个过程中，你就会逐渐形成一个错误的自我意识。随着你不断地成长，你开始在保护自己内核完整的同时，逐渐形成一

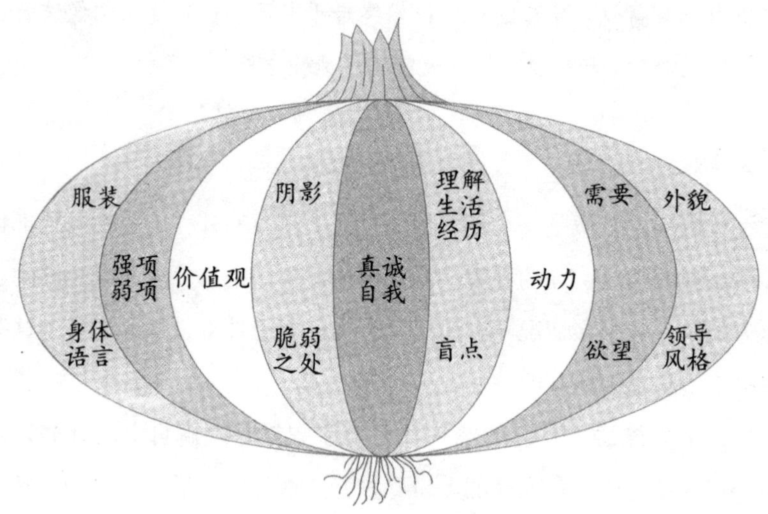

图 4.1 剥洋葱

种与外部世界进行有效互动的方式，你的外壳也就会变得越来越多，越来越复杂。

直视你的盲点

要想剥开你的洋葱皮，发现你的盲点，主要有以下几种方式。其中最好的一种方式就是从其他人那里收集反馈意见。斯坦福的乔尔·彼得森把反馈称为“冠军的早餐”。Verizon 通信公司的朱迪·哈伯肯 (Judy Haberkorn) 说：“他们称我是反馈女王。你在这个世界上所能找到的最好的东西，就是那些真正关心你的人提出的反馈意见。有些人的确比其他人更能认清自己，但很少有人能够从别人的角度看清自己。”

克罗格 CEO 大卫·迪龙是大学期间在输掉一次重要的选举之后发现反馈的价值的。当时他的第一反应是为自己辩解：“我比那家伙好多了。为什么他们不选我？”经过认真反思之后，他意识到，“我自己怎么看这个问题并不重要。重要的是别人怎么看。”通过反馈，

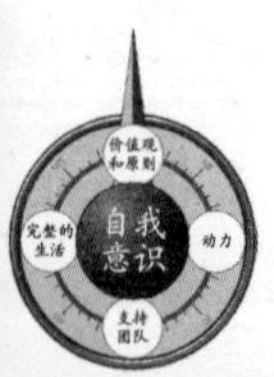

他发现自己有些方面的确需要改进。后来他当选为学校的学生机构负责人，并成功地迈出了成功领导的第一步。迪龙说："反馈可以帮助你直面现实，看清真正的自己。"

迪龙要求他在克罗格的同事继续给自己提出反馈意见，在这个过程中，如果对方提出的问题过于尖锐，他也会为自己辩解。"辩解完之后，我就会向对方道歉。我会告诉他：'我的反应是针对我自己的，而不是你。我的辩解只是我的一种自我保护。我可以向你保证，听到你的反馈之后，我会更加尊重你。'"

反 思

认清自己的第二个步骤就是抽出时间进行反思。反思自己的生活经历可以让你在一个更深的层次上理解它们，这样你就可以重新理解自己的人生经历。随着你对自己了解得越清楚，你对自己的人生理想就越清晰，你就越能为自己确立明确的人生方向。

卢卡斯艺术公司前任 CEO 兰迪·科米萨也是在经历了很长一段时间的反思之后才认清自己的人生方向的。在卢卡斯艺术公司时，他经常和公司的创始人乔治·卢卡斯 (George Lucas) 发生争执。由于感到在卢卡斯艺术公司缺乏独立性，他加入了对手公司晶体动力公司 (Crystal Dynamics)，并成为这家公司的 CEO。但是后来他发现，这是他作过的最糟糕的决定。

科米萨很快意识到，商业并不能激发他的热情。"我找不到待在这家公司的理由。公司经过一番挣扎，最终取得了成功，但我个人却失败了。首先，我必须承认自己的错误，然后我遇到了一个非常严峻的问题：我这一辈子到底应该怎么过？我完全可以在晶体动力度过整个职业生涯，但代价呢？我以前从来没有问过自己这个问题。"

一年之后，他辞去了工作，拜了一位禅师做导师，开始通过修行来理清自己的思路。"这段时间来得正是时候。修行开始成为我开启新的人生的一个重要过渡阶段。”

经过反思之后，科米萨意识到自己内心深处的争斗，其根源来自他人生当中最为重要的两个人——父亲和祖母身上。他的父亲是一个推销员，曾经供职过无数家公司。他非常渴望物质上的成功，经常赌博。“每次只要一输钱，他就担心无法支付我的学费。我也会担心自己可能无法毕业。”老科米萨期望儿子能赚大钱：“当我还是一个孩子时候，就对钱缺乏安全感。”

科米萨跟他的祖母非常亲近，在他 10 岁那年，祖母去世了。“祖母是我最亲近的人。”他说。“因为她对我的生活产生了令人难以置信的影响，所以她的死对我来说无疑是一场灾难。她是一个非常慷慨、友好的人，有着了不起的人格魅力。她喜欢自己身边的人，人们也喜欢她。”

科米萨意识到他需要摆脱以往的成功形象，学会接受自己。

> 我当时正驶在快车道上，但那却不是属于我的。我的内心斗争异常激烈，一方是我实现自我的要求，一方是我追求父亲眼中和社会眼中的成功。现在，我必须放弃眼前成功的幻觉，必须学会接受现实，因为我意识到自己是在进行一场漫长而曲折的旅程。

当领导者学会摆脱别人的快车道时，他们就能够更加容易地接受自己。“要学会面对现实，承认自己可能会失败，并且即便在失败后仍能保持良好的心态，这在认清自己的过程中是非常重要的一个转折点。”科米萨说道。

他随后加入了科莱勒·帕金斯 (Kleiner Perkins) 的风险投资公司。“现在我把所有的时间都用于 CEO 工作中最令我兴奋的部分——制定战略、建立关系、达成交易以及指导团队。”他总结道。

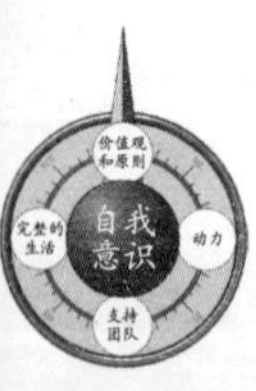

Piper Jaffray 前任主席兼 CEO——泰德·派珀

在压力之下变得脆弱。我们所有人都必须直面的一个问题：当我们表现出脆弱一面的时候，别人是否还能够接受我们？很多人感觉一旦承认自己犯错，就会遭到别人的拒绝。比如：我们会问自己，别人会不会利用我们的弱点？他们会不会因此看不起我们？虽然我们总是在试图回避这些问题，可一旦当我们感到脆弱的时候，它们还是会不断地浮现在我们的脑海里。

Piper Jaffray 投资银行前任主席兼 CEO 泰德·派珀 (Tad Piper) 曾经面临经济和法律危机 (由于一位基金活动的错误决策，使得他的公司和公司的一些大客户都损失惨重) 的时候经历过一段比较艰难的时期。在债券基金连续 5 年每年累积增长 90% 以后，为了继续维持高增长率，这位基金经理开始启动一些风险更大，也更加复杂的新式金融衍生工具。然而在 1994 年，联邦利率开始下调，整个基金也随即下跌了 25 个百分点。

投资者们大为愤怒，他们的律师也开始群起而攻之。起诉书接连不断，纷纷指控 Piper Jaffray 没有向客户告知基金的风险，并且错误地将基金定义为“稳健”。派珀努力和客户一起解决眼前的问题，可要做到这点似乎越来越难。“一旦遇到问题，”他指出，“你很快就会发现你们的关系到底有多坚固，哪些人是真正的客户，哪些人不是，以及谁会为了金钱而放弃你们之间的关系。很多平时很精明的人一时都不知道该怎么办了，变得极其的幼稚。但不管怎么说，我们还是要为这件事情负责。”

到了 1994 年春天，派珀已经清楚地意识到问题的严重性了。“整个公司命悬一线。”他回忆道，“我们必须竭尽全力走出困境。”当被问到是否曾经想过要溜之大吉的时候，派珀坦诚地说道：“绝对想过。问题接踵而至，我的确想到过要拔腿而去。但我知道自己不能那么做。

我必须解决这些问题。没错，最终我们很可能会破产，但我一定要竭尽全力。”

派珀感觉自己的领导力从来没有如此强大过。这段经历让他的内心变得强大。他公开承认自己的前途有很多不确定性，并且愿意暴露自己的脆弱之处。“我们当时所做的最重要的一件事情就是，把我们全国各地分公司的领导者和他们的配偶们召集到一起。”

> 我太太和我决定跟大家坦诚相见，把我们的处境和盘托出。我们告诉他们，我们也都是普通人，我们也有同样的感受。我们站在他们面前，直接告诉他们我们也非常害怕。我还告诉他们我开始依赖镇静剂，告诉他们我的信念。这是我们做过的最强有力的事情。由于我们彻底暴露了自己的脆弱，所以相信很多人都会永远记得这一幕。突然之间，整个团队中的每一个人，即便是那些持怀疑态度的人，也开始信任我们了。

派珀表示，如果没有遇到这次危机，他永远都不会如此坦诚地面对公众。“最终，我体会到了脆弱的力量。大多数领导者都害怕变得脆弱不堪，他们会想，‘我应该变得坚强，我要解决所有的问题。’”

派珀最终意识到，要想解决眼前的问题，首先必须解决相关的法律问题。只有解决完所有的问题，他和他的同事才能够集中精力重振公司的业务。

派珀的故事中最值得称道的一点就是，他在这次危机过程中表现出了惊人的坦诚，并且愿意向自己的队友袒露自己的脆弱。许多领导者都会试图通过自己的力量解决问题。派珀的做法则需要更大的勇气，但他最终取得了巨大的成功，因为他的方法给了那些真正想要帮助公司成功的人巨大的力量。毕竟，领导也是一种充满人性化的行为。当领导者暴露出自己的脆弱之处时，他们就会跟自己身边的人建立一种

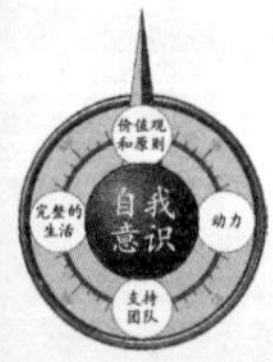

更加信任的关系，从而会对对方产生更大的激励作用。

接受与欣赏自己

认识自己只是完成了一半挑战，你还必须学会接受自己。一旦认清自己之后，接受自己就变得简单多了。

接受自己的关键在于能够无条件地爱自己。我们很容易喜欢自己擅长的东西，喜欢沉浸在自己的成功之中。就连那西塞斯(Narcissus，希腊神话中自恋之神的代名词。——译者注)都可以做到这一点。要想无条件地爱自己，我们必须学会接受眼前，哪怕是有很多缺点的自己，而不是一味希望自己能够变成其他样子。里萨·克拉克·金曾经说过："我非常满意自己的肤色。我非常接受自己，而且已经学会了接受我的种族和性别。"

要想无条件地爱自己，你还要学会欣赏自己。在《自怜诗》(*The Poetry of Self-Compassion*)中，诗人大卫·怀特(David Whyte)谈到了自己是如何处理自己的弱点和阴影，并学会接受自己身上最不令人满意之处。这要求你必须深入自己多年来的人生经历，找到自己内心深处那个等待机会重新浮现的天真孩子。怀特还在自己的《悲伤之井》(*The Well of Grief*)中提到了这个挑战。

悲伤之井

那些不愿意滑入
悲伤之井静静的表面之下
通过黑水转而向下
直到让人无法呼吸的地方

> 永远不知道我们的活水之源
> 那是一片神秘之水，冰冷而清澈
> 也不会发现黑暗之中闪烁的
> 希冀他物之人抛下的
> 小小圆硬币
>
> 大卫·怀特
> 摘自《众多河流交汇处》(*Where Many Rivers Meet*)
> Many Rivers 出版社 1990

怀特相信，一个人不可能将自己与以往的经历完全隔绝开来。你必须像戴维·波特拉克和泰德·派珀一样，学会直面它们，无条件地接受自己，并且学会像爱自己的长处那样爱自己的弱点。这种自我欣赏的态度可以让你寻找到自己的真北，并最终真正地接受自己。

一旦认清并接受了自己，你就会变得比较容易控制自己。人之所以会愤怒，就是因为其他人拆穿了你的某些弱点（或者是一些你无法接受自己的地方）。通过接受自己，你在面对这些攻击时就不会那么脆弱，并且时刻准备以真诚之心应对那些进入你生活的人——你的家人、朋友、同事，甚至完全陌生的人。一旦不再需要装腔作势，你就能够全心全意地释放自己的激情，追寻自己的梦想。

认清自己可以让你的人生指针变得稳定，接受自己则可以让你内心的力量变得更加强大，具备了这两个条件之后，你就可以集中精力面对自己的价值观和个人原则了。

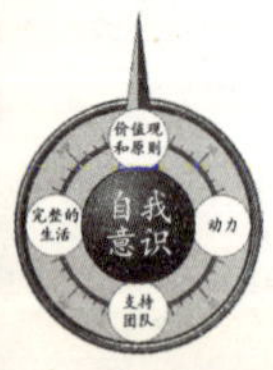

第 4 章练习：认识你的真诚自我

读完第 4 章之后，下面的练习将会帮助你正确评估自己的领导优势、缺点以及你未来的发展需要，从而帮助你更好地认清自己。

基本自我意识评估

下面的问题将你的自我评估和别人对你的评估进行对比。不妨按照从 1 到 10 的顺序进行打分 (10 是指“非常”，5 是“一般”，1 则指“很少”)，并通过回答问题来验证你的评估结果。然后选择两个最熟悉你的人，让他们用同样的问卷来对你进行打分。

基本自我意识评估表

	问　题	自我评估 (1 ～ 10)	反馈 1 (1 ～ 10)	反馈 2 (1 ～ 10)
1	你对自己有多大信心?			
2	你能够在多大程度上感觉到自己的心情和情绪变化?			
3	在尽量减少自己的情绪对别人的影响方面，你可以给自己打几分?			
4	在遇到不开心的事情时，你是否能够在作出反应之前抽出时间仔细考虑一下?			
5	听到别人的批评时，你是否能够虚心接受，而不是立刻为自己辩解?			
6	你很了解别人的情绪变化和情感需求吗?			
7	在感受别人的需要并及时提供帮助方面，你是否足够敏感?			
8	你是否很擅长与他人建立持久的关系?			
9	你是否擅长与人交往，并跟一些有共同兴趣的人成为好朋友?			
10	你善于领导团队吗?			
11	其他人是否会自动地追随你的领导?			
12	你在说服别人维护双方共同利益时是否有足够的说服力?			

了解到别人的反馈之后，你发现自我评估跟别人对你的评估一致吗？你现在的自我意识有多强？

优势和需要进一步改进的地方

1. 你最擅长的事情是什么？
2. 在领导方面，你最大的优势是什么？
3. 作为一名领导者，你最需要改进的地方是什么？

需 要

1. 你需要让自己的工作变得更有条理吗？你是否能够容忍模糊含混和变化不定的情况？
2. 何种程度的经济安全才会让你感觉舒服？
3. 你真的很需要成为一名领导者吗？
4. 你每个星期可以抽出多少时间陪伴你的家人和爱人？
5. 你每个星期有多少个人时间为自己补充能量？

你的真诚自我

1. 你的弱点、盲点和阴暗面是什么？
2. 你会采取一些防护性的措施保护自己免受别人的侵害吗？
3. 在何种情况下你才能告诉别人你的弱点？
4. 你是否能够接受现在的自己？

第 5 章

实践价值观和个人原则

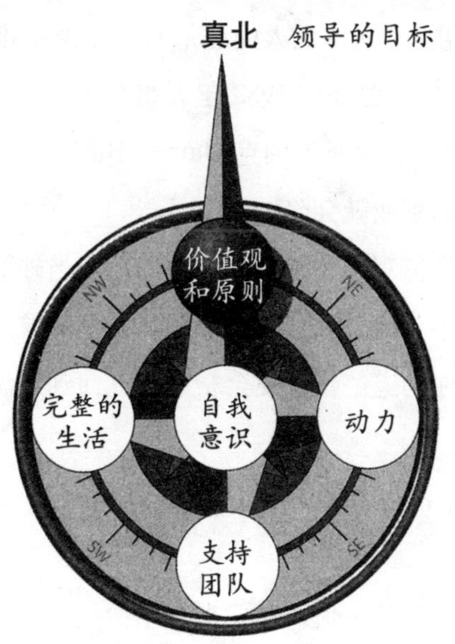

有原则的领导者不容易被诱骗，也不容易改变自己的决定，因为他们能在沙地里划出一条清晰的线条……最柔软的枕头是一个清醒的良知。

——N.R. 纳拉亚纳 · 穆尔蒂
Infosys 创始人，前任 CEO

Leaders with principles are less likely to get bullied or pushed around because they can draw clear lines in the sand……
The softest pillow is a clear conscience.
——*Narayana Murthy, founder and former CEO, Infosys*

在认清自己的过程中，你必须理解自己的价值观和领导原则。有些领导者把自己的价值观称为自己的“道德指针”。诺华制药的丹尼尔·魏思乐发现：“大多数人内心都有一个道德指针在告诉自己应该往哪个方向前进。”曾经在1982年大胆召回所有扑热息痛的强生公司前任主席兼CEO詹姆斯·伯克(James Burke)说道：“如果没有一个道德指针，你的事业就会陷入泥沼。”

坚守自己的价值观并不是一件容易的事。当外部世界的诱惑和压力将你拖离道德中心时，你会很容易偏离自己的航道。但如果能够清楚地认清自己，你的道德指针便会帮助你返回到正确的轨道上来。

价值观、领导原则、道德界限

形成你真北基础的价值观通常来自于你的个人信念。在定义自己的价值观时，你首先必须确定自己生命中最重要的东西是什么。是维护个人尊严，改变世界，帮助他人，还是照顾家人？价值观没有对错之分。只有你才能作出最终的决定。而一旦作出决定，你就可以更好地与具有相同价值观的人或组织站到同一条战线上。

当你清楚地理解了自己的价值观及其重要性时，你就可以确立一套清晰的领导原则。领导原则是转化为具体行动的价值观。它们就像水手在大海上航行时用的导航工具，可以帮助水手通过找准北方来调整自己的方向。领导原则可以让领导者对自己的价值观排出次序，并确定哪些价值观比较重要。

确定领导原则之后，你需要为自己画一条清晰的道德界限。这些就是你在采取具体行动时的指导原则。当你判断哪些事情可以做，哪些事情不能做时，你的标准是什么？表 5.1 清楚地勾勒出了三者之间的关系。

价 值 观	那些在你生命中比较重要的事情是什么？
领导原则	从你的价值观衍生而来，是你在担任领导工作时所遵从的标准。原则是转化为具体行动的价值观。
道德界限	根据你的道德原则，你在工作中为自己定下的标准。

表 5.1 定义你的价值观、领导原则以及道德界限

或许你曾经做过价值观排序练习。虽然这些练习的确有助于你认清到底哪些东西在生命中是真正重要的，但是在没有遇到压力的时候，你往往很难判断自己真正的价值观到底是什么。当人生一帆风顺时，列出并遵守自己的价值观是一件相对容易的事情。

当你的工作或生活失去平衡时，你需要对自己的价值观作出真正的判断。当你陷入困境，被迫需要在一系列事物中进行取舍时，你就会知道哪些东西是生命中最珍贵的，哪些东西是可以牺牲的。在遇到困难时，那些在危机之前就已经有了比较明确价值观的人更容易保持自己的航向，并能够顶住压力，渡过难关。

Sara Lee 集团公司 CEO 布兰达·巴恩斯曾经说过：“**我把自己的成功归功于我在成长过程中接受的那些价值，如尊严、诚实、尊重别人等。你不可能曲解自己的价值观。你必须遵守它们。你就是你。**”

哈佛大学肯尼迪政府学院公共领导力中心主任——大卫·格根

发现自己的真北。大卫·格根想要过上一种与自己的价值观（从自己的家庭以及自己从小长大的杜尔海姆社区学到这些价值观）一致的生活。他是美国历史上第一个先后为四位总统——尼克松、福特、里根、克林顿担任过顾问的人。

1972年，当有人闯入民主党全国委员会水门总部的时候，格根就在尼克松的白宫政府工作。这次经历让他此后一直遵循着一条基本的领导原则——保持透明度。而这条原则也让他自此一直忠于自己的价值观。

在尼克松总统第一次任期时，28岁的格根被召入白宫，成为尼克松的演讲稿撰写人。就这样，他成为了美国历史的见证人。“刚开始到白宫的时候，我脑子里满是权力、荣耀、地位之类的东西。”他说道。但接下来几年里发生的事情让他开始意识到自己的想法是多么幼稚。

他的野心让他开始成为尼克松政府期间一颗冉冉升起的新星。他回忆道，“我紧紧地把握住这次机会，和所有其他人一样野心勃勃，甚至比他们更有野心。”1972年尼克松再次当选之后，格根被任命为总统演讲稿的撰写和研究团队的负责人，负责管理50名下属。“这时我很容易就相信自己已经变成了一个重要人物，根本没有想到人们之所以认为我重要，完全是因为我所处的位置。我有一种与那届政府里的其他人一样的自大和狂妄。”他坦诚道。

1973年上半年，当人们开始纷纷议论水门事件时，格根最初并不相信它是真的。“我们一直坚信，无论是尼克松还是白宫里的其他人，都不会犯错误。”他解释道。“尼克松直接承认了这件事情，海尔德曼(Haldeman)等人也用最肯定的方式对此进行了确认。”在1973～1974年期间，当公众对水门事件的关注越来越强的时候，白宫内部越来越多的人也开始辞职离去，但格根感觉自己不能离开。“如果我在这个时候辞职，那就说明我在公开表示自己对尼克松总统的人品缺乏信任。所以我坚持留下来，希望能够证明他是无辜的。”

直到1974年8月，在正式新闻公布之前2天，格根才知道尼克松的罪行。可即便是到了这个时候，格根还是感觉自己不应当离开，那

样他会被看成是一只“跳离沉船的耗子”，尤其是当尼克松总统要求他为自己撰写辞职演说稿的时候。当他最后一次看着尼克松坐上自己的直升飞机离开白宫时，格根感觉自己的职业生涯也随之结束了。他想起了 1919 年美国大联盟冠军赛芝加哥黑袜队，由于它的球员被指控舞弊，结果被判终生禁赛。“我想我的职业生涯可能也要就此结束了。”他说道。

> 水门事件对我是一个警示。一直以来，我都认为手中的权力和荣耀能够打败任何挑战，但事实并非如此。

几乎就从那一天开始，格根的电话也不再响了。“突然之间，你变得不再重要。真是来也匆匆，去也匆匆。”在随后的那段孤独而令人沮丧的日子里，居然还有那么多朋友，来自杜尔海姆的老朋友和大学同学一直支持他，这让他终生难忘。

> 当你陷入困境，所有的辩解都是那么苍白的时候，你就会开始意识到什么东西和哪些人才是真正重要的。这时你就需要重新回到自己的根源，回到自己最基本的价值观上。
>
> 那些正直的人后来都在自己的职业生涯中取得了较大的发展。比如说 Huntsman 公司创始人和主席乔恩·亨茨曼 (Jon Huntsman) 就是其中一位。还有汉克·保尔森 (Hank Paulson) 也挺过了这段时期，并最终成为高盛集团 CEO，现在担任了美国的财务部长。

“自从水门事件这次令人痛苦的经历之后，”格根总结道，“我开始意识到透明的重要性。”

水门事件的教训一直印刻在我的脑海里，所以我会经常反驳自己的上司。这些教训不停地提醒我应该坚守自己的真北。尼克松正是因为没有一个明确的道德指针，才会瞬间崩溃的。

大卫·格根的水门经历帮助他成为了一名真诚领导者。他意识到自己一直在被成为世界权力中心的荣耀和声望所干扰，现在需要重新回到自己的根源，回到那些在自己的世界崩溃时一直支持自己的人身边。这次经历让他更加懂得该如何与福特、里根和克林顿等人打交道。如今，作为哈佛公共领导力中心的主管，他又开始成为美国未来领袖们的睿智导师。

Ariba公司创始人兼CEO——凯斯·克拉克

当价值观之间发生冲突时。在你的价值观发生冲突，者说你发现自己的价值观和你的同事的价值观有很大不同之前，你可能并不清楚自己的价值观到底是什么。

Ariba前任CEO凯斯·克拉克(Keith Krach)在三十多岁时曾遇到过这种情况。在那之前，克拉克已经在通用汽车取得了较大的成功，并成为通用汽车历史上最年轻的副总裁。后来他离开通用汽车，前往硅谷一家名叫Qronos科技的新兴公司担任COO，并且希望能够在一年之内成为这家公司的CEO。“我的职业生涯就像一场百米冲刺，没想到一下子撞上了一个铁栏杆。”他说道。

这家公司与我的价值观完全不同。CEO会经常告诉我，“这件事不要告诉董事会。”几个月之后，我开始清楚地意识到自己犯了一个错误。如果一味按照这种价值观行事，这家公司永远都不会成功。虽然我从来没有在任何事情面前退缩过，但这次我意识到，如果继续留在这里，那我迟早会害怕面对自己的。

克拉克一直为自己的忠诚和诚信而自豪，所以当时有两个价值观在他的内心产生冲突。虽然那时的处境非常艰难，他也不想放弃，但他感觉自己并没有忠于自己。他最好的朋友告诉他："你的状态看起来并不好。当你富有激情的时候，你是一个 A^+ 级的斗士。但你现在已经失去了激情，你看起来就像是一个 D^- 级的家伙。没什么好想的了，赶快辞职。"

可直到第一个孩子出生时，克拉克才看清了这一点。妻子生产的时候，克拉克在产房外等候，可公司 CEO 却在一直不停地打电话催他回去工作。"我们今天要和 IBM 一个非常重要的合伙人开会。"CEO 告诉他。克拉克回答道："这根本不可能，我要亲眼看着我的儿子出生。"几分钟之后，克拉克的价值观开始产生作用，他一下子想明白了。于是他拨通了上司的电话，告诉对方："我辞职。"

> 这是我一生当中的一个重要时刻，我立刻感觉到了一种解脱。我在 Qronos 学到的东西比我在任何地方一年之内学到的东西都多，我更加清楚地体会到了价值观、信任和个人尊严的重要性。这就像一个锻造钢铁的过程，他会让我更加坚守自己的价值观。

亨茨曼集团创始人和主席——乔恩·亨茨曼

在压力面前考验你的价值观。当你的价值观与你组织的价值观相互冲突，或者你的价值观之间彼此冲突的时候，你需要对自己的人生有一个清晰的定位。你希望自己的讣告上写些什么？你想要人们在你的葬礼上说些什么？

在这个问题上，市值 130 亿美元的亨茨曼公司创始人乔恩·亨茨的故事就是一个有趣的例子。在外人眼中，乔恩·亨茨曼似乎在过着诗一般的生活，他拥有清晰的价值观，完整的人格，一个庞大而成功的家族，雄厚的经济实力。但乔恩·亨茨曼一生当中至少经历过3次巨大的考验。每次考验都迫使他深入自己的内心，重新审视自己的价值观。

乔恩·亨茨曼非常重视价值观的力量，而且也非常清楚价值观在生活中的重要性。他曾经说过："这个世界上根本没有'模糊的道德'这回事。" 乔恩·亨茨曼的这句话让我们不得不对自己的价值观进行认真反思。

每个人都有一个道德导航仪，一种由父母、教师、教练、祖父母、牧师、朋友和同事共同编制的道德指针或良知。这个指针本身就是我们生活的一部分。它会一直告诉你哪些行为是适当的，哪些行为是不适当的，直到你离开人世的那一天。

亨茨曼自幼出生在依达荷乡下的一个贫困家庭里，他说自己的价值观和领导方式与他的家庭有着密不可分的联系。虽然和自己的母亲保持着密切的关系，但他一直没有与严肃而自律的父亲建立任何密切的关系。"我的母亲是一个非常温和，充满爱心的人，她从来不会说任何人的坏话。正是因为她，我的内心才会如此柔软。"他说道，"父母教导我要遵守规则，要强硬，要有竞争心，但要公平。"

我们孩童时代学到的这些原则既简单又公正。我们很早以前就找准了自己的道德指针，这些价值观保证我们能过上富足的生活，一个人的心理和道德的发展，有利于获得创造成功的机会。

年幼时，亨茨曼的领导能力就已经开始显现出来。六年级时，他被选为班长，有了第一次成为领导的机会，并在七年级、八年级、九

年级继续担任班长。后来他转学到了帕拉奥托高中，仍然担任十一年级的班长。

在宾夕法尼亚大学，亨茨曼成为兄弟会负责人，并被兄弟会国际组织选为杰出毕业生。每次担任领导职位的时候，他都会为自己确立一个明确的目标，并努力让所有与自己相关的人都接受这个目标。

在他大学毕业后不久，他的母亲患上了乳腺癌，50多岁就去世了。“她受的苦太多，让我的心都碎了。”他说道。母亲并不是家里唯一一个得了癌症的人。他的父亲死于前列腺癌，继母也死于卵巢癌。癌症就像一片乌云笼罩着整个家族，后来它又连续两次向亨茨曼发起攻击，但他都挺了过去。

从母亲去世的悲伤中恢复过来之后，他下定决心，迟早有一天要创办一家癌症研究机构。几十年后，在1995年，他终于实现了自己的梦想——他和妻子凯伦(Karen)共同创办了亨茨曼癌症机构。由于亨茨曼本人也曾经患过癌症，所以他相信，治疗癌症最好的方式就是知道别人是多么关心自己。**在他的办公桌上，放着一块牌子，上面写着：“对人心最大的考验就是弯下腰去，抬起别人。”他说道：“这就是生活的真正意义所在。”**

就像大卫·格根一样，在水门事件爆发之前不久，在1972年开始为尼克松政府工作的时候，乔恩·亨茨曼的道德标准也曾经受到过类似的考验。创办自己的公司之后，他接受了美国健康、福利和教育部部长艾略特·理查德森(Elliot Richardson)的邀请，开始成为理查德森的社会服务首席助理。由于成功地安装了一套目标管理软件，在6个月中便为政府节省了1亿美元开支。他开始受到了白宫方面的重视。此后不久，他应邀为尼克松总统的联席参谋长鲍勃·海尔德曼(Bob Haldeman)工作。他发现从海尔德曼那里接受命令让他有一种“非常复杂的感觉”。

> 我一直都是一家公司的CEO，当时也在健康、福利和教育部管理着一个很大的部门。我不喜欢接受命令，无论它在道德上是否正确。由于海尔德曼所做的很多事情都是令人质疑的，所以我们曾经发生过几次冲突。当时整个白宫都弥漫着一种非常不道德的气氛。

有一天，海尔德曼要求亨茨曼想办法给一位总是反对白宫议案的加利福尼亚参议员设个圈套。这位参议员拥有一家工厂的部分股份，据说这家工厂雇佣了一些没有记录在册的工人，所以海尔德曼想要收集一些信息让这位议员难堪。亨茨曼的任务就是要从自己的公司里挑出几名来自拉美的员工，让他们潜入参议员的工厂里当卧底。他说道："当时海尔德曼命令我立刻拨通我工厂经理的电话。"

> 有时候我们需要立刻采取行动，但却没有意识到什么是对，什么是错。从本能来说，我知道这样做是不对的，但我花了几分钟时间才真正意识到这一点。15分钟过后，我内心的道德指针开始发挥作用，我意识到这样做是不对的。那些从童年时代便陪伴着我的价值观开始发挥作用。就在和工厂经理交谈到一半的时候，我告诉他："还是不要这样做了吧。我不想玩这个游戏。忘了我曾经打过这个电话吧。"

我通知海尔德曼我不会派自己的员工去做间谍。我清楚地知道自己是在拒绝一位全美第二号的权势人物。他并不喜欢我的做法，因为他把这看成是一种不忠诚的表现。但没有关系，我随时可以辞职。就这样吧，6个月之后，我离开了白宫。

就像我们从他那张有73位家族成员的圣诞卡片上看到的那样，亨茨曼为拥有这样一个大家族感到非常自豪。离开白宫一年之后，随着

他和凯伦的小儿子马克的问世，他们遇到了人生中最大的考验——马克具有严重的先天性智力障碍。医生告诉亨茨曼，马克可能一辈子都无法读书和写字，因为他的智力最多只能达到4岁孩子的水平。在这种情况下，医生建议亨茨曼把马克送进特殊教育机构。对亨茨曼来说，这个建议几乎是无法想象的。在他看来，家庭永远是最重要的，马克和其他孩子一样，都是家庭的成员。亨茨曼决定，无论付出多大代价，都要让马克留在家里。

当彭妮和我在2002年去参观亨茨曼的癌症机构和医院的时候，亨茨曼骄傲地把他的儿子马克介绍给我们，马克一边友好地冲我们微笑，一边热情地拥抱了我们。“马克并不知道人们是做什么的，在他看来，一位看门人和一位CEO并没有什么区别。”亨茨曼告诉我们。“他只是从对方的心地来判断对方。他很快就能作出判断，而且会立刻看出对方是不是个坏蛋。如果他们的心地是好的，他就会热情地拥抱他们。每一天我都能从他身上学到很多东西。他是我们的榜样，是整个家庭的主心骨。”

2001年，亨茨曼遇到了职业生涯中最大的挑战。当时他的公司已经濒临破产。公司的处境与其说是管理失误造成的，倒不如说市场的疲软才是真正的罪魁祸首：竞争对手不断推出新产品，导致严重的供大于求，产品的价格和生产商的利润迅速下滑。更糟糕的是，能源和原材料的价格近乎失控。结果，亨茨曼不得不将自己的高息债券以低价大肆抛售。

虽然已经让儿子皮特担任公司的CEO，但亨茨曼仍然是董事会主席，也是公司最大的股东。记得有一天，金融专家、律师、87位债权人代表，以及来自纽约和洛杉矶的破产专家一起来到了盐湖城，一起向亨茨曼给出了两个选择：要么请求法庭按照第11条款宣布破产，要么坐在那里，无助地看着债主们关掉公司。

在耐心地听完了这些人的分析和要求之后，亨茨曼告诉自己：“我不会让这帮律师、银行家，以及高薪的管理顾问抢走我的公司。他们根本不懂得什么叫‘人品’，什么叫‘诚信’。”亨茨曼的回答只有一个字：“不。”他绝对不会选择破产。他的名字就刻在大门上，他将承担所有的债务。他非常清楚地知道自己的人格正在经受考验。

> **有时候那些顾问、律师，还有来自外界的专家们会试图想要告诉你该怎样做。我们是做一个可靠、善良、正直的人呢，还是去接受其他人的鼓动？当我们离开这个世界的时候，我们必须决定自己希望后人对我们作出怎样的评价。**

在这段最为黑暗的日子里，亨茨曼日复一日地把自己的团队召集到一起，并告诉他们：“我们必须成功。这事关我们的声誉。我们必须去拜访这87位债权人代表，设法和他们达成协议。我们将收回我们的债券，哪怕是要用产权作抵押。”

由于亨茨曼拒绝放弃，整个公司经历了整整3年的动荡。在整个危机期间，始终站在他身边的只有一个人：他的妻子。正像他所说的那样：“凯伦是一位伟大的啦啦队长和支持者。”

> **这时你需要有人能够真正理解你。我生命中那些亲密的合作伙伴都离开了我，所以在这几年时间里，凯伦是唯一一位始终支持我的人，因为她是最了解我的。她知道保持尊严对我来说有多重要。如果在这个问题上有任何动摇，那我就会失去做人的尊严。**

在整个过程中，亨茨曼的心脏病还发作过一次，而且由于免疫系统功能减弱，他还染上了阿狄森式病。可他还是骄傲地说：“我付清了所有的债务。”

今天，所有的债券持有人都拿到了自己的钱。亨茨曼公司的债主们并没有任何损失，所以他们纷纷提高了我们的信用级别。亨茨曼的公司在纽约证券交易所上市，并且取得了不错的表现。我们的收益达到了历史最高水平。

回想起那次几近破产的经历，亨茨曼说道：“最后还是债权人救了我们，保持诚实、善良，秉持正直的人格……当你陷入困境的时候，这些品质会挽救你脱离困境。”

有时候我们必须问问自己：是要让自己慢慢陷落，还是要奋然挺身去改变这一切？生活本身就是答案。如果我这辈子曾经欺骗过某个人，或者说没有遵守规则，那么当我陷入困境的时候，他们就会动用自己的权力来把我逼到死角。只要我们能够不受外界影响，人的心和人的灵魂自然会释放出一种巨大的力量，用一种积极的方式来改变我们的人生方向。

就这样，每当陷入困境的时候，亨茨曼的真北一次又一次地经受住了考验：他始终忠于自己的价值观，从来没有过任何动摇。如果没有清楚地认清自己，对自己所做的一切抱有坚定的信念，他几乎不可能做到这一点。

你在类似的情况下会作出怎样的反应？你在自己的生活中会奋起捍卫什么呢？要想做好迎接危机的准备，唯一的方式就是认识自己的价值观，然后确定自己的领导原则。

就像我们前面说过的那样，原则是转化为实际行动的价值观。建立坚定的价值观，并且能够在压力下接受考验，可以让你形成一套完整的领导原则。比如说，“关心别人”可能会被转化为诸如“创造一个让每个人的努力都能得到尊重，为人们提供职业保障，让他们可以发挥自己潜力的工作环境。”

所有领导者都会按照自己的原则来进行领导，即使是当他们没有意识到自己是在这么做的时候。比如说我们经常会问自己一个最基本的问题：“什么能激励人？”有些领导者认为偷懒是人的天性，所以他们就会建立一套严格的行为标准和规章制度，并严格执行这些标准和制度强迫人们努力工作。但面对同样的问题，有的领导者可能会相信，每个人都希望能够很好地完成自己的工作，从而获得生命的意义。这时他们就会向自己的下属进行充分的授权，鼓励他们取得优秀的业绩，并且完全信任他们，让他们自己监督自己。

Infosys 主席兼 CEO——N.R. 纳拉亚纳·穆尔蒂

有原则的领导。Infosys 公司创始人 N.R. 纳拉亚纳·穆尔蒂是一位成功的企业家，他有一套清晰而坚定的指导原则，在他的领导生涯中，他从来没有背离过这些原则。穆尔蒂出生在印度南部的一个中低等收入家庭。他的父亲是一位公务员，总是以自己能够遵守道德准则而感到自豪，所以还在很小的时候，穆尔蒂就非常注重遵守自己的价值观。年轻时代的穆尔蒂曾经深受马哈特玛·甘地 (Mahatma Gandhi) 的影响，并参加了社会主义青年组织。他深信：只有对财富进行再分配，才能有效减轻印度大众的贫穷问题。

大学毕业之后，穆尔蒂的教授提名他去巴黎戴高乐机场安装物流和包裹处理系统。在巴黎，穆尔蒂深深地被他在 20 世纪 60 年代末期巴黎咖啡馆里遇到那些知识分子打动了。在描述自己在巴黎的时光时，穆尔蒂说道：“当时我只有 23 岁，是一名深受尼赫鲁社会主义哲学影响的印度青年。在那里，我得到了灵感，知道了什么是‘慈悲的资本主义’。我了解到法国人是如何把集体利益放在个人利益之上的。”

这段时间，穆尔蒂接触到的新思潮逐渐形成了他的四个指导原则。第一，要想消除贫穷，唯一的方式就是创建更多的工作岗位，创造更

多的财富；第二，只有少数一些人能够建立企业，创造工作和财富；第三，这些人需要有动力才能用一种公平的方式去创造财富；第四，创造工作或财富并不是政府的责任。政府的任务是创造一种富有激励性的环境，鼓励人们去创造更多的工作和更多的财富。穆尔蒂解释道：

> 当回过头去想想我年轻时代的理想主义时，我意识到人们需要机遇、动力和竞争让自己变得更好。这就是资本主义的精髓。只要把资本主义的精神与公平、体面、透明和诚实等结合起来，就会产生慈悲的资本主义。

1982年回到印度之后，穆尔蒂和一群年轻的同事公司创建了Infosys科技公司，并将其发展成为印度最顶级的IT外包公司。Infosys为穆尔蒂提供了一个平台，让他可以将自己的价值观转变为商业原则，并清楚地确定了自己的道德界限。“我们的梦想是想告诉世人，我们在印度也可以建立一家卓越的公司，并且通过合乎法律和道德的方式创造财富。”他解释道。

从一开始，穆尔蒂和他的同事就想创办一家在印度最受尊敬的公司。虽然创办的过程中经历了各种各样的困难，但穆尔蒂和他的团队始终坚持自己的原则。“我们一直都在应付各种各样的危机，”他回忆，“不得不用全部的收入推动公司的发展，同时严明了公司的纪律。”

由于穆尔蒂拒绝提供任何贿赂，Infosys公司甚至要等上一年才能装上一条电话线。“真正消耗你的激情和能量的并不是财务问题，而是那些违反你价值观的事情。讲究原则的领导者都会在沙地上画上一条清晰的线，所以他们往往不容易被欺骗或被诱导。我总是相信，这个世界上最柔软的枕头就是一个清醒的良知。让我感到非常幸运的是，我们从来没有因为做错什么事情而睡不着觉。”最终，政府官员不再向穆尔蒂索要贿赂。“只要你在刚开始几次打交道的时候表示出坚定的立场，”穆尔蒂说道，“他们就会逐渐地把矛头转向其他人。”

> 遵循稳定的价值系统为我们创造了一个理想的工作环境，每个人都对未来充满了期待，都有着高度的自尊，对未来充满信心，并且个个充满热情，愿意接受那些比较困难的任务。领导者必须做到“言行一致”，表明自己会坚守公司的价值系统。我们公司的价值系统和我们在过去20年间所取得的成功有着直接的联系。我希望这种说法能鼓励我们的员工继续接受，并严格遵守我们的价值观。

我很少会遇到像穆尔蒂这样会如此在意自己的价值观和领导原则的领导者。他在法国的生活经历对他的价值观产生了决定性的影响，并且直接促进了Infosys的发展和成功。穆尔蒂不仅拥有足够的勇气坚守自己的价值观，敢于对抗印度的许多文化规范，而且他在整个职业生涯中都坚持自己的原则。

Verizon通信公司前总裁——朱迪·哈伯肯

承认错误。Verizon的朱迪·哈伯肯在处理客户关系时有一套清晰的原则：“一定要保持开放，保持透明。”有一次，哈伯肯的一名下属犯了一个严重的错误，一个让她感觉自己足以会被开除的错误时，她的原则受到了严峻的考验。为了省钱，哈伯肯的这名下属在给用户邮寄电话PIN号码时没有粘合信封。结果当信件被投进客户所在大楼的邮箱时，任何人都可以看到客户的姓名、电话号码以及PIN号码。当哈伯肯知道了这件事情，并把自己的担心报告给上司的时候，上司却告诉她：“不用担心，这事自然会平息下去的。”万分沮丧的哈伯肯回答道：“这对我们是一次考验，就好像强生公司的扑热息痛事件一样。”

> 如果我按照扑热息痛的方式处理这件事情，他们就会立刻解雇我，并让其他人接替这项工作。但只要我还在负责这件事，我就会按照扑热息痛的方式来处理。我会给每一位用户发去电报，向他们详细解释整件事情。我们会承担所有由此而导致的费用，并且会立刻给客户一个新的智能电话卡号码和PIN号码。我今天晚上就召开媒体见面会，告诉大家到底发生了什么事情，以及Verizon打算怎么做。

最终，这件事情顺利地平息了。回想起这次经历，哈伯肯说：

> 我们犯了一个错误，并为此付出了代价。但毫无疑问，我们作出了正确的选择。如果客户感觉我们根本不关心他们的安全，也不关心他们的隐私的话，那给我们带来的灾难将会更大。

说服上司并不是一件容易的事。大多数人都相信，只要上司说没事，自己就可以免受其责。但对于哈伯肯来说，为了坚守自己的原则，她甘愿冒犯上司，并不惜一切代价来修正自己的错误。这种做法需要很大的勇气，这也是真诚领导者的一个典型特点。

确立道德界限

当你受到诱惑或压力，或者开始为自己的某些决定寻找借口时，你的道德标准就会为你的做法画出一条清晰的界限。如果能够尽早确立清晰的道德标准，你的道德指针便会在你即将突破道德界限时告诉你应该停止了，哪怕为此要付出很高的代价，当安然的领导者肯·雷(Ken Lay)和杰夫·斯基林(Jeff Skilling)作出一些欺诈性决定，并最终断送了自己公司的时候，他们所缺少的就是这样一种道德标准。

我的一位学生刚刚从美国驻伊拉克海军情报部门回来，他给我们讲述了自己是如何利用道德界限确定自己的准则的。在前往伊拉克之前，他为自己列了一张清单，详细列出了无论面临多大的压力，自己绝对不会做的事情。他把这张清单放在一张信封里，随时带在自己身边。在伊拉克，每当遇到压力时，他都会抽出信封，提醒自己时刻牢记这些道德界限。

对于一名领导者来说，要想明确自己的道德界限，最好的方式就是进行"《纽约时报》测试"。在作出任何决定之前，问问自己："如果整件事情，包括我们的对话，都被登在《纽约时报》头版，我是否会感到高兴？"如果你的答案是否定的，那就说明你应该重新思考自己的行为了；如果答案是肯定的，那就说明无论别人以后是否会批评你的做法，你仍然可以坚持自己的决定。

从目标领导转向价值观领导

如今许多公司都开始从目标领导转向价值领导。IBM 的 CEO 彭明盛就是用这种方法将 IBM 的全球员工团结成信息系统领域一股强大的生力军。当他从自己的偶像郭士纳手中接过 IBM 的时候，彭明盛既没有创建新的价值观，也没有单纯地重复创始人托马斯·沃特森 (Thomas Watson) 所标榜的价值观。他只是在全公司范围内启动了一个全球性的议程，整个议程为期 3 天，在这 3 天里，所有 IBM 人都可以通过在线讨论的方式商议 IBM 究竟应该成为一家怎样的公司。正是通过这种方式，彭明盛重新总结了 IBM 的价值观，并用它将公司 35 万名员工凝聚成了一个全球性的整合化网络。

1989 年，在我刚刚加入美敦力公司时，公司创始人厄尔·巴肯第一次让我体会到了什么是"用价值观进行领导"。在接下来的 13 年里，我们一直在用公司的价值观将所有的员工团结到一个共同的目标

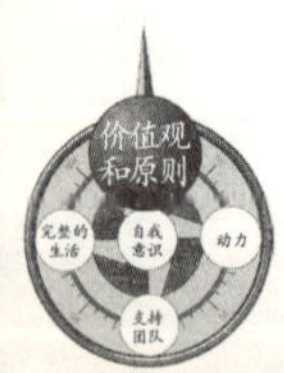

周围。刚开始时，公司的一些员工，主要是国际部门，并没有把我们的做法当真，还是继续按照当地的做法行事。内部的监督报告不断地发现在这些国家存在违反公司规定的行为。

发现这件事情之后，我知道我们别无选择，只能对管理层作出调整。进行调整时，我们没有从底层员工开始，而是将一些国际部门，包括欧洲、亚洲和拉丁美洲等部门的领导者，替换为懂得如何利用价值观进行管理的领导者。一旦发现有违反公司规定的行为，我们就会立刻将发生的事情，以及公司将准备采取的应对措施公之于众。新上任的国际部门管理人员向我们保证，我们完全可以迅速扩张公司的业务，而丝毫不用担心公司内部会有任何违反道德准则的事情出现。当公司在 20 世纪 90 年代末期进行一系列快速扩张时，价值领导哲学成为一种新员工快速融入公司的重要工具。

在我们寻找真北的过程中，非常重要的一点就是：我们必须承认自己很容易被拖离生活的原有轨道。实现业绩的压力，对于失败的恐惧感以及成功所带来的荣耀等都会使我们很容易偏离自己的价值观。**只有确立明确的道德界限，并在面对压力时顽强地经受住考验，我们才能及时返回原有的轨道。**

第5章练习：实践价值观和个人原则

在下面的练习中，你将有机会进一步明确自己的价值观、领导原则以及道德界限，并用它们在你成长为真诚领导者的过程中指导自己。该练习的目的是帮助你明确那些对自己比较重要的价值观，你的领导原则，以及你在遇到巨大压力的时候坚持的道德界限。

价值观

1. 列出对你的人生和领导工作极其重要的价值观。列完之后，不妨将其按照重要性进行排序。
   - 哪些价值观是你从来没有违反过的？
   - 哪些价值观是你希望坚持，但也可以有所变通的？
   - 你的某些价值观是否会随着具体情况的变化而变化？
2. 回想一下你的价值观相互冲突的场景。
   - 你是如何解决这种冲突的？
   - 你对结果有多满意？
3. 回想一下你的价值观受到考验的情形。
   - 遇到压力的时候，你会在多大程度上偏离自己的价值观？
   - 遇到压力的时候，你会诉诸于哪些价值观？
   - 如果能够从头来过，你会作出哪些改变？

领导原则和道德界限

1. 列出你在领导别人的过程中所遵守（或者是想要遵守）的原则。然后将其按照重要性进行排列。
2. 列出你不会逾越的道德界限，将其按照重要性进行排列。
3. 写出一个你曾经为了实现目标而不惜偏离真北的情形。
   - 如果将来遇到类似的情况，你会如何处理？
   - 你怎样才能感觉到从“小小的偏离”将会发展到严重偏离的过程？
   - 当你发现自己被拖离真北的时候，你会怎样返回自己的轨道？

第 6 章

寻找领导动力

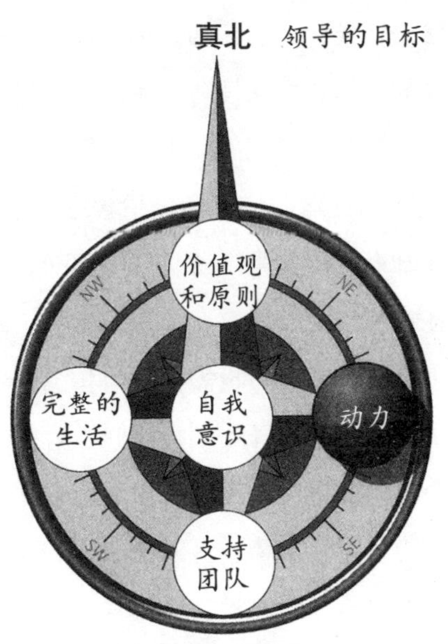

如果你只是在毫无意义地原地打转，那么你就不能够达到任何有意义的目标。

——艾丽斯·伍德沃克
麦肯锡公司

If you're just chasing the rabbit around the course, you're not running toward anything meaningful.
——*Alice Woodwark, McKinsey*

30多岁的时候，查尔斯·施瓦布经历过严重的低潮期。当时他刚离婚，职业发展前途也很不明朗。他报名参加了法律夜校，希望能够像父亲和祖父一样成为一名律师。可仅仅3个星期之后，他就意识到自己缺乏必要的阅读和写作技巧，所以只好选择放弃。

施瓦布一生都在跟阅读作斗争，但直到40多岁，他才知道自己有阅读障碍症。虽然阅读障碍症在学校里曾经给他带来过不少麻烦，不过他在数学方面却表现得非常出色。于是他开始在投资公司做兼职，并很快发现自己在投资研究领域有着惊人的天赋。

和很多领导者一样，施瓦布也需要时间和经历才能明白激励自己的因素到底是什么。最终，他开始把自己的激情引向创建一家能够将整个证券交易中介市场变得民主化的公司。就这样，到了37岁那年，施瓦布的动力和能力终于合二为一，成功创办了嘉信理财公司。

施瓦布相信，他之所以会对投资理财有如此大的兴趣，主要是因为自己生长于大萧条过后的时代。对于加利福尼亚伍德兰德的小农场主们来说，20世纪40年代是一段非常艰难的时期。二战期间，他的家人经常要用配给券才能买到食物，然后用这些食物才能交换自己想要的东西。施瓦布的父母一辈子都在寻求经济上的独立。“我们心里始终被大萧条时期的阴影笼罩着。”他回忆道。

还在孩童时代，施瓦布就已经开始了自己的企业家生涯。10岁那年，他雇佣了一位小伙伴帮助自己搜集伍德兰德高中橄榄球场上的空可口可乐罐，每个一分钱。在炎热的夏季，他靠卖冰激凌和养鸡赚钱。另外，他还是第一批雅芳儿童，从小就骑着自行车在伍德兰德四

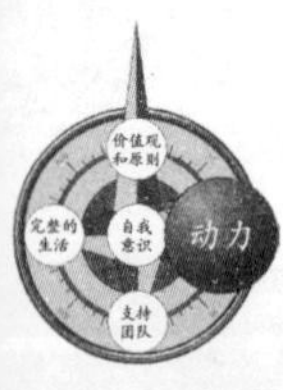

处递送化妆品订单。“父亲教会了我独立的重要性，”他解释，“我渴望取得经济上的成功，因为我不想在生活上受到太多限制。”

20 世纪 70 年代早期，证券交易所将证券交易的中介服务解禁，施瓦布感到自己成立公司的机会终于来了。在此之前，股票市场交易一直都是通过收取固定费用的大型中介公司进行。由于缺乏竞争，这些中介公司的收费始终居高不下，所以很多美国人都无法进入证券市场。1974 年，嘉信理财进入市场，一下子将中介佣金降低了 75 个百分点。很快，401(K) 计划和个人退休金账户之类的个人账户开始大行其道。“只要你知道自己想买什么或想卖什么，我们就可以非常高效地为你达成交易。我们通常只收取小额的佣金，而且不会受到那些自命不凡的中介商的干涉。”

在整个采访过程中，谈到自己早年的艰苦生活，施瓦布表现得非常冷静。可一谈到华尔街的经纪人是如何漠视普通投资者的时候，他的脸立刻变得通红，并开始不停地打手势。他一边向前倾着身子，一边说：“告诉你吧，他们就是一群小偷。无论这些交易商想要什么，他们都能得到！”

解禁之前中介行业的不公平现象深深触动了施瓦布。“我的心里有一张凳子，凳子的四个支脚是价值、客户服务、科技，还有价格，而客户就在所有支脚的上面。”他解释道，“华尔街却把凳子翻过来，他们坐在凳子的上面，客户却被压在下面。”

在资本主义社会，经济独立具有非常重要的意义。我们非常幸运地出生在美国这样一个可以让你实现经济自由，并拥有选择自由的国度。我想要让嘉信理财变成一个完全民主的地方，人们可以找到我们，告诉我们他们想要什么，并且以最低的成本得到他们想要的东西，同时又不会面临中介行业普遍存在的利益冲突现象。华尔街应该成为你的医生，他们真正关心的应该是你的利益，而不是他们自身的利益。

就这样，通过创办嘉信理财，施瓦布的优势、天分和理想全部都汇聚到了一起。他的投资技巧与多年来在克服阅读障碍症过程中形成的毅力得到了完美结合。自身的生活经历也让他学会了去尊重那些希望实现经济独立的人。通过建立一家能够体现自己个人信念的公司，他已经在实现自己经济独立的同时帮助成百上千万人变得更加独立。如今他的公司已经成为美国人心目中的崇拜对象：拥有1.4万名员工，市值高达200亿美金。

施瓦布的经历再次证明了发现自己的动力有多么重要：要想在工作中发挥自己的最大长项，你首先要知道自己的动力在哪儿，并且要客观地了解自己的强项和弱项。只要能做到这一点，你就可以发现激发个人能力的兴奋点。

动力来源：内在动力和外在动力

由于真诚领导者既需要维持强劲的动力，也要让自己的动力保持平衡，所以他们首先必须清楚地理解自己的动力来源到底是什么。

一般来说，一共有两种类型的动力：外在动力和内在动力。外在动力，比如说一个好分数、赢得一场比赛，或者是赚很多钱，是由外部世界来衡量的。几乎所有的领导者从童年时代开始就积极追求成就感。他们中的大多数人在年轻时都参加过体育比赛，而且在学校里也都会力争上游。毕业之后，很多年轻的领导者会在一家大公司里找份工作。最终，他们的外在动力会表现为财富、权力、头衔、地位，以及在社会上的名望等。

尽管很多人都不愿意承认，但大多数领导者都是为了获得外在的成功而努力工作的。他们希望取得成功，而且非常享受伴随着提升和

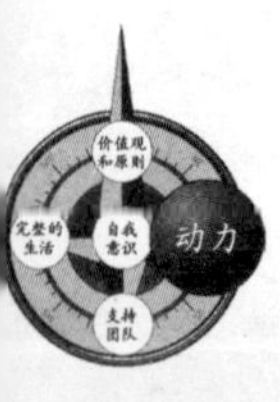

奖励而来的那种成就感。

另一方面，内在动力则是来自于你对生命意义的感受——你的真北。它们和你的人生经历以及你解释自己人生经历的方式紧密相连。内在动力的例子有很多，比如追求个人成长、帮助其他人进步、关心社会进步、改变世界等。查尔斯·施瓦布帮助美国人实现经济独立的理想就是一种内在动力，虽然这样做也能让他变得富有。表 6.1 指出了外在动力和内在动力之间的区别。

外在动力	内在动力
获取金钱	个人成长
拥有权力	完成一件工作之后的满足感
拥有头衔	帮助其他人成长
得到公众认可	找到工作的意义
获取社会地位	忠于自己的信念
战胜别人	改变世界

表 6.1 外在动力和内在动力

发现你的内在动力

内在动力来自于你的内心深处，与你的真北保持一致。它们往往比外在动力更加微妙。美国航空公司前任CEO唐纳德·卡蒂指出："大公司真正打动我的是，在这里工作要比在小公司更容易对社会产生影响。"纽约证券交易所 CEO 约翰·泰恩 (John Thain) 也说："我追求精益求精，但我更喜欢通过一个团队来对社会产生更大的影响。"

时代集团 CEO 安·莫尔 (Ann Moore) 说："我喜欢杂志，喜欢出版。25 年前我之所以来到这里，就是因为我喜欢读杂志。"20 多岁的时候，莫尔就非常喜欢读《体育画报》(*Sports Illustrated*)。"想想看，如果你是一名体育迷，在《体育画报》工作该是一件多么开心的事？你会体会到一种真正的心理满足感。”如今莫尔为自己公司最新推出的《真的很简单》(*Real Simple*) 感到自豪，因为“它可以帮助美国女性更好地组织自己的生活，缓解压力。如今《真的很简单》已经成为美国最炙手可热的杂志。女性喜欢通过阅读来释放压力，她们很可能会成为我们的读者。一想到自己的工作是如此重要，我就不禁对它产生一种敬畏之情”。

凯撒·孔德 (Cesar Conde) 是美国最大的西班牙语电视网络 Univision 的副总裁。卡斯特罗革命爆发后，为了让自己的孩子能有更好的发展机会，他的外祖父母帮助孔德的母亲从古巴逃到了美国。Univision 雇佣了很多第一第二代西班牙裔移民，而孔德的一个最大心愿就是为自己的同事们创造类似的机遇。

有一天，孔德的上司把他带到公司的停车场，告诉他：“15 年前，这里停的都是我们的员工买的破二手车。随着公司的发展，这里的汽车变新了，我们的员工如今也可以出钱让自己的孩子接受更好的教育了。”孔德说：“我可以感受到他说这话时的那种自豪感。一旦发现自己有机会能够为其他人做更多事，我们的内心就充满了成就感。”

Palm 公司 CEO 和 Handspring 共同创始人唐纳·杜宾斯基把科技看成是一种从根本上改变世界的方式。她这样回忆自己第一次看到个人电脑空白电子表格 VisiCalc 时的那种激动之情。“那一刻改变了我的生活，”她说，“此前我在银行工作，一直用手工的方式来填写电子表格，所以我很清楚这个程序对人们有多么重要。在我的整个职业生涯当中，我一直致力于让智能工具进入更多人的生活。”杜宾斯基对科技的热情最终使她名列《财富》杂志的“创新名人堂”。

有时你可能是在一些出其不意的地方发现自己的动力源泉。还 20 多岁的时候，现任盖普集团主席罗伯特·费舍 (Robert Fisher) 就感到自己无法承受工作的压力，他想为自己的生活寻找一个新的焦点。

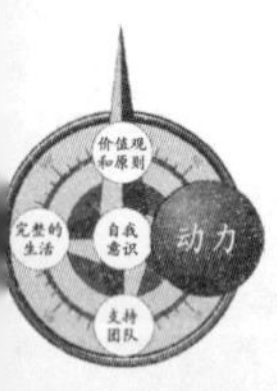

“我非常喜欢做男性针织毛衣的生意，可这种生意无法实现长久的发展。简单的销售工作根本无法让我兴奋。”有一次他的室友和朋友们邀请他周末一起去钓鱼。费舍立刻迷上了这项运动。“我完全陷进去了，”他说，“在北卡罗莱纳州度过了无数个周末之后，我发现自己对户外运动抱有浓厚的兴趣。”

当他在羽毛河 (Feather River) 的诺兹弗克 (North Fork) 钓鱼时，费舍突然发现河边有一堆废旧的金矿开采设备，这个发现最终改变了他的人生。这堆采矿设备与周围宜人的自然景色形成了鲜明的对比。“这些设备在 20 世纪早期就堆放在那里，如今已经成了一堆废品。这让我意识到了环境问题的重要性。”没过多久，费舍就加入了自然资源保护协会 (NRDC) 董事会。在接下来的 8 年中，他刻苦自学了大量关于环境保护的知识。在盖普公司，费舍组织公司员工设法提高公司办公用品的重复利用率。就这样，在费舍的带领下，盖普公司最终启动了一项颇受公众关注的社会公益行动。

避开陷阱，忠于真北

很多人终其一生都没有找到自己内心最强大的动力。当前社会对物质成就的关注已经达到了前所未有的程度，各种诱惑和社会压力也会迫使更多领导者纷纷追求世人的认同，而不是去聆听自己内心的声音。这种压力在很早时就已经开始，大学生毕业时会相互攀比起薪的高低，后来会攀比公寓和别墅。华纳兄弟 (Warner Bros.) 公司总裁阿兰·霍恩 (Alan Horn) 描述了自己是如何有意地避开这些陷阱的：

> 在职业生涯早期，金钱的积累可以在很大程度上改变你的生活质量，它可以让你买一辆更好的车、一套更好的房子等，但有些时候，金钱的积累并不会对你的生活产生实质性的影响。

事实上，购买的东西越多，你的生活就会变得越复杂，而不是拥有更多的享受。我之所以不想要更多的东西，是因为这些东西并不会让我感到快乐。

很多领导者提醒新一代的领导者留意不要陷入社会、同辈、父母用期待编织的陷阱。曾经在硅谷担任惠普执行官多年的德布拉·邓恩 (Debra Dunn) 直言自己经常要承受来自外界的压力："积累物质财富的道路就摆在你的面前，非常清晰。你知道该如何衡量它。如果你没有选择这条道路，人们就会怀疑你一定是哪里出了问题。要想避免陷入物质主义的陷阱，唯一的方式就是找到自己真正的快乐之源。"

做到这点并不容易。许多领导者在职业生涯早期已经习惯了不断地积累物质财富，以至于他们需要很大的勇气才能找到自己的内部动力。但有的时候，大多数领导者还是意识到了，要想遵从自己的真北，他们必须解决一些更加困难的问题。29 岁时就已经成绩斐然的麦肯锡的艾丽斯·伍德沃克 (Alice Woodwark) 说道：

我对于成就的定义完全是从小学的经历得来的，那时候每个学生都希望能够得到老师的表扬和重视，所以我的成功定义可能听起来有些幼稚。但如果你只是在按部就班地原地打转，那你就无法达到任何有意义的目标。

为了追求自己真正热爱的事业，许多人甚至会在职业生涯刚开始时便拒绝许多高薪工作。这样的人最终会成为真正的赢家，无论是从心理满意度还是从物质待遇上来说都是如此，因为在做自己喜欢的事情时都会比较容易成功。安·莫尔从商学院毕业后曾经有许多选择，但她最终还是选择了其中待遇最低的那家公司——时代集团。"虽然有许多助学贷款要还，但我还是选择了这份工作，因为我喜欢杂志。

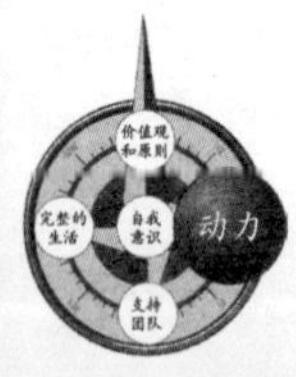

当时我的同学没有一个人理解我为什么会这样做，但25年后我们再次重聚的时候，他们彻底明白了。”

唐纳·杜宾斯基接受苹果电脑聘请的时候，她的收入只有她在一家专业服务公司的一半。杨·罗必凯公司CEO安·傅洁从商学院毕业时也是接受了薪酬最低的工作。她解释说：“你不能单凭赚钱的多少来选择自己的职业。我当然希望能多赚钱，而且这份工作也的确给我带来了不错的收入，但如果只是按照赚钱数量来选择职业，我很可能会踏上一条完全不同的职业道路。”

20多岁时，霍华德·舒尔茨曾经不敢告诉母亲自己辞去了在施乐的高薪销售工作，去做一件最终发展成为了星巴克的事业。“我当时还欠很多大学贷款，不知道要还到什么时候。如果我在施乐再多呆两年，我知道自己的一生都会从此套牢。这就像是两个貌合神离的恋人，你们相安无事，但却并不相爱。”

在最近一次前往商学院与学生座谈的时候，Cowles媒体前任CEO戴维·考克斯(David Cox)引用了一个人的话：“我可以用这份工作赚钱，然后在其他地方找到乐趣。”考克斯说听到这句话时，非常吃惊，他一边做了个鬼脸，一边说：“为什么要把时间花在那些你并不喜欢的工作上呢？这几年是你生命中最美好的一段时光。当你感觉受到重视，并且能够从事自己感兴趣的工作时，你浑身会产生一种巨大的能量。这样你才能创造出最大的价值。”

许多年轻的领导者会选择在刚开始时接受一些高薪的工作，以此来支付日常开销或为了存上一笔钱，哪怕他们对自己的工作丝毫不感兴趣，也根本不想在这份工作上停留很长时间。他们相信，熬上10年之后，他们就可以换一份自己喜欢的工作。但很多人由于非常迷恋当前的生活方式，以至于他们最终被套进了一份自己并不感兴趣的工作中。由于一直被这种高消费的生活方式困扰，他们根本不可能去做自己喜欢的事情。具有讽刺意味的是，在我们采访过的所有领导者中，没有一位领导者会在职业生涯早期接受一份赚大钱的工作，以便后来能够赚到足够的钱去做自己喜欢的事情。

CaseNew Holland 前任 CEO，现任美国世界经济论坛主席的琼·皮埃尔·拉索 (Jean-Pierre Rosso) 曾经指出："我总是想去做一些自己喜欢的工作，因为我相信，只要能做自己感兴趣的事，并且能把工作完成得很好，钱自然就会随之而来。" Medco 前任 CEO 贝尔·洛夫伯格提醒年轻领导者要注意选择自己的生活方式："在年轻时迷上高调的生活方式是一件非常危险的事情。"

许多人曾经想过放弃一份自己不喜欢的工作，去寻找一些高风险的创业机会，但他们最终还是不敢迈出关键的一步，因为这看起来风险太大，而他们往往又有很多房贷和车贷要负担。这会让很多人不敢去追求自己真正的梦想。

平衡内外动力

对于那些非常注重成就感的领导者来说，外部世界给予自己的动力和肯定是一个自然而然的结果。他们非常享受伴随成功而来的外界对自己的认可。成为一名真诚领导者的关键并不是要回避外部动力，而是要把握好外部动力和内部动力之间的平衡。

许多领导者都希望能够成为高层管理者，成为整个组织的核心。美国运通消费者旅行部门前任总经理玛丽安·托德达拉基 (Marianne Toldalagi) 坦言："我不喜欢躲在阴影里。我喜欢那种大权在握、被人瞩目的感觉。" Ecolab CEO 道格·贝克在年轻时就知道自己非常喜欢掌握控制权："每到一个新环境之后不久，我就会有一种想要控制局面的冲动。我不知道这种冲动是从哪里来的，但我真的有这种冲动。"

很多人都希望能够得到同辈的认可，得到更高的头衔，或者是媒体的赞誉，这是人之常情。当你取得一些世人眼中的成功时，这些东

西自然会随之而来。可真正危险的是，一旦领导者陷入了这些外界的诱惑，他们就会无法自拔。这时他们所面临的最大危险就是失去自己的内部动力，彻底抛弃那些能够给他们带来更深层次的东西。

外部动力像是一个多情的情人，它往往是靠不住的，但很多领导者都是在付出了惨痛代价之后才明白这个道理。一旦形势变化，他们的外部动力很快就会消失。那些泛泛之交，或者那些只是为了他们的地位和财富而跟他们交朋友的人都会在关键时刻溜之大吉。而避免这些陷阱的关键就是把握好外部动力和内部动力之间的平衡。

找到领导力的兴奋点

激发能力这一术语通常被用来描述你的动力和你的强项相互重合的部分，我将其描述为领导力的“兴奋点”(见图 6.1)。在动力这个问题上，积极心理学的开山鼻祖，克莱蒙特 (Claremont) 大学教授米哈里·奇克森特米海伊 (Mihaly Csikszentmihalyi) 曾经指出：“要想找到你的兴奋点，首先要找出你擅长的东西，然后再找出你喜欢的东西。”就这样，奇克森特米海伊抛开了所有的专业术语，用两个简单的维度直接指出了许多受访者用了几百年时间才体悟到的东西。

回忆自己在麦肯锡作为一名明星顾问的学习经历时，艾丽斯·伍德沃克说自己当时非常在意那些负面反馈。在很长一段时间里，她的

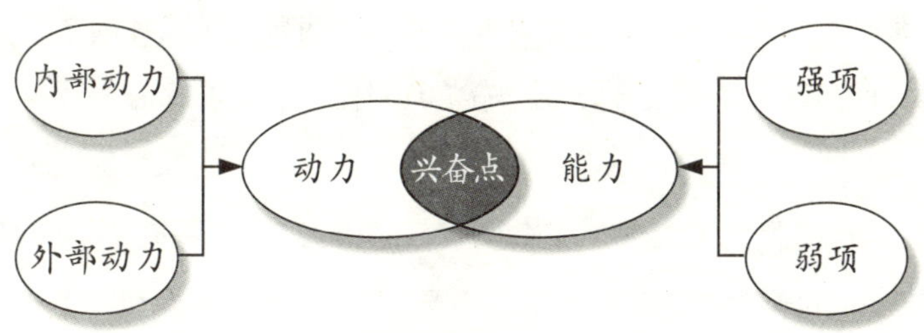

图 6.1 你的激发能力的兴奋点

状态一直如此，直到有一天，她意识到自己用在回应负面反馈上的时间太多了，以至于根本没有时间欣赏或者发挥自己的长项。“没有人能够通过克服自己的弱点来取得杰出成就。”她解释。

只有最大限度地发挥自己的优势，你才会做出真正卓越的表现。历史上很多成就斐然的人都有着严重的个人缺陷。撒切尔、甘地、拿破仑都有很多的缺点，但他们身上的某个方面却又会表现出超常的天赋，正是这些天赋帮助他们取得了惊人的成就。

通过认真的自我反省，唐纳·杜宾斯基在30多岁的时候终于意识到了这一点。在苹果公司和Claris软件公司经历了连续10年每周80个小时的工作之后，她感到身心俱疲，于是决定前往巴黎休假一年。她在巴黎租了一间公寓，开始学习绘画、法语，并开始考虑自己下一步究竟该做些什么。“我认真反思了自己的强项和弱项，并思考了自己能够创造怎样的价值。我意识到自己并不是一名非常有创造性的革新思想者，在产品创新上我永远不可能达到史蒂夫·乔布斯(Steve Jobs)那样的水平。我在科技行业待了10年之久，但却从来没有产生一个伟大的新想法。”

当她进一步思考自己的核心能力的时候，她意识到自己非常善于发现别人的好创意，善于建立团队，并擅长设计一些关键的商业流程。“除了不会构想下一个伟大的产品，我几乎什么都会。”她总结说。

> 回到硅谷之后，我开始有了清晰的目标。我知道自己需要找到一个伟大的产品创意者与我组成一个团队。所以对我来说，真正的问题并不是设计产品，而是找到能够和我互补的人。

唐纳最终找到了杰夫·霍金斯(Jeff Hawkins)，一位曾经发明了Palm Pilot的天才产品开发大师，于是在1992年，唐纳成了Palm的CEO。两个人之间的能力形成了紧密的互补，以至于没过多久，他们

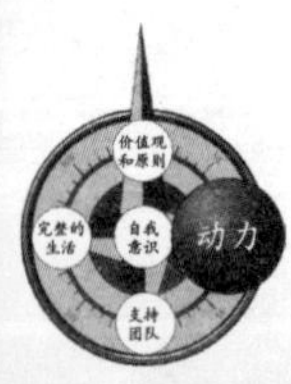

两人就被看成硅谷最了不起的商业搭档，如今，他们正在一起努力创建第三家公司——Numenta。

沃伦·本尼斯是20世纪70年代在辛辛那提大学担任校长时认识到自己的激发能力的，“有些人比我更早做到这一点。我是在付出了惨痛的代价之后才知道大学校长并不适合我。”任职一年之后，本尼斯便陷入了无休止的文案工作当中。一天晚上，当本尼斯批阅文件的时候，他突然发现时钟已经指向了凌晨4点。“正是在这个时候，我突然领悟到了一个事实：要么是我根本不适合管理这个学校，要么就是这个地方根本无法被管理。”

这次经历让本尼斯意识到，自己最喜欢做的事还是跟人们，尤其是与学生进行互动。他并不喜欢做校长时的那种感觉，比如说他每天都要给150名校友写信。“我突然意识到，校长所拥有的权力永远不会给我带来幸福。我真正需要的是个人权力：能够通过我自己的声音去影响人们。”本尼斯说。

后来本尼斯回到南加州大学开始教书写书，并在这样的生活中找到了自己的兴奋点。他深深地影响了一代学生，并写了大约20本关于领导力的书。他注意到，“我真正的天分只能在教室里或在指导学生的时候才能发挥出来。”

当领导者走出自己的舒适区，开始去接受新挑战的时候，他们常常会发现一些自己以前并没有意识到的能力。当已故的约翰·加德纳在二战期间加入海军陆战队时，他发现自己非常喜欢行动。于是在战争结束之后，他便开始担任卡内基公司总裁，后来又成了约翰逊政府的卫生、教育、福利部部长。加德纳后来又陆续创建了白宫同事项目(White House Fellows Program)、共同事业(Common Cause)、独立区域(the Independent Sector)、城市联盟(Urban Coalition)和美国领导力论坛(Americal Leadership Forum)，并鼓励下一代领导者积极投身社会公共服务领域。加德纳曾经说过：“我总是感觉自己生命中有一些东西亟待释放。”当在接受风险挑战自己的时候，你可能会吃惊地发现自己身上居然会释放出巨大的领导能力。

要想将自己的领导潜能发挥到极限，你需要满足两个条件：首先你要找到那些能够激励自己的机遇；其次你要最大限度地利用自己的长项，二者缺一不可。如果你对某件事情感兴趣，却并没有足够能力的话，你就不可能在这一领域成为真正高效的领导者。**但一旦找到一个能够将自己的能力与动力相互融合的领域，你就会发现自己的兴奋点，并且将自己的领导潜能发挥到极致。**

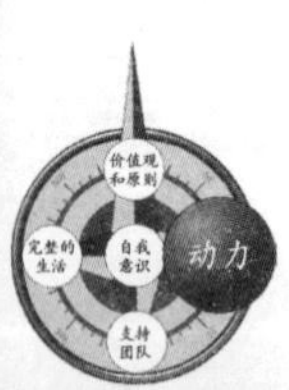

第 6 章练习：你的动力和激发能力

下面的练习将会帮助你更好地理解自己的动力。在完成动力部分的练习之后，你可以进一步了解怎样将自己的动力与能力结合起来，从而找到自己的兴奋点，你可以最大限度地将自己的优势用在最喜欢的工作上。这里的兴奋点可能会对你的职业和人生选择产生重要影响。

1. 是什么激励你成为一名领导者？
2. 你的动力来源是什么？
3. 你的外部动力是什么？在下面的表格中做出相应的标志。完成下列清单之后，按照从高到低的顺序对其进行排序 (最高是 1，最低是 5)。

	动 力	排 序
1	金钱	
2	权力	
3	头衔	
4	公众认可	
5	社会地位	

4. 根据你的判断，你的外部动力可能正在为你设立怎样的陷阱？你将采取哪些措施避免这些陷阱？
5. 你的内部动力是什么？请在下面的表格中做相应的标志。完成清单后，按照从高到低的顺序对其进行排序。

	动 力	排 序
1	个人成长和发展	
2	工作之后的满足感	
3	帮助别人	
4	领导和组织自己身边的人	
5	与你关心的人在一起	
6	找到工作的意义	

7	忠于自己的信念	
8	对这个世界有所影响	
9	对他人有所影响	
10	其他	

6. 外部动力和内部动力之间的冲突：

- 回想一个或多个你的外部动力与内部动力发生冲突的情形。你当时作出了怎样的选择?
- 你是如何解决这些冲突的?
- 你可以采取哪些方法来平衡你的外部和内部动力?

7. 你的动力(按照顺序)：

将你的外部动力和内部动力列表结合起来，按照 1 到 5 的次序排出对你激励最大的五个领域，其中 1 代表二者结合最为密切的领域。在你的内部动力后面标上一个星号。

8. 你的能力：

列出你的能力或优势，然后按照从 1 到 5 的顺序排出你最有优势的五个领域，其中 1 是你最具优势的地方。

9. 你的发展领域：

列出你当前的发展需要，按照从 1 到 5 的顺序排列，其中 1 是最强烈的需要。

10. 你的激发能力：

列出你的激发能力——你既有能力完成，又很感兴趣的领域。

11. 发挥你的激发能力：

列出你未来可能会在哪些领域发挥自己的激发能力，将其按照从 1 到 5 的顺序排序，其中 1 是最能发挥你激发能力的情况。

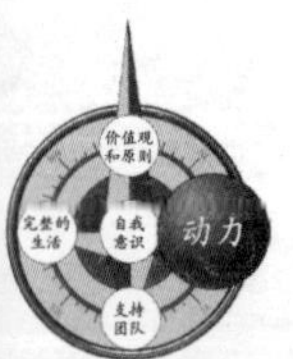

第 7 章

组建你的支持团队

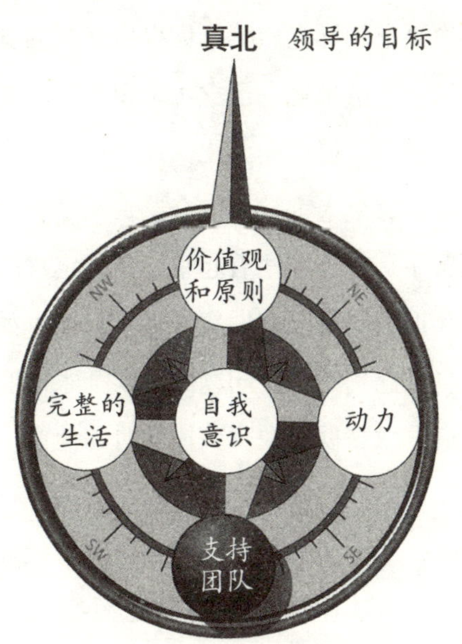

一定要有一群能够告诉你真相，而且你也愿意告诉对方真相的人。如果你的周围有一群这样的人，还会有什么解决不了的事呢？

——沃伦·本尼斯

Have some group that will tell you the truth and whom you can tell the truth. If you have people like that around you, what else matters?

——*Warren Bennis*

支持团队位于你的指针底部，是你的领导力发展计划的第四个要素。支持团队的成员可以帮助你更好地专注于自己的真北，让你认清现实，并且在你踏上领导之旅时给你提供必要的支持。

没有一位领导者能够单凭一己之力取得成功。几乎每个人都知道领导者往往都是孤独的，但迄今为止，还没有一个人能够找出解决这个问题的办法。其实每个人都缺乏安全感，只是有些人愿意承认，有些人不愿意承认罢了。就连那些看起来总是气定神闲的执行官也需要得到别人的支持和理解。所以真诚领导者大都懂得如何建立自己的支持网络，能够在自己遇到不确定问题的时候征求他们的建议，能够在遇到困难时向他们寻求帮助，在收获成功时与他们一起分享。

强有力的支持团队能够为领导者提供必要的建议，在必要的时候提供一些修正意见，最重要的是，他们还可以奉献爱。在经历过最艰难的岁月之后，领导者往往都会从那些自己感觉可以依赖、并且可以倾诉的人身上寻找到慰藉。在遭遇人生低谷时，他们会更加珍惜那些真正欣赏自己，而不是自己的身份或地位的朋友。

一个人很容易被其他人的期待所引诱，所以当外力促使真诚领导者作出改变时，他们的朋友总是会帮助他们保持正确的轨道。如果没有这种强有力的支持，领导者将很容易脱离正轨。

怎样才能建立你的支持团队？大多数真诚领导者都会很擅长为自己建立一个多方面的支持团队，比如说他们的配偶或爱人、家人、导师、好友和职业支持团队。许多有经验的领导者都要经过很长时间才能建立自己的支持团队，因为，要想建立一支这样的团队需要共同

经历许多事情，而且一方必须愿意向另一方敞开心扉，经受考验，只有这样双方才能形成必要的信任。而且领导者在得到帮助的同时必须学会付出，只有这样，你和你的支持团队才能建立起真正互惠的关系。

在培养领导力过程中最重要的人

要想建立自己的支持团队，首先你通常需要至少选择一个你可以完全相信的人，也是会无条件爱你的人。在很多情况下，只有他/她才能坦诚地告诉你真相。

大多数领导者都会选择跟自己的配偶保持最密切的关系，也有人选择自己的家人、好友，或者是一位值得信任的导师。当领导者感觉有一个人在无条件地爱自己的时候，他们就会变得更容易接受自己。这就会使得他们能够不再过于依赖外部的肯定。

Safeco CEO 保拉·罗斯普特·雷诺德 (Paula Rosput Reynolds) 发现自己的第二任丈夫就是这样一个可以信赖的人。

> 当你在外面忙了一天，你的员工都在大骂你是个混蛋，或者你遇到了一些大麻烦的时候，你会非常渴望有人能告诉你："无论如何，我都是爱你的。"以前只有我的父母和孩子才会这么对我说，幸运的是，我现在有了一个能够无条件爱我的丈夫。无论遇到什么事情，我总是可以相信，我能够回家，而他会无条件地爱着我。

雷诺德的第一次婚姻并没有那么幸运。她当时过于关注自己的缺点，感觉自己的努力并没有得到足够的重视。随着她越来越成熟，她开始不再那么需要外界的认可，而且她发现自己完全可以拥有幸福的婚姻。

你的伴侣不仅可以与你一起共同信守承诺和关爱，而且会在你偏离自己轨道时真诚地向你发出告诫。在对方眼里，你的职位和成就并不重要，他们真正关心的是你的本质。因为大多数领导者很少会听到批评意见，所以只有那些真正爱他们的人才能穿透他们的保护壳，直达他们的内心。

“大哥哥大姐姐”公司的朱迪·弗里登伯格和她的丈夫彼此非常尊重对方的价值观、性格以及品性。她曾经说过：“我嫁给了一位不会因为我的力量或职位而感觉受到威胁的人。”

> 他清楚地告诉我，他并不会因为我的职位而在我们两人的关系上作出让步。他并不关心那些在外人看来非常重要的事情。除了个人成就之外，他还非常看重我的品性、我的责任感，还有我的价值观。

领导者还非常重视与支持团队的成员培养关系的方式。斯坦福MBA 莱恩·弗雷德里克 (Ryan Frederick) 和他的妻子阿比 (Abi) 投入了很多时间培养双方的感情。他们一起做了性格测试，以便更好地了解对方的兴趣，确立一种更好的沟通方式。他们还专门请教了一些经验丰富的夫妻。“当我们找到一对非常令人尊重的老夫妻时，我们发现他们的建议的确很有帮助，因为这些建议可以帮助我们在智力上、精神上，以及夫妻关系上都得到了很大的进步。”弗雷德里克说道。

建立共同的价值观有助于培养彼此之间的关系。兰迪·科米萨表示，他和德布拉·邓恩之间的关系之所以成功而持久，是因为他们之间有着非常相似的价值观。“由于夫妻之间的经历截然不同，他们的价值观、原则和需要可能会随着时间的推移而发生变化。”

> 德布拉和我都非常独立，但我们之间在个人理想、价值观

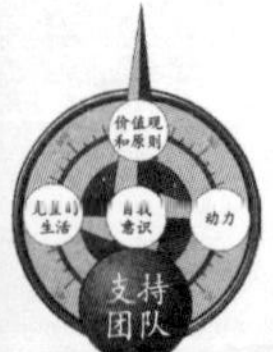

和处事原则等方面却非常和谐。我们在类似于“你希望在这个世界留下什么”之类的问题上都有着极大的共鸣。这种共鸣并不是一开始就有的，它需要一定的时间来培养，但夫妻之间的这种同步性的确非常重要。

科米萨是一位企业家，而邓恩则是惠普公司的一名高级执行官，虽然两个人的职业道路并不相同，但他们的目标都是要通过商业活动来对社会产生积极的影响。她曾经说过：“我们不仅对自己有着清醒的认识，而且这种认识上还有很多重合之处。”

家人：精神支柱

大多数领导者都会从他们的家人那里找到慰藉。年轻的领导者会努力地与自己的家人保持密切的联系,尽可能多的与自己的兄弟姐妹、父母，或者是祖父母待在一起。对他们的父母了解越深，他们就越能更好地理解自己。

朱利安·弗莱纳 (Julian Flannery)29 岁的时候在白宫担任过总统参谋长助理，如今他效力于摩根士丹利 CEO 约翰·麦克。弗莱纳的父亲很早就离家出走了，而他是家里的独生子，所以他 3 岁开始就与母亲保持着非常密切的关系。在大学期间，由于继父生病，弗莱纳不得不靠做兼职来帮助自己的母亲。在这些日子里，他把母亲当成了最好的朋友，不断地向她征求建议。

随着工作时间越来越长，一些领导者开始严格地限制自己的社交生活。eBay 总裁约翰·多纳霍和他的妻子总是会尽量减少参加社交活动，抽出更多的时间陪伴自己的孩子。当乔治·舒尔茨成为美国国务卿的时候，除非总统或副总统坚持要求，否则他和他的妻子几乎不会参加华盛顿的任何社交活动。

曾经任职于美国运通的玛丽安·托德达拉基多次强调和孩子之间建立信任的重要性。

> “作为父母，我总是希望我的孩子能够接受自己的肤色。我之所以要和他们建立一种相互信任的关系，就是要在他们长到十几岁的时候能和他们成为无话不谈的好朋友。”

无论是跟你的员工，还是孩子，你都不能把对方的信任当成是理所当然的事情。信任不仅需要时间来培养，而且需要努力经营。关键是要确保对方能感到自己受到尊重。我总是帮助我的孩子们认清自己，更好地接受自己。我在努力地帮助他们建立一种能让自己感觉强大，能够认清自己，并学会如何对社会有所贡献的生活环境，还有什么比这个更重要的呢？

导师：良师益友

很多真诚领导者都会找一位导师来帮助自己培养更好的领导技能，并建立真诚领导者所特有的自信。但很多领导者，尤其是那些很有抱负的领导者，都没有意识到与导师之间保持双向沟通的重要性。真正持久的关系一定是双向的。最好的指导不仅能让指导者和被指导者双方互相学习，形成相似的价值观，而且会让彼此享受整个过程。但如果人们只是一味地从导师那里寻求帮助，而对导师的生活不感兴趣的话，他们之间的关系也不会持续太久。**真正能够让一段关系保持长久的，正是关系双方在沟通时所表现出来的双向性。**

Intuit 现任主席和前任 CEO——教练坎贝尔

导师典范。比尔·坎贝尔是 Intuit 现任主席和前任 CEO，他被认

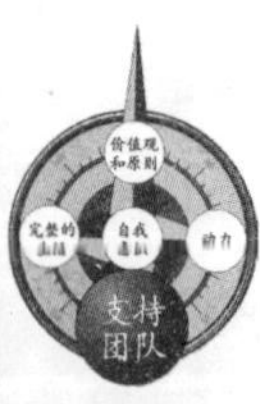

为是硅谷最优秀的导师。北加利福尼亚的许多风险投资商和董事会都会在聘请新的CEO之前征求坎贝尔的意见。尽管他非常低调，可“教练坎贝尔”还是成为了硅谷最受尊重的执行官之一。

坎贝尔曾为数十位企业家和商业领袖提供过指导，其中包括我们曾经采访过的三位：兰迪·科米萨、唐纳·杜宾斯基和布鲁斯·齐森。人们之所以愿意接近坎贝尔，是因为大家觉得他是一位伟大的导师，总是愿意帮助自己身边的人释放自己的领导潜力。早在年轻时代参加橄榄球运动的时候，坎贝尔就已经培养出了一种宽厚无私的精神，正是这种精神帮助他建立了一个包含众多支持者和朋友在内的强大网络。

在哥伦比亚大学就读期间，担任后卫的坎贝尔曾经多次为前锋助攻得分，他的眼睛里至今还发散出那种进攻时特有的光芒。他宽大的肩膀，紧绷的下巴，略显生硬的态度，乍一看，你会觉得他好像随时都会向你发起进攻。但在这种强硬的外表之下，隐藏的是一颗真诚的关怀之心。“跟比尔在一起的时候，”科米萨回忆，“你从来不会感觉到他只是在考虑自己。”

还在苹果电脑担任执行官的时候，坎贝尔在1987年领导了苹果下属的Claris软件公司，并为公司招募了一支颇有天分的年轻队伍，其中就包括科米萨、杜宾斯基以及齐森。他们非常怀念在Claris的那段岁月，对坎贝尔充满了深厚的感情。时至今日，他们仍然经常与坎贝尔联系，在一些比较棘手的问题上征求他的意见，享受与他的友谊，和他一起开怀大笑。他们就像一个亲密无间的大家庭，并且是一个强有力的家庭。

坎贝尔和他的门徒之间一直都有一种相互依存的关系。杜宾斯基、科米萨和齐森发现，坎贝尔可以帮助他们提高自身的技能，而他们则可以帮助坎贝尔把Claris发展壮大。杜宾斯基曾经说过：“比尔教会了我们如何与员工沟通，如何建立一个团队，以及如何经营一家公司。”齐森至今还记得每次与坎贝尔进行季度业绩评估时的情形，“他教会了我怎样看损益表，告诉我怎样制作工作流程，以及怎样包装产品。他是我的MBA导师。”在实际工作中，坎贝尔总是会指挥受过专业律师训练的科米萨去推敲合同细节，让杜宾斯基掌管供应链，而让齐森去指挥公司的销售团队。

除此之外，坎贝尔还会不断督促门徒们超越自己，进而发现自己的真诚领导力。杜宾斯基发现，坎贝尔是一个非常懂得尊重别人的人。“比尔每天走进公司时都会花上几分钟与接待员交谈。他非常清楚接待员在生活上遇到了哪些问题，甚至知道她的孩子们都在做些什么。”坎贝尔还知道什么是真正的关爱。他会不断地告诫自己的团队成员超越狭隘的个人利益，学会从公司的角度考虑问题。杜宾斯基指出：“他总是给我施加很大的压力。他认为我是一个很有潜力的人，并且总是希望我能够照顾到公司的最大利益。”

最重要的是，坎贝尔会经常征求三个人的建议，暴露自己的弱点，并通过这种方式对三个人授权。科米萨指出：“比尔经常暴露自己作为普通人的一面。”

> 他有时会在公司大会上告诉大家，“我们要这么做！”然而当我们走进他的办公室，关上门后，他告诉我：“我非常担心。你觉得我们的团队能做到这一点吗？”这时展现在我面前的，就是一个非常脆弱的普通人，于是我告诉自己，在他遇到困难的时候，我一定要尽全力支持他。

就这样，通过暴露自己的弱点，并向下属征求建议，坎贝尔给了科米萨、杜宾斯基和齐森足够的自信和权力，让他们学会忠于自己的内心。科米萨表示，正是坎贝尔的教导让他学会了更好地接受自己。

> 比尔给我们带来了丰富的知识和经验。他不仅给了我们鱼，

还教会了我们怎样钓鱼。你可以感觉到比尔对你完全信任，而且非常关心在你身上所发生的一切。这是爱的最高形式的表达。

最好的导师会把被指导者的利益放在自己的利益之上。他们之间的关系可以发展成为坚固的个人友谊，尤其是当双方不在同一个职业领域的时候。而当被指导的一方开始向其他人提供指导的时候，这种循环又会不断进行下去。

寻找导师

指导关系可以让导师和门徒在奔向同一个目标的同时让双方都有机会得到成长。很多人害怕接近潜在的导师，因为他们通常不愿意向别人寻求帮助。这样的人并没有意识到自己对于导师的意义。沃伦·本尼斯曾经告诉年轻的领导者，要想遇到伟大的导师，你必须学会寻找他们。他把寻找导师的过程比作在舞会中寻找舞伴的过程。回想起自己当初寻找导师的情形，本尼斯说："他们都很欣赏我的坦诚、活力、责任心，还有自制力。"

在不断地把一家羽翼未丰的公司推向成熟和发展的过程中，霍华德·舒尔茨意识到他需要找人来倾诉一下自己的恐惧和弱点。当星巴克还是个只有十一家连锁店的小公司时，舒尔茨听到了本尼斯关于领导力的演讲，并告诉自己，"我可以从这个人身上学到些东西。"

当你想要向其他人显露自己的脆弱和不安时，你会选择谁作为倾诉对象？这个人可以是你的妻子、你的好友，也可以是一位曾经向你提出过建议的导师。我向沃伦寻求帮助，每个月都会给他打一两次电话。他告诉我脆弱是一种力量，是一种人们非常重视的性格特点。当你显露出自己的价值观、自己的情感和敏感心理的时候，你会让对方感到一种力量，因为每个人内心都会有疑惑。

对导师进行比较

导师并不一定能够让你对自己感觉良好，也不一定能够告诉你该如何实现自己的目标，有时候最好的导师甚至对你非常严厉。克罗格的大卫·迪龙向我们介绍了自己职业生涯早期遇到的两位风格截然不同的导师。还在29岁的时候，他被任命为迪龙公司(在它被克罗格收购之前)Fry's超市的销售副总裁，直接效力于他的导师和该部门的总裁雷·罗斯(Ray Rose)。虽然迪龙并没有任何销售经验，但罗斯还是相信，任何懂得管理别人的人都能够轻松胜任这项工作。

有一天，迪龙接到了查克·弗雷(Chuck Fry)的电话(后者将自己的家族企业卖给了迪龙公司)邀请他一起巡视一家Fry商店。当他们在一个软饮料货架面前站定的时候，弗雷用了很长时间询问迪龙对于眼前看到的一切有什么看法。“他只是想提醒我应该多加注意店里发生的一切，可我根本没意识到他的这种想法。他解释说这种陈列商品的方式并没有考虑到消费者的感受，而只考虑到如何将经销商的利润最大化。”

很多年以后，迪龙终于了解到，弗雷之所以邀请迪龙进行这次巡视，其真正的目的是想知道迪龙是否愿意跟自己学习。如果迪龙表示出一副不情愿的样子，弗雷就打算为其换一份工作。在接下来的一年中，几乎每一天迪龙都会和弗雷待上一个小时，有时是面对面沟通，有时是电话沟通。

回想起来，我意识到自己当时并不是一名合格的销售副总裁，而且我那时甚至根本没有意识到自己的不足。我还认识到雷·罗斯对人员管理的看法是不正确的，因为你不可能找到那些懂得管理的人，把他们放到一个完全陌生的环境里，然后指

望他们能够做出良好的表现。你必须教会他们工作的一些关键要诀，而不只是书本上的理论。这是非常重要的一课。如果没有查克，我就不会在百货行业取得今天这样的成就。

迪龙的故事说明了拥有一名敢于挑战自己，而不是一味地支持自己的导师的重要性。许多领导人只喜欢那些对自己言听计从的导师。对于一名导师而言，聆听别人，提供支持是一件相对容易的事情，但要想指出别人的弱点和盲点就需要更大的勇气。

好朋友：红杉树的友谊

对于许多真诚领导者来说，交上几个能够患难与共的好朋友是一件非常重要的事情。好朋友往往都是建立在多年感情基础上的，大家彼此都能真正地了解对方。大多数人都只有少数几个好朋友，但他们彼此会保持定期联系。DaVita CEO 肯特·希里 (Kent Thiry) 把红杉树比作一种建立亲密友谊的标志。“红杉树是森林里最高、最强壮、最长寿的树。怎样才能种一棵又高、又壮、又长寿的红杉树呢？这需要时间。”

大学毕业之后，希里一直努力保持与几位好朋友之间的联系，他经常长途跋涉地去看望他们，每年都会组织各种聚会。他会用电子表格记录下每次与朋友之间的一些深度交流。除此之外，他还会想尽各种方法让大家知道这种彼此之间的友谊有多么重要。“没错，你完全可以种下一棵新的大树，但那需要时间，甚至大量的时间。如果你只是因为感到疲倦而砍倒一棵大树，这难道不是一项罪过吗？”

亲密的好朋友会在你遭遇挫折，需要鼓励时站在你身边。而当你变得狂妄自大时，他们又会提醒你，让你不要过度自信。好朋友之间加强友谊的一个方式就是向对方暴露你的脆弱，因为开诚布公是培养友谊的一个重要途径。就如同提供指导一样，友谊也是一种可以让双方都受益的双向交流。如果只是一方不断给予，另一方不断接受，这种友谊是不会长久的。

当人们一同经历生活中不同阶段的时候，他们之间会更加了解。一同经历过风风雨雨之后，好朋友就会变得更加心意相通，当你需要提醒时，他们会第一个发现，并及时向你提出。而当你脱离轨道，他们也会及时感觉到，并且会立刻告诉你。

一些固定的活动可以让人们之间的友谊变得更加持久。美敦力紧急回应系统总裁克里斯·欧康奈尔 (Chris O' Connell) 在商学院里曾经交过 7 个最好的朋友。“我们每年都会聚到一起，到一个度假圣地过上 4 天。毕业十二年来，这种聚会从来没有间断过，也没有任何一个人缺席。每次聚到一起的时候，我们大多数时间都用在了规划下一次旅行而不是享受当前的这次旅行上。我们每年都会花很多时间讨论这种问题。”

许多领导者都喜欢交一些与自己的组织或工作无关的好朋友。Vanguard CEO 杰克·布伦南 (Jack Brennan) 喜欢跟几位与自己工作毫无关系的医生和律师交往。“交上几位和工作毫无关系的好朋友是一件对自己非常有好处的事情。”

往往只有在那些最艰难的时刻，领导者才会发现谁是自己真正的朋友。唐纳·杜宾斯基回忆道，“2001 年，就在网络泡沫破灭之前，我曾经是一名‘纸上亿万富翁’，很多人都发疯一样地追在我后面，希望成为我的朋友。可当网络泡沫破灭时，这些人都弃我而去，只有那些真正的朋友才会留下来陪我渡过难关。”

当理查德·泰特在人生最低谷的时候，他感觉自己非常需要一位真正的好朋友。创建棋盘游戏公司 Cranium 之前，他曾经是微软公司一颗冉冉上升的明星，曾经被选为 1994 年“年度员工”。但在经过连续 10 年每周 80 小时的工作之后，他开始对自己的生活感到厌倦，

于是决定辞掉自己的工作。他回忆道，“我感到自己陷入了迷失。于是我告诉自己，‘该是离开的时候了’。”

在接下来几个月里，泰特每天在家里晃来晃去，希望能够想出一些创业计划。“这是一段非常黑暗的时期。我整个人陷入了彷徨和无助的境地，每天穿着睡衣待在地下室。只有在迎接妻子下班时，我才回到正常的生活中。”

在这段时间里，泰特在微软的老朋友布鲁诺(Bruno)经常过来看望他，和他长谈。“他是我最信任的朋友之一。在我生命中曾经3次扮演角斗士的角色。”泰特说，“我可以完全告诉他我的弱点和困惑。布鲁诺总是对我充满信心，教我要忠于自己的内心。他总是会告诉我，‘你会想出办法的。’6个月之后，我终于产生了创办棋盘游戏Cranium的想法。”

你的个人支持群体

个人支持群体是帮助你获取智慧和建议，进而提高领导能力的最有效的途径之一。最有效的个人支持群体通常会定期聚会，讨论个人生命中那些最重要的东西。在聚会的时候，大家可以一起设计一个讨论的框架，以保证谈话不会偏离主题，一场经过仔细构思的谈话会让每个人都沉静下来，认真探索自己的内心，并向大家描述自己遇到的挑战。

对于如何应对生活中的意外，沃伦·本尼斯曾经告诉领导者，“一定要建立一个可以告诉你真相，而你也可以跟他们坦诚相对的群体。”

如果你身边聚集了这样一群人，其他还有什么大不了的呢？像“9·11”这样的事情是谁也不可能事先做好准备的，你也不可能像个预言家那样预料未来会发生什么事情。所有你能做的，就是尽可能地理解眼前的现实处境。

1974 年，我参加了一次周末度假活动，度假结束之后，我们一起组织了一个男子俱乐部，并决定在每个周三早晨开始工作之前举行一次 75 分钟的聚会。三十多年过去了，我们仍然坚持这种聚会形式。每次聚会开始时，我们首先会了解彼此的生活情况，讨论彼此遇到的困难，然后会根据八位成员中的某一位选定的主题，比如说“我们想给这个世界留下什么东西”进行讨论。这些讨论往往都是开放式、探索式的，而且往往都非常深刻。进行这些讨论的关键就是要保持“坦诚”，每个人都要说出自己真正想说的话，不用担心会受到别人的评判或者是指责。

这么多年来，作为这个俱乐部的成员，我们大家一起经历了许多人生中的关键时刻，比如说孩子出生、孙子出生、离婚、升职、失业、重病，甚至死亡。有时候我们会一起前往一个度假胜地，或者是与我们的配偶一起举行一次聚会，但我们最主要的活动仍然是每周三早晨的会议。所有成员都觉得这个俱乐部已经成了我们生命中最重要的东西之一，它让我们可以澄清自己的信念、价值观和对一些主要问题的理解，同时还可以为我们提供最重要的反馈。

Piper Jaffray 的泰德·派珀一共参加了 3 个这样的群体，它们帮助他度过了自己生命中最艰难的时期。他回忆道：

> 如果你在 20 年前告诉我，“你应该加入三个群体，和大家一起定期聚会，讨论一些诸如自己的情感和上帝之类的问题”，我会告诉你，“谢谢，不过我从来不参加任何群体。”可如今，它们已经成为了我生命中最重要的部分。每次和大家聚会之前我都会充满期盼，因为他们会帮助我成为一个完整的人。

15 年前，派珀曾经接受过化学依赖性治疗，那次治疗结束之后，他加入了一个嗜酒者互戒会 (Narcotics Anonymous，1935 年成立于美国俄亥俄州，总部设在纽约，以酒鬼帮酒鬼的方式，鼓励酒瘾患者重建生活，目前在全球逾 140 个国家都有组织。——译者注)。他告诉我们："他们都不是 CEO。"

> 那只是一群非常友好而勤奋的人，他们努力让自己保持清醒，希望能过上富足的生活，他们之间彼此坦诚相待，而且不忌讳暴露自己的弱点。我们甚至会告诉对方我们治疗化学品依赖的情况，以此来鼓励对方坚持下去。我感觉自己的身边围绕着一群与自己志同道合的人，他们不仅只是在口头上说说，而且还会采取实际行动。

并非所有人都可以像派珀那样幸运，能够同时加入 3 个群体。但即便只有一个，不也是一件很美妙的事情吗？建立一个能够让你信任的小群体是保持人生方向的一个重要途径，同时它也可以在你最需要帮助的时候为你提供必要的建议和支持。

建立职业支持网络

许多领导者都会在自己的组织内和组织外建立一个同行网络，这样他们就可以在一些重要的问题上征求更多人的意见和建议，并在适当的时候为别人提供必要的指导。eBay 的多纳霍发现："一个人总是可以从其他人那里学到一些东西。" Nektar Therapeutics 主席罗伯特·切斯 (Robert Chess) 指出："每当我发现有人很擅长某件事情的时候，我总是会立刻想到如何把它应用到自己的工作中。"

有些领导者非常重视参加各种执行官圆桌会议或者是像青年总裁组织 (YPO) 这样的职业组织。YPO 可以为年轻执行官们提供一个畅所欲言并提供一个相互交换想法、彼此学习的网络。

学会在自己的组织内部建立一个同级的支持结构也是非常重要的，因为你的同事往往都有着一些与你类似的经历，他们能够提供给你一些实时的反馈意见，你们可以自由地交换思想。在任何一个组织中，高层领导者都是非常孤独的，所以有些领导者会经常从自己的下属那里征求意见。

你的个人董事会

每当遇到关键问题的时候，CEO 们总是希望从公司董事那里得到建议，那么为什么不建立一个你个人的董事会呢？你的个人董事会可以包括一些你非常信任的私人和职业顾问，一些你尊敬的同行，你可以征求他们的意见，分享他们的智慧。你的团队还可以包括你的好友、导师、律师、财务顾问，或者是个人教练。你可以经常征求他们的意见，尤其是面临一些非常困难的决定时。

在领导旅途上，你可能会遇到很多意料之外的问题。生活总是充满挑战，既有道德上的挑战、职业生涯转变或者是职业倦怠，又有一些看似无法调和的人际关系上的挑战，还有一些婚姻家庭问题、人生的孤独等，有时候你可能感觉自己迷失了方向，甚至是偏离了自己的真北。

想要单凭一己之力回到自己的轨道上来是一件非常困难的事情。这时候你就需要一个支持团队。一定要在危机发生之前建立这样的团队，因为只有这样，你才可以在最无助的时候及时得到帮助。

第 7 章练习：建立你的支持团队

读完第 7 章之后，下面的练习将会帮助你对自己生活中的重要关系进行排序，并帮助你更好地建立自己的支持团队。

1. 列出你生命中最重要的人际关系，包括当前的和以往的：
   - 你最重要的朋友是谁？
   - 为什么这个人对你如此重要？你会怎样向这个人寻求支持？
2. 你的家庭出身：
   - 你的家庭出身对你的生活，尤其是你的职业发展产生怎样的影响？
3. 是否有某位老师、教练或顾问对你的成长产生过至关重要的影响？
4. 导 师：
   - 在你成长为领导者的过程中，哪些人对你提供过指导？
   - 在你成长为领导者的过程中，最重要的导师有哪些？
   - 他们是如何帮助你成长的？
   - 你们是如何建立一种双向关系的？
   - 你准备如何进一步改善你和导师之间的关系？
5. 朋 友：
   - 你的朋友是如何帮助你成为一名更好的领导者的？
   - 遇到问题的时候，你通常会向哪些朋友求助？
   - 你是否会坦诚地向朋友倾诉你所遇到的问题？你们之间能彼此坦诚相待吗？
   - 描述一下曾经在一段时间里让你和对方都受益的关系。你采取了哪些做法让这段关系变得如此持久，如此有意义？
   - 描述一下一段并不成功的关系（部分是由于你的原因）。如果有机会重新再来，你会采取哪些不同的做法？
6. 个人支持团队：
   - 你是否有一支个人支持团队？如果答案是肯定的话，那么它在提高你自己和你的领导能力方面起到了怎样的作用？
   - 如果你从来没有建立过个人支持团队，你是否打算建立一支？如果答案是肯定的，你希望邀请哪些人加入？

7. 职业支持网络：
   - 你是否拥有一个职业支持网络，或者说你是否希望建立一支职业支持网络？
   - 对你来说，这样一个网络应该是怎样的？
   - 你希望哪些人加入到你的职业支持网络中来？
8. 个人董事会：
   - 你想要创建一个个人董事会吗？如果答案是肯定的，你希望邀请哪些人加入到你的个人董事会中来？
   - 具体来说，你希望邀请哪些人加入你的董事会？
   - 你准备如何管理自己的董事会？你又会为这个董事会做些什么？

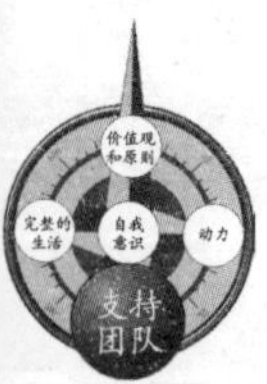

第 8 章

快乐工作，精彩生活

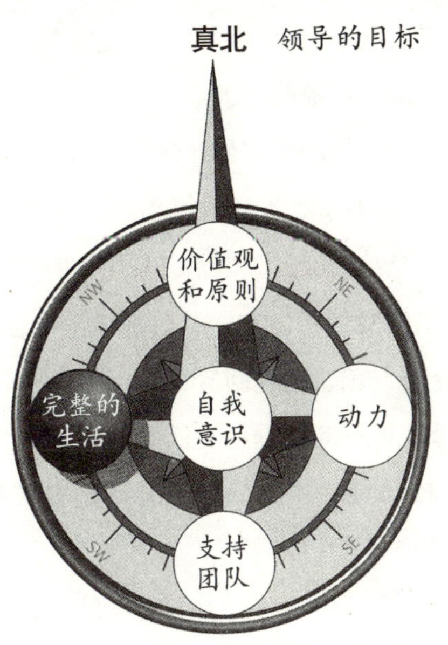

只要一不小心，你就会被这个世界所控制。

所以要想真正地认清自己，你一定要作出清醒的选择。

——约翰·多纳霍

eBay 总裁

The world will shape you if you let it.
To have a sense of yourself as you live,
you must make conscious choices.
——*John Donahoe, president, eBay*

1983年秋天一个宁静的夜晚，eBay的约翰·多纳霍当时还是一个年仅23岁、精力充沛的小伙子。在波士顿的一家餐厅里，他正和自己的未婚妻爱莲(Eileen)放松地享受晚餐。虽然从大学毕业只有一年，但身为咨询分析师的多纳霍已经在贝恩公司为自己赢得了良好的声誉。一谈到自己的职业前景，他的眼睛就开始闪闪发光。

随着晚餐接近尾声，爱莲开始担心约翰可能会为了工作舍弃一切。她告诉约翰，经常的加班、出差以及工作时所承受的巨大压力很可能会让他们的感情变得不稳定。然后她话里有话地问道："这真的就是你想要的吗？"约翰坚定地回答："当然不是！"接着他从口袋里掏出一张Shawmut银行的收据在背面写道：我不会一辈子做管理顾问。然后签上了自己的名字。约翰回忆道：**"她实际上是在告诫我，'要学会忠于自己的内心'。"**

当多纳霍逐渐成长为贝恩全球执行董事的同时，他也在努力让自己过上一种真诚的生活。"我最终的目标是要能够对这个世界产生某种影响，成为一名真诚的企业家、父亲、丈夫、朋友，一个我想要成为的人，这是我的最高目标，也是我的终极挑战。"

对于真诚领导者来说，无论是在家里还是在工作时，忠于自己是他们所遇到的最大考验，而个人的成功正是他们所得到的终极奖赏。按照多纳霍的说法，"过上自己满意的生活是一种值得为之努力的追求。"多纳霍发现，整合自己的生活能够大大地提高工作效率。

我每天都在挣扎，每天都在做出各种取舍，而且这种挣扎

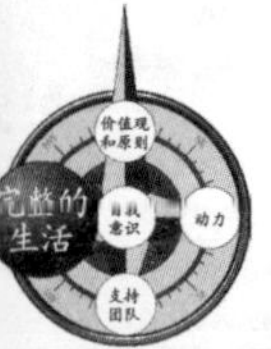

并不会随着年龄的增加而减轻。我的个人和职业生活并不会此消彼长。毫无疑问，是我的孩子们大大提高了我的工作效率。拥有坚定的个人生活让我的人生截然不同。

整合自己的生活是领导者所遇到的最大挑战之一。要想过上一种完整的生活，你需要将个人和职业生活中的所有要素，包括你的工作、家庭、邻居，还有朋友，都整合到一起，只有这样，你才能真正做到在任何时候都保持自己的本色。多纳霍反复强调，要想过上一种真诚的生活，你需要不断努力。“无论你在哪里，要想保持自己的真诚和自我意识，不断地学习和成长，你都需要付出持之以恒的努力。”

真诚领导者总是能经常提醒自己保持平衡的重要性。为了做到这一点，他们会努力避免在人生攀上高峰时过于骄傲，也会尽量避免在人生遭遇低谷时迷失自己。为了忠于自己的内心，他们会尽可能的与自己的家人和好友们在一起，经常进行体育锻炼，经常做一些精神上的练习，做一些社区服务工作，或者经常回到自己儿时成长的地方。这对他们提高自己的领导效率都是非常重要的，因为这可以使他们更好地保持自己的真诚。

“只要一不小心，你就会被这个世界所控制。所以要想真正认清自己，你一定要作出清醒的选择。”多纳霍说，“有时候选择真的是一件非常困难的事，而且你也会犯很多错误。”多纳霍一生中最重要的决定之一是在他就读商学院期间做出的。第一学期是他一生的求学经历中最紧张的一段经历。当时爱莲和多纳霍第一个孩子的预产期正是他期末考试之前的那天晚上。那时多纳霍问自己，到底什么更重要？是孩子的出生，还是自己的分数。答案很快就变得非常明显了。

虽然此前他几乎在所有考试中都名列前茅，可这次多纳霍还是决定放弃对高分的追求。“这真是非常奇怪，我这次给自己找了个借口，让自己不再追求高分数。我必须接受这样一个事实，我可能不会所有的科目都得 A。"虽然距离期末考试越来越近，可多纳霍还是决定花更多时间和爱莲在一起。当他的同学们感觉压力越来越大的时候，多纳霍却感到前所未有的轻松。

让他感到更加不可思议的是，多纳霍最终居然获得了全班最高分。"我显然不是班里最聪明的学生，我之所以能够取得这样的成绩，完全是因为我在某些问题上提出了一些与众不同的想法，"他说，"我清楚地记得，当人们感到巨大压力的时候，他们就会犯一些基本的错误。这次经历让多纳霍意识到，生活原来可以成为自己的好朋友。

几年以后，多纳霍再次遇到了人生中一系列艰难的选择。法学院毕业之后，爱莲接受了一位联邦法官的聘用，但这份工作要求她每天早晨 7 点 30 分就开始工作，而多纳霍的工作则需要经常到外地出差。多纳霍当时别无选择，只能每天亲自送两个孩子上学。

多纳霍只好走进了贝恩旧金山分公司总经理汤姆·蒂耶尼 (Tom Tierney) 的办公室，告诉他自己别无选择，只能辞职。蒂耶尼笑着说："约翰，我们可以想办法来解决这个问题。"然后他把多纳霍派给了一位本地客户，这样他就可以每天在赶往客户那里之前先把孩子们送到学校里。

多纳霍非常吃惊地看到，他的客户们居然完全理解他所作的选择。他坦诚地告诉自己的客户："这点对我非常重要。这并不是说我不愿意努力工作，但我真的没办法在早上 10 点之前来到这里。"

> 客户对我的做法表示肯定，他也非常欣赏我的工作能力。如果是以前，我想我可能根本没有勇气告诉他这些。在工作的时候，人们总是想让自己显得强硬一些，似乎这样才能让周围的人感觉你可以控制一切。这一年对我来说无疑非常重要。

多纳霍还发现，他的生活越是完整，越是忠于自己的内心，他的

领导效率就越高。“这一年客户对我的评价是最好的。当我们的客户对我的决定表示理解时，我就会变得更加放松。”他回忆。通过向自己的团队和客户们显露自己的弱点，他发现整个团队的表现都有所改进，客户关系也随之得到了进一步加强。

在接下来的1年里，多纳霍被任命为贝恩旧金山分公司的主管。担任这一职位6年之后，他开始对这种快节奏的生活感到精疲力竭，于是想要在两个儿子长大成人之前多抽些时间和他们在一起。于是他把手头的工作交给了自己的同事，并给自己放了一次3个月的长假。“我开始重新思考自己的生活，也给了自己一个与家人走得更近的好机会。”他们一家人一起去了欧洲，然后多纳霍开始利用周末带妻子和四个孩子去旅行。

重回贝恩公司，他感觉自己浑身充满了干劲。1年之后，他接替了蒂耶尼的位置，被任命为贝恩公司全球总经理。就在任命消息下达的同时，美国经济开始迅速下滑。这时他的一个孩子也出现了健康问题，这一切都给他带来了前所未有的考验。“就在我被任命为总经理之后不久，咨询行业就遭遇了30年来最大的危机，而孩子的健康也出了问题。”

> 这是我一生中遇到的最大难题。我的家人、朋友、教练和同事们都为我提供了巨大的帮助。生活迫使我在工作中变得真诚，迫使我在工作中暴露自己的脆弱，因为生活会让一个人变得谦卑。

多纳霍的做法拉近了他跟伙伴们之间的距离，并帮助他们在行业不景气的时候更加紧密地团结在一起。通过勇敢地面对自己的脆弱，多纳霍学会了让自己的生活保持平衡。“我对自己身边的人充满了信任。我们一起讨论未来的方向以及该如何到达那里。”他相信，自己之所以能做到这一点，完全是因为他能够在遇到压力时很好地保持个人生活和职业生活的平衡。“因为我把很多情感都给了家人，所以我不会因为咨询行业的萧条而在情绪上有太大波动。这反过来又大大提高了我的领导能力。我想，我留给贝恩合伙人最大的资产恐怕就是带领大家一起走过困境的那段经历了。”

虽然距离他们在波士顿餐厅的那场谈话已经过去20年了，可爱莲·多纳霍并没有忘记Shawmut银行的那张签字条。“我仍然把它放在我的钱包里，”她说，“多年来，我曾经无数次地抽出这张纸条。”就这样，多纳霍一家成功地迎接了生命中的一次又一次挑战，努力地过着一种真诚的生活。他们的经历不仅告诉我们该如何通过努力过上一种有意义的生活，而且还让我们看到了这种努力将会给你带来怎样的回报。

学会选择与取舍

沃伦·本尼斯并不喜欢平衡这个词。“平衡是一个工程用语，意思是当你在两边都放上一个小物品的时候，如果你做得足够好，你就可以得到一个平衡的结果。可事实上，我们的生活总是摇摆不定的。所以我们每天面对的都是选择，而不是平衡。”

可能大多数人都没有意识到，我们每天都要作上百个选择，其中有很多是下意识或者是无意识的。一旦发现自己的选择是错误的，我们就会努力从这些错误当中学习。慢慢的，我们就会发现自己的生活原来是由一系列的选择组成的。杨·罗必凯的安·傅洁强调根据自己的价值观作出选择的重要性。

一定要学会思考我们的选择可能会对自己的生活产生怎样的影响，问问自己：“我需要付出什么？我能学到什么？”我不

知道自己还有多少时间留在这个世界上。我希望自己在走进坟墓的时候能毫无遗憾。

当领导者谈到自己所遭遇的挫折时，他们总是说这些经历会迫使他们扪心自问："我生命中真正重要的东西到底是什么？"提出这个问题可以帮助领导者做出一些更加清醒的选择。施乐公司的安·马尔科尼说："我在工作上 100% 投入，并知道努力就会有一个好前途，但对我来说，家庭才是生命中最重要的事情。我喜欢施乐，愿意为它做出巨大的牺牲，但我的家庭才是最重要的。为了家庭，我们已经作出了许多选择，要想得到一些东西，你就必须学会放弃另一些东西，就这么简单！"

由于工作关系，马尔科尼的丈夫，一位在施乐工作了 36 年的老员工，要经常到外地出差，但是他们决定，每天晚上都要有一个人在家里陪伴孩子们。他们还决定，不管出现什么情况，都不要搬家。所以无论遇到什么情况，哪怕是要到很远的地方出差，他们也会努力赶回家。"在成为施乐 CEO 的同时又坚持不搬家，并不是一件容易的事情，但我们还是做到了。在施乐，我们希望员工把自己的家庭放在第一位。我们不会让员工作出一些无法接受的取舍。"

23 岁的戴维·达尔斯特 (David Darst) 是我们采访过的最年轻的领导者，为了同时经营一家企业和一家非营利性机构，他付出了常人难以想象的努力。他想尽一切办法让自己的工作充满乐趣，抽出时间去做运动，通过听音乐来减轻压力，和好朋友进行交流。要做到这些并不容易。"除非找到一份能让我充满热情的事业，否则我绝对不会放弃眼前的一切。"

希悦尔 (Sealed Air) 前任 CEO 德莫特·邓菲 (Dermot Dunphy) 曾经非常担心家庭问题会影响自己的领导工作。虽然大多数人总会尽量地将家庭和工作分开，但两者之间还是会不可避免地出现交叉。邓菲注意到，“毫无疑问，**幸福的个人生活是提高一个人领导能力的重要因素。**”

水桶理论

许多领导者都会通过综合自己生活中的某些方面，家庭、工作、朋友、邻居以及个人时间等来整合自己的生活。Vitesse 学习公司的创始人，前任 CEO 菲利普·麦克雷 (Philip McCrea) 说：“我用四个水桶代表我生命中最重要的那些领域。”

> 第一个是我的职业；第二个是我的家庭；第三个是我的社区和好朋友；第四个是我喜欢的个人活动。如今第三个和第四个早已离我而去。但我并没有感到遗憾，因为我已经填满了前面两个水桶。到了 40 岁的时候，我希望能够更好地填满第三和第四个水桶：抽出更多的时间去参加社区活动，和好朋友交往，做一些自己喜欢做的事情。从长远来看，我并不希望为了追求事业而在自己人生的其他领域留下空白。

麦克雷的妻子安妮卡 (Annika) 是一位前途无量的管理顾问，他们两人做出了一个艰难的决定：从头开始，像组建一个家庭那样创建一家公司。由于家住旧金山，而公司的很多客户，主要是一些大型制药公司都在东海岸，所以麦克雷几乎每个星期都要在美国东西岸之间飞来飞去。最终他不得不面对一个艰难的选择：要么放弃家庭生活，要么全家搬到新泽西，以便更好地接近自己的客户。权衡之后，他们选择了后者，而安妮卡也成功地说服了公司把她调到康涅狄格州的总部。就这样，他们顺利地搬了家，虽然还是要经常外出工作，可离家的时间却大大缩短了。

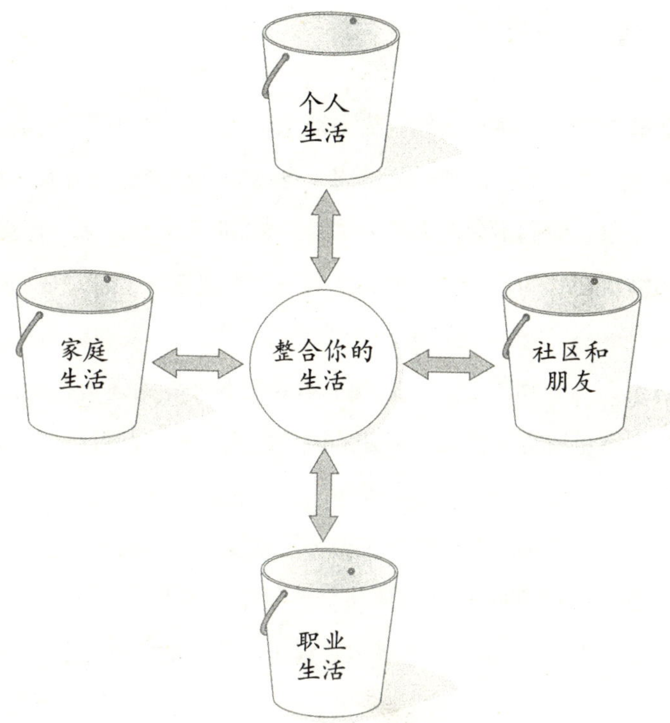

图 8.1 整合你的生活

要想成为一名合格的领导者，你需要作出巨大的牺牲，尤其是在一些比较艰难的时期：当填满某些水桶的时间明显不足的时候。AT&T 前任执行官盖尔·麦加文说："很多人都问我个人生活和工作能否兼顾，我可以肯定地告诉你，完全可以。但你必须意识到自己不可能在所有问题上都投入百分之百的精力。要想兼顾自己的职业和个人生活，你必须学会心安理得地放弃很多东西。"

为了减轻压力，麦加文请人帮助自己照顾孩子，慢慢学会了不再操心家务事以及租借的录像带是否按期归还之类的问题。"一旦你意识到自己根本不可能同时成为一名超级家庭主妇、超级成功人士、超级母亲、超级妻子时，你就不会为不能做到这一切而感到愧疚了。"她总结说。

整合使你的生活保持平衡

要想整合自己的生活，你首先必须忠于自己的内心，尤其是当外部世界陷入一片混乱时。那些能够忠于自己的领导者都会给人一种沉稳自信的印象。他们不会今天给人一种感觉，明天又给人另一种感觉。整合生活需要相当的自制力，尤其是当一个人遭遇压力时更是如此。

领导是一件需要承受巨大压力的工作。当一个人需要为整个组织，为员工，为公司的业绩，以及不断变化的外界关系负起责任时，你很难彻底避免所有的压力。所处的职位越高，你控制自己命运的能力就越强，但你所承受的压力也就越大。问题并不在于你能否避免这些压力，而是你能否保持自己的平衡力。就像我以前的一位同事所说的那样，"只有到死的时候，你才不会感到任何压力。"

当美敦力的克里斯·欧康奈尔遇到压力时，他说："我可以清楚地感到自己正慢慢陷入一种消极思维。当状态很好时，我整个人都会变得非常积极，感觉自己什么都能做到，无论是在家还是在公司里。"但当欧康奈尔的状态变得消极的时候，"我的工作效率就会大大降低，在家的状态也会很差。可见积极和消极的情绪都会影响到一个人的工作和家庭生活。"

尤其是在陷入动荡不安的状态时，你一定要学会保持冷静。贝尔金 (Belkin) 公司的马克·雷诺索 (Mark Reynoso) 曾经做过一个非常简单的比喻："如果有 100 个球正在向我砸来，而我只能抓住其中 2 个，我就不会为无法抓住其他 98 个球而感到遗憾，我会告诉自己，'当你只能抓到 2 个球的时候，就一定要确保你抓到的是自己生命当中最重要的 2 个球。'"

关心你的家庭

雅芳公司 CEO 钟彬娴还记得一天早晨的情形：由于被提名为"年

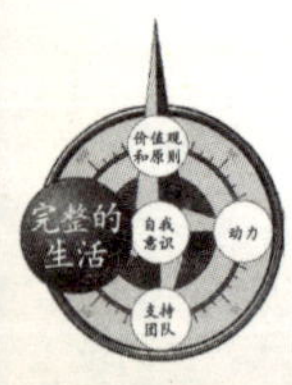

度老板”，她急着参加一个会议。可当她告诉自己的儿子要快一些时，儿子却说：“你又不是我的老板。”她回忆道：“我马上就要对3 000人发表演讲，对员工而言，我是老板，可我不得不承认，我对自己的孩子毫无控制权。”

无论你处于什么位置，家庭始终是生活的基础。华纳兄弟公司每年投资制作25部电影，而阿兰·霍恩则是公司投资的最终决定者。正因为如此，他被《娱乐周刊》列入了“最有权力的执行官”榜单。几乎每个假期他都会收到大明星们送来的贺卡和小礼物。好莱坞的大多数制片人通常都会在办公室里挂上自己与汤姆·克鲁斯、茱莉亚·罗伯茨，或者是布拉德·彼特合影的照片，但和他们不同的是，你很难在霍恩的办公室里找到这些明星的照片。事实上，你会发现他的办公室里挂的都是自己家人的照片。

谈到这个问题时，霍恩指了指自己的座位说：“一旦其他人坐上这个位置，我身上所有的光环就会瞬间消失。这些人会找到我的继任者，但我的孩子不会离开我。”然后霍恩停顿了一下，深情地说：“虽然我的父亲只是一名酒吧招待员，但他仍然是我生命中最重要的人。”

Aramex国际创始人兼CEO法蒂·甘朵尔(Fadi Ghandour)是一位颇受尊重的中东商人，他每年都会带着儿子潜水。甘朵尔之所以这样做，是因为他觉得自己当年和父亲在一起的时间实在太少了。“所以我尽可能多地与孩子在一起，”他说，“这是与家人保持关系的最佳方式，同时对我来说，这也是最放松最享受的生活方式。”

美敦力前任高级副总裁——克里斯·约翰逊

你不可能面面俱到。随着双职工家庭的增多，年轻领导者在家庭和工作方面遇到了比前代人更大的压力。由两位全职父母组成的家庭几乎从来没有足够的时间聚在一起，更不要说拥有个人时间或参加社区活动了。

克里斯·约翰逊(Kris Johnson)曾经是美敦力一颗冉冉升起的新星，20世纪80年代，她成功地将自己负责的对外关系和商业战略部门带到了一个新的发展阶段。随后她又将公司的植入型除纤颤器业务发展成为一个价值30亿美元的业务。她的丈夫罗伯(Rob)也是Cargill的一名高级执行官，两人共同抚养两个女儿，但克里斯要承受更多的情感负担。多年以来，克里斯每次都会去观看女儿参加的比赛项目，并且去外地参加商务会议时也会经常带上她们。

克里斯和罗伯最终决定向外界寻求帮助。她还记得自己的一位导师曾经说过:“你可以付钱请人来帮你做一些你不想做或是没有时间去做的事情。你有足够的钱，但是不如用它去给自己买些轻松。”刚开始向母亲寻求帮助的时候，克里斯还感觉有些尴尬，可她很快发现自己必须作出一些改变。

在被提拔负责经营美敦力的全球血管业务之后，克里斯发现自己总是要花费大量时间在国外出差，与家人待在一起的时间越来越少。刚开始时，她努力想办法像美敦力其他成员一样过上稳定的生活，但最终发现，要想更好地掌控自己的生活，抽出更多的时间和女儿们在一起，她就必须改变现在的生活。

于是克里斯决定离开美敦力，成为了一家以保健产品为主的中型投资公司的合伙人。新工作让她有了更多自由，她可以更好地平衡自己的工作和生活了。几年之后，一次出乎预料的健康危机让她意识到自己当初的决定是多么正确。“和女儿们一起参加那些重要的活动，去大学里看望她们是我生命中最重要的事情之一,一旦错过了，可能会造成永远无法弥补的缺憾。”她说。

克里斯·约翰逊的故事说明，虽然你有能力做很多事情，但你不可能同时做到一切。作为杰出的执行官，克里斯和罗伯在自己的家庭和事业问题上作出了正确的选择，这样他们可以在追求事业的同时也能够在孩子成长的关键阶段陪伴在她们身边。

忠于你的根

回到自己出生的地方也是一种保持生活平衡的重要方式。就像霍华德·舒尔茨经常会回到布鲁克林一样，比尔·坎贝尔也会经常跟自己在宾夕法尼亚州霍姆斯泰德 (Home stead) 的老朋友们保持联系，这样他才可以在硅谷时刻保持清醒的头脑。Infosys CEO N.R. 纳拉亚纳·穆尔蒂的女儿阿卡沙塔·穆尔蒂 (Akshata Murthy) 从小在班加罗尔长大，她会经常回印度看望自己的亲朋好友。她告诉自己，有朝一日一定要改变家乡人的生活。

为了重新找回自己，让自己随时保持清醒，许多领导者都会为自己找一个特别的地方与家人共度周末或假期。几十年来，前国务卿乔治·舒尔茨和他的妻子都会去他们在马萨诸塞州的一座古老的农场。"我曾经告诉总统，'这里就是我的戴维营。'每次来到农场，我会换上自己很久以前穿过的裤子和鞋子。这让我彻底放松，什么事情也不用担心。"

释放自己压力

要想应对领导工作带来的压力，你需要留出一些私人时间来缓解压力。有些人会通过冥思或瑜珈让自己保持注意力，释放焦虑。还有一些人喜欢通过祈祷来寻求慰藉。有些人发现，工作一天之后，只要小跑一下，就可以极大地缓解压力。还有一些人喜欢和朋友一起开怀大笑、听音乐、看电视、参加体育比赛、读书，或者看电影。

选择什么样的减压方式并不重要，重要的是你要找到适合自己的方式。它能够让你释放工作和生活中的压力，可以让你更加清醒地思考关于生活和工作等问题。尤其是在比较繁忙或者艰难的时候，一定要注意，千万不要抛弃这些活动，因为越是在这些特殊时期，你也就越需要释放自己的压力。

负责领导摩根士丹利房地产部门的布兹·麦考伊(Buzz McCoy)每天都通过长跑来释放压力。“我喜欢通过运动放松自己。由于总要搭乘晚上的航班，所以我知道自己需要保持体型。”

华纳兄弟公司的阿兰·霍恩每天早晨6点起床锻炼。如果由于某种原因间断了，他第二天就会用两倍的时间来弥补。约翰·莫格里奇(John Morgridge)成为思科CEO的时候，也是每天早晨6点起床慢跑，因为正像他说的那样：“在科技行业，你必须学会早起。所以如今无论到哪里旅行，我都会把跑步鞋扔进自己的背包。”

提升精神素养

还有人通过自问：用“生命的意义和目的究竟是什么”或者“我为什么来到这里”之类的问题来理解自己存在这个世界上的意义，这也是领导者在培养领导能力过程中最重要的个人修炼。很多领导者都会积极地参加一些宗教或精神活动，有时是单独完成，有时则是与很多志同道合的人一起完成。有些人通过反省来寻找答案。有些人则通过与身边最亲近的人讨论来找到答案。

那些非常虔诚的真诚领导者总是会提到祈祷的力量，在他们看来，参加一个宗教团体或者是到教堂祈祷，会起到巨大的作用。在谈到信念时，Vitesse学习公司的菲利普·麦克雷说：“我每个星期天都会带孩子们去教堂，这是一件非常有成就感的事情。除了宗教上的满足之外，它还让我学会了沉思。每次坐在教堂长椅上的时候，我都会认真反省一个小时。”

著名的风险投资商，曾经在多个大公司董事会任职的德尼斯·欧李尔(Denise O' Leary)会去本地的一个教堂聆听格利高里(Gregorian)圣歌，而她的丈夫DaVita的CEO肯特·希里(Kent Thiry)则选择通过阅读佛经进行精神修炼。她解释说：“只有在这里，我才能找到真正的安慰。当我还是个孩子的时候，就很喜欢这种音乐风格了。这

种音乐可以让我更好地认清自己，它是一种很好的自省方式。”惠普公司执行官德布拉·邓恩喜欢在办公室里练习瑜珈，从大自然中寻找力量。“我发现，要想真正地集中自己的思绪，我就必须离开硅谷，另找一个安静的地方。”

给自己放假

休假是真诚领导者保持生活平衡的另一种重要方式。约翰·多纳霍的休假持续了3个月时间。布兰达·巴恩斯曾经用了几年时间专职照顾家庭，后来才重返商界成为Sara Lee的总裁。其他很多领导者，比如小·朱·罗杰斯 (Joe Rogers Jr.)，也都会通过休假重新调整自己的生活。

刚刚工作没有多久，罗杰斯就成了一名CEO。26岁那年，他负责经营家族的早餐连锁餐厅Waffle House。取得了一些成功之后，他准备调整公司的发展方向，这时他与身边人的关系开始陷入僵局。他解释说：“到了20世纪70年代末，我发现自己对这一切感到厌倦了。很多人都反对我的计划。最后，我不得不放手，并反复问自己：‘难道你真的想继续把脑袋往墙上撞吗？’”

随后罗杰斯给自己放了长假，他前往圣地亚哥附近的索拉纳海滩，在那里住了6个月。在这段时间里，他一边思考眼前的处境，一边学冲浪。“最后，我对自己说，‘难道真的是他们的错吗？也许是我的问题。或者我的想法并没有错，而是我的领导方法出了问题。’”

最后他返回公司，推出了一套新的战略。他告诉自己的团队，“我们将暂停扩大规模的做法，首先必须保证我们的质量。如今已经不是越大越好的时代了，因此我们在壮大之前首先要让自己变得更好。如果不能变得更好，我们也就没有权利去变得更强。”罗杰斯的团队很快地将他的这一战略付诸执行，并在这个战略指导下创造了美国30年来最成功的商业传奇之一。

融入朋友和社区

在保持生活平衡方面，真正的朋友——那些无论你得意还是失意时都可以依赖的人，是一笔无价的财富。因为他们愿意为我们提供坦诚的反馈，并会在适当的时候提出建设性的批评意见，在必要的时候对我们进行鼓励。霍华德·舒尔茨在20几岁的时候就交到了一些这样的朋友。他说："每个人的生活中都有一个核心群体，他们并不是因为你是谁或者你取得了怎样的成就才和你做朋友，这些人之所以和你成为朋友，根本原因就在于他们喜欢你本人，重视和你之间的关系。一定要和这些人保持密切的关系，这点非常重要，因为你跟他们之间的关系会让你的生活保持平衡，并让你时刻保持谦卑。"

与遭遇不幸的人保持联系也可以帮助领导者更好地了解自己，了解自己身边的世界所发生的一切。DaVita地区运营总监丽萨·大卫(Lisa Dawe)指出，正是在一次艾滋病活动期间与病人的互动让她真正意识到现实世界究竟是什么样子。"如果每天都沉浸在日常领导工作中，我很容易就会失去自己的核心动力。"

> 一定要与人们保持一对一的接触，而不只是简单地制定一份筹资计划。这点非常重要。和艾滋病患者的接触让我感受到了人性的另一面。我坐在他们床边，看着他们一个个死去。这让我更好地理解了生命本身，并深切感受到自己是如此幸运。这段经历让我彻底理解了人生的真正意义。

定义你的成功

你对自己的成功是否已经作出了清晰的定义？如果没有弄清这个问题，其他人很可能就会来定义你的成功，并开始按照他们的成功定义来左右你的生活。只有当你确定了自己生命中哪些东西是最重要的时候，你才能更好地安排自己的生活，成为一名卓越领导者。

每个人对成功的定义都各不相同。约翰·多纳霍很早就为自己确立了明确的成功标准。他的标准就是：自己能够影响生命的数量以及努力成为一名理想的丈夫、父亲、朋友和一个完整的人。希悦尔的德莫特·邓菲鼓励企业家们在一开始就确定自己的成功标准。“我的成功标准有三点。”他说。

> 最重要的是爱与被爱；第二个是要得到别人的尊重；第三个是要保持自豪感。这是一种你每天早晨照镜子时应该产生的感觉。

打造完整生活

到底什么样的生活才算完整呢？要想让自己的生活真正变得完整，你需要学会整合生活中的方方面面，因为只有这样，你才能在各种情况下对自己保持忠诚。不妨把你的生活想象成一栋房子，卧室代表你的个人生活，书房代表你的职业生活，起居室代表你的家庭，客厅代表你的朋友。当你走进不同房间的时候，你会感觉自己始终是同一个人吗？

无论在哪一个“房间”，却都能保持始终如一的“真我”，就说明你已经开始学会让自己的生活保持完整了，这样你就可以成为一名真正的真诚领导者。

第 8 章练习：塑造完整的领导者

下面的练习将会告诉你该如何将生活的各个方面结合起来，从而帮助你过上一种更加完整的生活。我们相信，通过将自己生活的所有方面综合成一个整体，你就可以成为一名更加高效的领导者，并过上一种更加满足、更加有成就感的生活。

个人生活

1. 在你的个人生活当中，最重要的东西是什么？
2. 你如何为自己和个人发展留出时间？
3. 你如何培养自己的内心生活？
4. 选答题：你是否会定期做一些精神练习？这些练习怎样帮助你过上更加完整的生活？

家庭生活

1. 你的家庭生活中最重要的方面是什么？
2. 随着你对家庭的责任越来越多，你的时间分配发生了怎样的变化？
3. 你如何管理自己的时间冲突？

朋友和社区

1. 你的朋友如何帮助你过上更加完整的生活？你投入多少时间培养你们之间的友谊？
2. 你的社区是你生活的一个内在组成部分吗？
3. 你如何为自己的社区提供服务？
4. 社区服务如何让你变成一名更好的领导者？
5. 你将如何为自己所在的社区提供服务？

职业生活

1. 你通过怎样的方式确保自己的职业生活更加平稳？
2. 你的家庭生活、个人生活、友谊以及社区生活是否对你的职业生活有所帮助？

3. 你如何应对职业生活的诱惑和压力，并同时保持自己的真北？

做出选择和取舍

1. 在生活的各个方面你曾经做过的最艰难的选择是什么？以后遇到类似问题的时候，你还会作出同样的决定吗？

2. 你当前所面临的最困难的取舍或选择是什么？

3. 你准备如何平衡生活各个方面要求？

衡量你的成功

1. 你当前如何衡量自己的成功？你的个人记分板是什么？

2. 你为自己确立的长期目标是什么？

3. 现实生活中，什么东西能够给你带来最大的幸福？

4. 你希望自己能够对其他人产生怎样的积极影响？

整合你的生活

不妨把你的生活设想成一栋大房子，其中卧室代表你的个人生活，书房代表你的职业生活，起居室代表你的家庭，客厅代表你的朋友。

1. 你能否拆掉这些房间之间的墙壁，在每个房间里都能表现出真实的自己？

2. 你能否在每个环境中都能表现一致，或者你在不同的房间里会判若两人？

第三部分

领导之旅中的授权艺术

在讨论了领导者应如何发现自己的真北之后，下面让我们讨论一下真诚领导者应当如何授权。要想做到这一点，关键的一步就是要重新理解自己的人生经历，追随自己的激情，并通过这种方式确立自己的领导目标。然后领导者就可以激励其他人来担负起必要的领导责任，带领更多人实现整个团队的共同目标。

要想让自己的领导效用发挥到最大，领导者首先需要修炼个人风格，利用自己的权力激励队友作出优异表现，并以此来确立自己的影响力。优异的表现可以为真诚领导者及其队友确立名声，并进而为他们赢得更多的权力，争取到更多资源。这样，真诚领导者就可以形成一个良性循环，带动更多人成为真诚领导者，并为实现共同目标而努力。

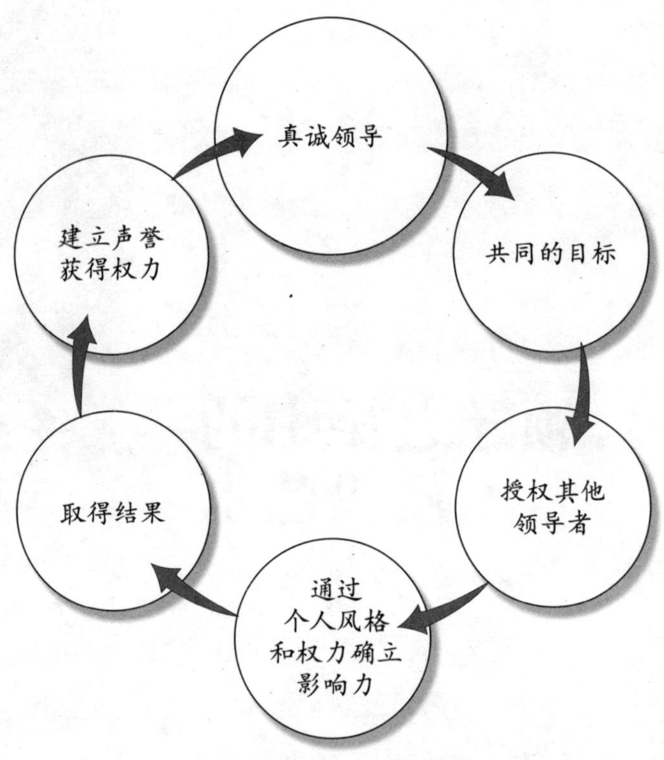

真诚领导者的效用

第 9 章

用目标和激情去领导

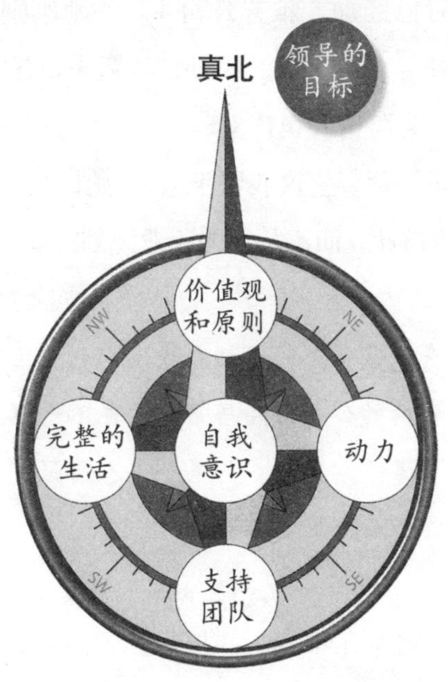

告诉我，如果你只有一次狂野而珍贵的人生，你准备用它来做什么？

——《夏日》(*The Summer Day*)
玛丽·奥利佛

Tell me, what is it you plan to do
with your one wild and precious life?
—— *"The Summer Day,"* by Mary Oliver

1998年，钟彬娴在其漫长而辉煌的职业生涯中第一次遇到了重大挑战。当时已经加入雅芳公司4年的她刚刚错过了被提拔为CEO的机会，董事会任命一位公司外部成员来担任这一职位。“当时有另一家公司提出要聘请我担任CEO，但时代公司CEO安·莫尔，同时也是雅芳公司的董事建议我留下来，”她回忆，“她告诉我，‘一定要跟从你内心的指针，而不是你的职业规划时间表。’”

> 我爱上了在雅芳所做的一切。我意识到自己宁愿在一家能够对社会产生影响的公司里屈居第二，也不愿意在一家毫无社会影响力的公司里做到第一。如果一个人要强迫自己做并不喜欢的工作，那么付出的代价就太大了。

钟彬娴最终决定留在雅芳，并担任雅芳总裁兼董事。这个决定彻底改变了她的人生轨迹。20个月之后，随着新上任CEO的辞职，钟彬娴于1999年11月受命接受他的职位，成为雅芳历史上第一位女CEO。回想起自己当初的决定，她指出：**“如果人们没有感觉到我对这家公司充满了感情，那我就很难成为一位长久的领导者。”**

> 激情是非常重要的。你必须要让周围的人看到你激情，否则你就无法带领整个团队继续向前。而激情又是无法作假的，如果内心没有激情，你根本不可能伪装出来。

钟彬娴就是一位找到了自己的激情，并且领导一个团队来实现自己激情的领导者。从加入公司的那一刻开始，她就把雅芳看成是一家能够有效改善女性生活的组织，而不仅是一家简单的化妆品公司。就在钟彬娴成为CEO之后不久，雅芳公司修改了自己的使命陈述："一家服务女性的公司。"这一使命与雅芳的商业模式紧密结合，为整个公司的发展提供了清晰的方向。钟彬娴解释道：

> 我们需要这样一种催化剂帮助人们更好、更快、更清楚地理解雅芳公司的这一使命。我们的目标是提高女性在社会生活中的地位。这是一件非常有意义的工作。我们的业务可以大大地改善她们的家庭生活，尤其是在那些新兴市场中。

你的领导目标是什么？你是在遵循自己的真北，还是在追随自己的时间表呢？你真的像钟彬娴那样理解自己的使命吗？这些问题并不容易回答。对于我们当中的某些人来说，可能要用很长时间才能找到自己的领导目标，并找到适当的地方投入我们的热情。

如果你再次审视自己的真北，你会发现它所指向的正是你的领导目标：你要做出怎样的改变，以及你希望在这个世界上留下什么。一旦理解了自己的人生目标，你就很容易找到一家组织或创建一家组织实现自己的目标。

即便是对于一些既有激情又有天分的领导者，找到自己的人生目标也不是一件容易的事情。例如钟彬娴，她出生在多伦多的一个中国家庭，父母非常重视子女的品德教育。她的父亲是一名建筑师，母亲是多伦多大学第一位女化学工程师。在她很小的时候，父母就给她灌输一种理念：只要努力，你可以实现任何目标。她为父母的这种理念带给她的影响感到非常自豪。"他们教会我要努力尝试，学会感恩，不断改进自己，让一切变得更好。"她说。

做任何事都不要轻言放弃。我至今还记得，小时候父母要求我每天弹钢琴，并要持续60分钟。哪怕是在52分钟的时候停下，父母都会说："是60分钟。现在还不到时候。"最后8分钟是非常重要的。成功的关键不在于事事一帆风顺，而是要敢于不断尝试。

就这样，钟彬娴只用了3年时间就从普林斯顿大学毕业了，随后加入了布鲁明代尔的管理培训项目(Bloomingdale's management training program)。由于每天都是处理一些非常琐碎的工作，她很快就感到厌倦了。"我当时的工作就是每天在储物间里把衣服从经销商的衣架上转移到商店的衣架上，我感觉自己所学的知识完全被荒废了。"没过几个月，她就想辞职了，在所有的受训者当中，有3/4都选择了中途辞职。可她的父母告诉她："你不应该辞职。"

如果是因为在工作中受到了虐待，那另当别论，但你之所以想辞职，是因为你不愿意坚持下去，你不愿意干一些基础的工作。我们家不会有人轻易放弃。我们要坚持下去。

于是钟彬娴继续坚持下去，最终成为布鲁明代尔最年轻的副总裁之一，领导着一个员工平均年龄比自己大20岁的部门。"我当时只有23岁，"钟彬娴说，"而且这也是我第一次感觉比较艰难的经历。"从性格上来说，钟彬娴并不是那种咄咄逼人的零售业执行官，她从小就被教导要尊老爱幼，严格服从自己的上司。"我必须学会变得更加果断。"她说。

我已经不是一个单打独斗的个体了。我必须让自己成为一名领导者。我自己做了什么并不重要，重要的是我的团队成员做了什么，所以我必须进行一些人事变动，必须为整个部门制定一套新的策略。我遵循着自己的人生法则：对人们充满热情，尊重别人，理解和尊重工作中人性的一面。

在布鲁明代尔工作6年之后，钟彬娴跟随自己的导师来到了旧金山，成为I.Magnin的一位高级副总裁，后来又搬往达拉斯成为Neiman Marcus的执行副总裁。作为一名亚洲女性和一个两岁女儿的单亲妈妈，她发现自己在达拉斯的生活遇到了前所未有的挑战。“真的很不容易。”她回忆，“我喜欢自己的工作，但我要经常出差，而我的孩子还小，这真的很不容易。而且我的亚裔身份也让我在达拉斯的处境变得更加艰难。”

大多数时候都是由英国保姆（她有一半亚洲血统）送我的女儿去上学。记得我第一次送孩子上学时，学校老师说：“我们一直想见到劳伦的保姆，现在终于见到你了。”我回答：“不，我是她妈妈。”

还在达拉斯的时候，钟彬娴开始发现自己并不喜欢在大型百货商店里出售高端奢侈品。虽然她的事业一帆风顺，但她始终找不到自己的激情，而且这份工作也不大符合她自幼在家庭里所接受的价值观。就这样，尽管还没有找到其他工作，但她还是果断地辞去了Neiman Marcus的工作。

此后不久，雅芳公司开始考虑进入零售市场，并邀请钟彬娴对这一战略进行评估。经过6个星期的研究之后，钟彬娴表示“不建议雅芳进入零售市场”。当她把自己的想法展示给雅芳CEO詹姆斯·普雷斯顿(James Preston)的时候，她的表现给后者留下了深刻的印象，以至于对方立刻邀请她加入雅芳。在加入雅芳之前，钟彬娴了解到普雷斯顿正努力在公司内部给予女性更多的机会。“我注意到他的桌子后面有一张图片。”

> 上面用四个脚印代表着领导层的四个进化阶段：第一个脚印是大猩猩的脚印；第二个是一个男人光脚的脚印；第三个是一个穿鞋的男人的脚印；第四个是一个穿高跟鞋的女人的脚印。当时是20世纪90年代早期，《财富》500强中还没有任何一位女性担任高层领导工作。于是我问他：“你真的相信这张图片上的内容吗？”他说道：“可以想象，雅芳将会成为第一批让女性担任顶级管理者的公司之一。”

加入雅芳之后，钟彬娴很快找到了自己的领导目标：让女性拥有更大的权力。在这个过程中，雅芳一直都在努力帮助女性成为独立的销售代表，为她们提供就业机会；1994年，雅芳的销售团队人数为150万人，其中95%是女性。钟彬娴高兴地发现，自己终于找到了一个全球化平台。这样她就可以服务于发展中国家的女性。

在雅芳任职的12年当中，钟彬娴通过自己不懈的努力将雅芳的销售代表人数提高到500万人。到了2006年，雅芳9位外部董事当中，有3位是女性；17位高级经理当中有7位是女性，1 400名美国区域销售经理当中，有3/4是女性。“我们深信，只要努力，你就可以实现自己的梦想，女性可以实现自己的任何目标，她们可以自己养活自己，获得属于自己的权利。”钟彬娴说，“雅芳选择了一位女性做CEO，这本身就是最好的说明。”

虽然对雅芳的事业充满激情，可由于每天都要面对华尔街的短期预期，所以钟彬娴的工作并不轻松。在经过了连续5年的快速增长之后，2005年，公司的收入增长幅度一下子降到了5%，收益没有实现任何增长；消息传出，雅芳的股价立刻暴跌了30%。钟彬娴立刻作出反应，将公司的管理级别从最初的 15 级减少为 8 级；削减了 25% 的管理职位，裁掉了 6% 的销售人员。

除此之外，她还从公司当年节省的 3 亿美元预算当中抽出很大一部分来推动公司增长，并暂停发布收入预期报告，让股东们把更多的精力用来关注公司的长期发展。由于自己的坚持，钟彬娴的变革计划得到了员工们的支持。

“改进领导技能与改进公司的发展战略同样重要。”钟彬娴说。

> 你必须时刻保持清醒，了解市场。关怀、理解、公正……这些都是非常重要的心态。我怀着一种巨大的责任感，绝对不能让公司的员工们失望，这对我有很大压力。可当你真的把一件事情放在心上的时候，它就会融入到你的生命中，而不再只是一份简单的工作。

钟彬娴是自 2000 年来掌管大公司的新一代真诚领导者的典范。她对组织的使命充满了激情，不知疲倦地带领组织成员努力实现公司的目标。与所有领导者一样，她也必须经常在短期结果和长期目标之间作出选择。每次遇到困难之后，钟彬娴的领导能力就会得到进一步提高。她懂得如何在不危害公司长远目标的情况下采取果断行动，并且在组织面对挑战时表现出来的卓越的应变能力。

你的激情在哪里

怎样才能找到自己的激情呢？对于大多数领导者，比如说钟彬娴，激情来自于他们的个人经历。通过理解你生活中一些主要事件的意义，你可以找到自己的真正激情，这反过来又可以帮助你更加坚定自己的领导目标。

理解你的激情并不像听起来那么容易。对于有些领导者来说，他们是在经历了一次重要事件之后才找到了自己真正的激情。而对于其他人来说，要想找到自己的激情，首先必须学会放弃自己的保护伞，学会忽视别人对自己的期待。

史蒂夫·罗斯柴尔德曾经这样描述自己在通用磨坊发现激情的过程：

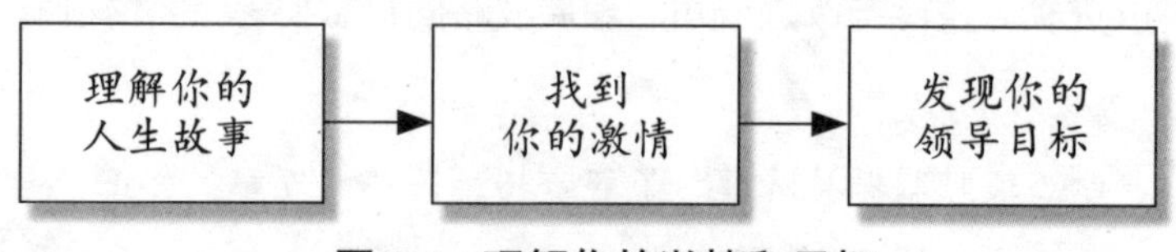

图 9.1 理解你的激情和目标

> 当你长时间地过于关注工作的时候，你就会害怕被生活抛弃。这就像站在一个巨大的圆环里面，你通常只愿意慢慢地放开一只手。你害怕同时放掉两只手逃离这个圆环，因为那样你会跌得鼻青脸肿。但对于我来说，我必须两只手同时放开。

离开通用磨坊一年之后，罗斯柴尔德成为一家非常重要的公司 CEO 的两名最终候选人之一。“我接到一个电话，对方告诉我他们选择了另外一个人。当时我并没有感到失望，反而感到了一种放松。我意识到自己其实并不喜欢那份工作，因为我并不是很愿意回到商界。”当认识到自己喜欢解决重要的和有意义的问题时，我决定成立 Twin Cities RISE! 而在此之前，我还没有完全确定过我关注的问题本质从商业转向了营造生活。

忍受了通用磨坊的煎熬之后，罗斯柴尔德决定再也不返回商界了。他决定花些时间了解自己真正的激情，解决一些真正重要的问题。

卢卡斯艺术公司前任 CEO 兰迪·科米萨的做法则恰恰相反。厌倦了创始人乔治·卢卡斯的干涉之后，科米萨辞去了卢卡斯艺术公司的工作，加入了一个规模较小的同行公司水晶动力。科米萨坦称："我加入这家公司的目的十分简单。那就是再造一个卢卡斯艺术。可到那里之后，我发现自己再也找不到任何灵感了，而灵感正是我加入这家公司的原因所在。离开水晶动力之后，我再也不愿意去过一种毫无目标的生活了。我意识到，如果没有目标，生活中的一切都会变得无足轻重。"

当你遇到科米萨时，你会为他的坦诚，为他那种愿意暴露自己脆弱之处的心态，以及他对自己和其他人的深刻理解所震撼。如果没有确定真正的生活目标，这些都是不可能的。

一个人仅凭空想象是很难找到自己的激情的。要找到自己的激情，你需要进行认真的自省，同时也需要一些真实的人生经历，然后你才能决定将精力投入到哪里。如果做不到这一点，你就很难感受到一种真正的满足。

川麦尔·柯罗公司前任CEO乔尔·彼得森相信，许多一心追求事业的人一开始并没有想成为一位领导者。"由于对自己的事业充满了太多热情，所以他们在追求事业的过程中很自然地成为了领导者。当他们全身心地投入到一项对自己非常重要的事业当中的时候，领导者可以很自然地用激情来引导自己。"彭妮·乔治就是彼得森所描述的这类领导者的一个典型代表。

布拉威尔合作组织创始人——彭妮·乔治

成为一名领导者永远不会为时过晚。我的妻子彭妮·乔治(Penny George)从来都没有想到过会成为一名领导者，她的父母也从来没有鼓励她这样做。事实恰恰相反：他们总是告诉她不要去承担领导工作，因为那样意味着需要承担更多风险。大学毕业后，她成了一名技术高超的心理医生，她的客户都很喜欢她，请她帮助那些有天分的年轻人充分发挥他们的潜力，但彭妮本人从来没有想过要担任任何领导工作，哪怕在一家非营利组织中。1995年，她拿到了心理学博士学位，达到了自己学术生涯的顶峰。

可就在6个月之后，当她和一位合伙人准备成立一家新的心理咨询公司的时候，灾难不期而至。她回忆道："忙完了一天的工作之后，我回到家，发现电话上有一条留言：'彭妮，你好像得了乳腺癌。请安排时间去看一下外科医生吧。'"

虽然肿瘤医生告诉她："你的目标是治疗。"可彭妮还是感到了一种巨大的震撼，她相信自己可能会死。她首先做了一个改良乳腺癌基本手术，然后又进行了7个月的化学治疗，随后是内分泌治疗。尽管如此，她还是经常担心癌症随时可能会复发。彭妮一向不是个消极的人，她决定用其他辅助疗法继续治疗。为了恢复健康，她改变了自己的生活方式，采用新的食谱，进行大量的锻炼和减压训练，服用中药，并通过心理疗法回顾自己的少年时光。经过一系列努力之后，她发现这些疗法取得了很好的效果，她开始可以控制疾病进一步发展了。

作为整个恢复过程的一部分，她前往科罗拉多贫瘠的四角地区进行了一次为期11天的求神启示(Vision Quest)之旅，其中包括一次为期4天的禁食。回来之后，她决定放弃心理学工作，开始全力地投入到推广中西医结合治疗。她的目标是要将传统西方治疗方式与辅助性的治疗方式相互结合起来，对病人进行总体性治疗，就好像她自己刚刚经历的整个治疗过程一样。

一天，当我们正驱车前往科罗拉多的时候，她坚定地告诉我："我们想要改变人们教授和使用医学知识的方式。"由于当时我已经在美敦力工作，我意识到彭妮的这种方式将要对整个医学界产生革命性的变革。我问她："你真的知道自己要面对的是一件多么庞大的工程吗？"彭妮一边流着泪，一边看着我，问道："你难道不相信我吗？"我顿时感到一阵羞愧，急忙对她说："我当然相信你。我会竭尽全力支持你。"

彭妮告诉我她想要去经营我们在1994年成立的家庭基金会。在一位优秀的基金经理的帮助下，她将我们一半的捐赠投入到了中西医结合疗法当中。他们还一起构想出了一个极富创造性的想法，将中西医结合治疗领域的所有领军人物与愿意支持这一领域的慈善人士聚集到一起，并进而成立了布拉威尔合作组织，他们先后邀请到了30家基金会加入这一组织 (Bravewell Collaborative)，大家一致同意共同投入资金来支持医药行业的这一转型。

虽然彭妮的领导能力受到了布拉威尔全体成员的赞赏，可她还是不断地说："我并不是一名领导者。"为什么会这样呢？原来彭妮并不想成为一位让大家感觉大权在握的领袖人物，她只是想默默地鼓励人们更多地承担领导责任，而她自己则更愿意在背后推动这个组织的发展。正是她的激情和愿景以及整个合作组织拥有的共同的价值观，最终激励整个组织取得了迅速的发展。

她的故事说明：哪怕你并没有把自己看作一名领导者，但只要能够找到自己的激情，你就会自然而然地被推上领导者的位置。

你的领导目标是什么

跟随自己的激情可以帮助你发现自己的领导目标。一旦找到了目标，你就能对这个世界产生真正的影响。

当百特药业 (Baxter Healthcare) 的米歇尔·胡珀 (Michelle Hooper) 还是个孩子的时候，她和同一条街上的一个孩子成了好朋友。六年级的一天，她去找朋友玩，可对方的父亲却把她堵在家门口，"他告诉我他不会再允许自己的孩子和黑人一起玩了。这件事对我产生了巨大的影响。简直太可怕了。"这种赤裸裸的歧视让胡珀感到了一种巨大的震撼，并最终促使她成为了一名领导者。

这次痛苦的经历之后，她开始发奋学习，希望能够有所作为。"我希望通过不断地努力改善自己的处境。"她说道。虽然并没有受到任何偶像的影响，但她还是决定要在公司里成为一名领导者。最后她在经济学和商业课程中都取得了出色的成绩。

在百特药业，胡珀为自己赢得了第一个担任管理工作的机会：带领加拿大分公司走出困境。这项工作给她带来了巨大的压力，她的脸上甚至因此长满了痤疮。可她还是坚持了下来，“我不能退缩，因为我是第一位管理这样一个组织的黑人女性，也是我家里第一位进入这些高贵的执行官行列的人。我不能失败。”

当她开始在百特承担其他领导工作的时候，她终于找到了自己的目标：成为后继者的榜样，为他们提供自己所拥有的这种机会。胡珀相信，很多很有天分的人一辈子都没有得到过自己应得的机会，因为从来都没有人认识到他们身上蕴藏的潜力。

> 一切都要从我被朋友的父亲拒之门外的那天开始说起。你必须学会接受别人。
>
> 这个世界上有很多非常优秀的人，他们需要的只是一个机会和一个平台。幸运的是，人们给了我这样一个机会，让我可以通过一种我从来没有梦想过的方式得到成长。

Cranium 创始人理查德·泰特之所以创建棋盘游戏公司，就是希望能够推出一些不分输赢，但是能够帮助每个人表现自己的游戏。“我并不是想通过这家公司让自己名利双收，真正打动我的是客户给我寄来的感谢信，他们感谢我发明了这些游戏，给他们的生活带来很多难忘的时刻。”泰特曾经对当今人们的娱乐方式，尤其是那些面向年轻人的娱乐方式担忧不已。

> 最近我看到了一个 8 岁的孩子玩汽车大盗游戏。这个世界上最强大的媒体——电视，在教那孩子朝汽车开枪，偷东西，

或者通过卖淫赚钱。他的面孔极度扭曲，充满了愤怒。在我8岁的时候，我可以和小伙伴们在大街上踢球，一起幻想，一起开怀大笑。

泰特决心要为这个世界创造一些更有价值的东西，一些能够让8岁的孩子远离暴力游戏的东西。“我想要创造一些非常纯洁、非常简单的东西，这需要极大的勇气和使命感。”他说。

这些故事反映了领导者在发现自己人生目标过程中的挣扎，也反映了他们在找到目标，并与人分享目标时内心所产生的那种满足感。安·傅洁认为领导是一种服务他人，而非自我满足的行为。她总是在问：“我怎样才能用自己的天分积极地回报社会呢？”

任何人都可以创办一家公司，努力工作两年，赚很多钱，然后继续向前。这并不是领导，这只是在玩游戏。真正的领导要求你留下一些能经受住时间考验的东西，比如：改变人们的命运，或者是在某个领域作出突出的贡献。

如何围绕目标调配资源

在本书的引言中，我们曾经将领导者定义成“一种能够聚集人们实现一个共同目标的人”。这也是领导者所面临的最大挑战。要想激发队友们的动力，让自己的组织取得成功，真诚领导者就必须对自己的目标表现出一种强烈的热情，让人们感受到这种热情，并由此产生强大的动力。

还在默克(Merck)公司担任主席和CEO的时候，罗伊·瓦格洛斯就对“如何发明可救人性命的药物”产生了强大的热情。此前他从事过19年的药物研究工作，曾先后两次被两所著名的医学院，芝加哥大学和宾夕法尼亚大学邀请担任院长。瓦格洛斯拒绝了这些机会，因为他感觉担任院长就像是走进了一条死胡同。“我非常害怕成为一名院长，因为那样你既不可能教书，也没时间做任何研究工作，你只是在不停地处理文件，不停地督促身边的人。”他解释说。后来他得到了一个成为默克公司研究部门主任的机会。

> 我相信，如果我能够用自己在生物化学领域的知识来发明新的药物，那我就可以比做一名医生更能对人类的健康产生影响，我甚至可能改变人类研发药物的整个技术。我从来没有把自己想象成一位领导者，但我总是在问自己：“你做的工作是否真的对这个世界上发生的一切有所贡献。”

我第一次见到瓦格洛斯是在他凭借自己在消除非洲河盲症 (river blindness) 方面所作出的贡献而当选美国商业名人堂的时候。此前默克公司曾经发现了一种名叫 Mezican 的药物，但公司所做的市场调查显示，非洲人根本买不起这种药物。但瓦格洛斯并没有因此决定停止该药的研究，他决定完成整个研究过程，并将生产出来的药物免费发放给非洲人民。

你可能会问：“这对股东有什么好处？”事实上，瓦格洛斯将这件事情作为证明默克使命的一种方式，并向整个组织传达了一种强烈的使命感。他解释说：“这种药物可以帮助 1 800 万人战胜河盲症。这一个决定可以让默克在未来 10 年内招聘到任何自己需要的人。”

在随后的 10 年中，默克推出的新药比任何一家制药公司都多，这在很大程度上应归功于瓦格洛斯的激情和使命感。正是这种激情和使命激发默克的研究人员不断推出新药。默克的股东价值在 10 年里翻了 10 倍。“如果你问他们努力工作是为了生活，还是要帮助这个世界上的人们时，相信大多数人都会选择后者。”瓦格洛斯回答。

有人可能会说，当你率领的是一个像默克那样可以救人性命的团队或公司的时候，你很容易确立这种使命感，但一家百货公司又怎样让人充满使命感呢？CEO 大卫·迪龙就在自己的克罗格公司形成了这种强烈的使命感。克罗格并不能拯救人们的生命，但在这家公司当中，每个人都感觉自己是在从事一项非常重要的事业。迪龙让人们相信，在一家以服务为导向的百货公司为大众提供服务是一项崇高的事业。“每个人都想在自己的生命中寻找到真正的意义。我们的目标是帮助人们实现自己的生命意义。”他说。

> 只要能表现出友好的态度，我们就可以让客人产生良好的感觉，让他们的生活变得更加美好。就这样，一点小小的善意就可以改变他们一天的心情。如果能够向身边的人传达一些善意，我自己的感觉也会更好一些。这样，当我们的职业生涯走向尾声的时候，我们就可以回首往事，告诉自己：“我曾经参与了一项非常特殊的事业。”

Tropicana 前任 CEO 艾伦·马拉姆 (Ellen Marram) 曾经批评过那些只是口头表示要“服务客户”，但却很少鼓励员工全心服务客户的领导者。“很多领导者并不理解这样一个道理：除非客户对你的服务满意，否则你根本不可能建立一家成熟的公司。”她解释。

> 他们只是一厢情愿罢了。要想帮助员工了解客户，你首先需要让他们与客户进行更好的互动。当你派出研发人员或制造人员进行焦点小组调查的时候，他们立刻就能明白客户是如何使用自己的产品的。客户们并不关心你是采用什么技术制造这些产品，他们只关心你的产品最终能带给他们怎样的结果。
>
> 作为一名领导者，你需要让大家的眼睛瞄准最终的结果。

> 并不是每家公司都会出售像除纤颤器那样可以救人性命的东西，但只要能够提供一件人们真正想要的产品或服务，你就可以带给他们良好的感觉。

美敦力公司之所以能够取得成功，就在于它不仅确立了“让人们重新过上完整的生活”这一使命，而且能够调动所有的成员实现这一使命。美敦力每年最重要的活动不是年度股东大会，而是年度假日聚会。在这次聚会上，所有家在明尼亚波利斯的员工都可以来到公司的大型讲堂，与此同时，还有成千上万人通过网络电视，聆听 6 位病人代表讲述自己的故事，以及美敦力产品在过去一年当中挽救的 700 万名病人的传奇案例。

当这些病人在讲述美敦力产品是如何改变了自己的生活的时候，整个大厅的员工都会感受到一种强烈的震撼。通过这些感受，美敦力的员工开始重新意识到自己工作的价值，并不只是为自己或公司赚钱，而是通过自己的努力改变其他人的生活。就这样，通过亲眼目睹自己对这些病人所产生的影响，他们就可以更好地理解自己工作的意义。

商业目的究竟是什么

20 世纪 90 年代，随着整个市场陷入狂热，大家普遍追求短期的股东价值最大化，人们开始忘记了商业的真正目的。事实上，商业的真正目的并不是要对股东进行短期回报，而是要建立一个能够为所有成员提供持久价值的实体。

哈佛大学教授迈克尔·波特 (Michael Porter)，这位因在战略规划领域实现突破而名声鹊起的经济学家曾经指出：那些宣称“衡量公司价值的唯一尺度就是公司在某一时刻的股东价值”的想法完全是错误的。“股东价值，”波特教授说，“并不等同于公司的经济价值。”

考虑到股票市场总是变化起伏，股东价值在很大程度上只能反映出市场的波动，但对于任何一家公司来说，想要形成持久的价值，唯一途径就是构建自己的经济价值，只有这样，公司的股东价值才会最终反映出公司的长远经济价值。那些只是通过较高短期股票价格，而没有构建经济价值来增加股票价值的公司很可能会重蹈安然和世通的覆辙。

Infosys 创始人 N.R. 纳拉亚纳 · 穆尔蒂相信，商业的真正目的并不只是简单地实现股东价值最大化。他说："除非能够为客户创建持久的价值，同时确保对所有利益相关人，包括客户、员工、投资人、经销商伙伴、政府部门，以及社会保持公正，否则你的公司不可能实现长期的股东价值。"

衡量成功最好的指数就是公司的存在时间。如果你的公司已经存在了很长时间，那说明你已经经历过各种高潮低谷，学会了如何让自己变得更加坚强，懂得了如何关注客户，如何节省开支。只有这些才会让你变得更加强大。

只有当领导者能够激励员工为一个共同目标去努力的时候，他们才能产生持久的作用。作为一名领导者，你必须学会保持整个组织的使命清晰，同时不断地向整个组织传达一种持久的激情。钟彬娴与我们所认识的任何领导者一样对自己的使命充满了激情："我热爱雅芳的事业，因为它的目标是要改变女性的生活。"

我的工作有着清晰的目标：帮助女性学会经营自己的事业，取得经济上的独立，进而掌控自己的命运。这是最重要的。

第9章练习：我的领导目标

下面的练习将会帮助你学会借助自己的生活经历、你的激情，以及你的激发能力确定你的领导目标。

通过你的人生经历来发现自己的激情

回想自己早年的经历（我们在第1章和第3章中曾经做过这个练习），用它来帮助你找到自己的激情。

1. 通过重新描述自己的人生故事，你能更清楚地发现自己的激情所在吗？

2. 你的激情如何引导你找到自己的领导目标？

你的领导目标

以自己为目标读者写篇文章，描述一下你的长期领导目标。

1. 从短期来看，你的领导目标是什么？

2. 你的领导目标与今后的生活之间会有怎样的联系？它是你今后生活的一部分，还是和你的生活毫无关系？

第 10 章

指挥家式的领导

当我想做一件事时，我首先会在公司里找到自己需要的人，然后给予他们充分的信任。在日常工作中，我最关心的是如何建立一支优秀的团队，然后让他们来领导公司。

——安·马尔卡尼
施乐公司主席兼 CEO

I get things done by identifying with the people in the company and by trusting them. I care most about building a good team to lead the company.
——*Anne Mulcahy, Chair and CEO, Xerox*

第一次看到才华横溢的年轻挪威指挥家阿里尔德·雷梅莱特(Arild Remmereit) 指挥达拉斯交响乐团的时候，我就对“指挥家是领导艺术最好的诠释”这句话有了新的理解。我坚信，指挥家的工作风格正是新一代真诚领导者培养团队的绝佳写照。

雷梅莱特的风格和过去那些率领主要交响乐团的伟大指挥家们形成了鲜明的对比——后者只会站在前面，接受所有的赞誉。在指挥门德尔松的苏格兰交响曲之前，雷梅莱特用一口纯正的挪威口音向观众们说：“音乐家们只要 5 分钟就可以判断一个指挥是否出色，所以，你很快就会知道他们对我的评价了。”

在接下来的 47 分钟里，他清楚地证明了自己的自信是完全有理由的。整个指挥过程中，雷梅莱特甚至没有一张乐谱，整首曲子的每个音符他都铭记于心，他清楚每个乐器的零件，清楚整首曲子的整体演奏风格。他在指挥台上全心投入，带给人们无尽的享受。

当整个乐团演奏完最后一个音符时，观众立刻不约而同地站起身来，全场爆发出雷鸣般的掌声，但雷梅莱特并不愿独自享受观众的赞誉，他让整个乐团起身鞠躬示意。在观众富有节奏的掌声伴奏下，他走到乐团最后一排，邀请音乐家们站起身来接受赞誉，而不是像大多数指挥家们那样一个人站在指挥台上。最后，当回到指挥台之后，他再次拒绝独自接受观众的掌声，而是坚持要与整个乐团分享这一切。

雷梅莱特的领导风格本身就是当今最佳商业领袖的一个象征：

- 他知道自己的真北：忠于音乐的原意。

- 他知道自己的目标：为人们奉献美妙的音乐。
- 他非常清楚地了解工作的每一个细节。
- 他充满自信，既十分真诚，又十分谦卑。
- 他知道如何通过授权让音乐家们发挥出最佳水平。
- 他总是在不断挑战自我，懂得如何激发积极性，如何表现尊重，并愿意分享荣誉。

《财富》全球商界女性50强第2名——安妮·马尔卡希

通过危机进行授权。施乐CEO安妮·马尔卡希无疑是一位杰出的领导者，她懂得如何对一个庞大而多样化的组织授权，从而将整个组织团结到一个共同使命周围。即便是在2000年的时候，安也从来没有想过自己有朝一日能成为施乐公司的CEO。一天，当她正准备前往日本出差的时候，施乐主席保罗·阿莱尔(Paul Allaire)来到她的办公室，告诉她自己准备提议董事会结束现任CEO的工作，推荐她担任COO，并最终担任公司的CEO。听到这一消息之后，马尔卡希十分震惊，以至于不得不要求对方让自己晚上和家人讨论一下再作决定。第二天，她接受了这份工作。

董事会的决定不仅让马尔卡希，也让所有的人感到震惊。自从25年前加入公司以来，她的主要工作都局限在销售等相关领域，从来没有接触过金融、研发或制造等环节。她在施乐的第一份总经理工作是管理在公司主流业务之外的一家相对较小的企业。“这就像是去参加一场战争，”她回忆说，“我知道公司的决定是对的，而且这对公司来说也是至关重要的。”

> 我知道，这份工作需要我竭尽全力，不过它也戏剧般地改变了我的生活。我从来没有想过自己会成为一名CEO，也从来没有人准备把我培养成一名CEO。

当时一个不为人知的事实是：施乐正面临一场重大危机，而且随时可能滑入破产的深渊。整个公司的收入一直在不断下滑，销售团队一片混乱，新产品线早已衰竭。当时公司的债务总额高达180亿美元，而且几乎已经没有任何一家银行信任施乐了。随着股票价格的一落千丈，公司内部的士气也开始变得一蹶不振。施乐的流动资金只能维持一个星期，所以许多经营顾问都建议公司申请破产。更糟糕的是，施乐的首席财务官当时把全部的精力都用在处理证券交易委员会的调查上，根本无暇考虑公司的现金流状况。

随着形势的恶化，马尔卡希开始意识到公司真的已经走到了破产的边缘。

> 我最担心的是自己可能正站在泰坦尼克号的甲板上，眼睁睁地看着这艘“大船”驶向海底的深渊，这并不是一个值得骄傲的时刻。
>
> 每天夜里我都会从梦中惊醒，想着我们的9.6万名员工，还有那些退休人员。如果公司宣布破产的话，他们该怎么办？

当时马尔卡希根本不了解任何金融知识，那么她是如何应对这场危机的呢？当时她所能依靠的，只有自己25年来积攒起来的各种人际关系，以及她对整个组织业务的完整理解。为了施乐公司，她愿意作出任何牺牲——所有人都知道这一点。为了弥补自己知识的不足，她开始聘请顶级金融专家为自己补课，并与各个部门的领导人物保持紧密联系。

马尔卡希对公司所面临的问题理解得越深刻，她的目标就变得越清晰：将公司从破产边缘挽救回来，恢复施乐公司昔日的辉煌。她所面临的挑战是：将士气低落的员工重新团结起来，激励整个公司的领导者奋起接受挑战。

“当我想做一件事情时，我首先会在公司里找到自己需要的人，然后给予他们充分的信任。在日常工作中，我最关心的是如何建立一支优秀的团队，然后让他们来领导公司。”她亲自逐一接见了公司前100名执行官，询问他们是否愿意在这种情况下继续与公司并肩作战。“我知道并非所有人都会表示支持。”她说。

> 所以我会直接面对他们，“嘿，不要拐弯抹角。我们还是开门见山吧。我们的情况并不妙。如果你想留下，就必须和大家保持一致；不过你也可以选择离开，因为我现在根本没有心思去管理具体工作。我们现在面对的是整个公司的命运。”

她所接触的前两名执行官——这两人都在负责经营比较大的部门——决定离开施乐，但其他98个人表示愿意留下。他们之所以作出这样的决定，是因为马尔卡希谈到了他们的人品，并表示希望他们能留下来拯救自己深爱的这家公司。其中一位名叫乌尔苏拉·伯恩斯(Ursula Burns)的管理者说：“我在施乐度过了一段非常美好的时光，也交到了许多好朋友。当情况变得艰难时，你该怎么办呢？谢谢，再见？我的母亲可没有这样教过我。”

虽然需要面对巨大压力，每天都要参加数不清的会议，马尔卡希还是决定亲自前往客户的办公室，前往销售人员的办公现场，竭尽全力阻止客户和销售人员的流失。她告诉施乐的销售人员：“我愿意在任何时候赶到任何地方去挽救施乐的客户。”她的这种态度和她的前任形成了鲜明对比，后者很少会走出公司的总部大楼。马尔卡希的这种做法同时也表达了一个重要的信念，这个信念稳定了施乐的销售团队，并让客户重新对施乐建立了信心。

马尔卡希一方面不断应对挑战，一方面向员工提出了要求，她公开要求每一个人对自己的结果负责。虽然面临巨大的压力，可马尔卡希还是力争为公司确立符合实际的目标，“单靠梦想不可能带领你脱离困境，”她说，“如果你只是为了暂时缓和股票市场的压力而随便报出一个数字，最终你能一败涂地。天哪，这可不是一件好事情。”

她鼓励公司高层管理人员之间直接沟通。“我们无话不谈，”伯恩斯说，“她所要传达的信息非常明确：要竭尽全力实现目标。”马尔卡希并不会在所有的讨论中都扮演主角，她的做法更像是在指挥一个交响乐团。“她非常善于读懂别人，并且可以让我们一起协作。”

2001年10月的第三个星期，破产问题开始被提上日程。10月初，马尔卡希坦诚地告诉股东们，施乐的商业模式并不能长久。第二天，施乐的股价立刻下滑26个百分点。马尔卡希回忆道：“这对我来说就像是一场火的洗礼。”

马尔卡希通常会通过与同事交流获得支持，但成为CEO之后，她必须学会让同事坚信施乐会继续生存下去，虽然她本人对这件事情抱有一定的怀疑态度。“我是一个非常敏感的人，对于我来说，最困难的事情就是我需要与周围的人保持一定距离，这点是我没有预料到的。”

但马尔卡希并非时刻都能承受任何压力。“一天，我从日本回到办公室，发现公司的情况糟透了。”她说。

> 大约在晚上8点半的时候，在回家的路上，我突然把车停靠在路边，自言自语道：“我不知道该往何方。我不想回家。根本没有地方可去。”

你有过类似的感觉吗？根据我的经验，许多领导者曾经对自己的处境感到绝望，但大多数人都没有勇气承认这一点。遇到这种情况的时候，你最需要的恐怕就是同事的支持了。马尔卡希说：“我打开了自己的语音信箱，听到一条公司首席战略家吉姆·菲尔斯通(Jim Firestone)的留言：‘今天似乎是我们最糟糕的一天，但我们都对你充满信心。相信公司一定会有美好的未来。'”这条信息给了马尔卡希足够的力量开车回家，迎接第二天的太阳。“我们的团队给了我巨大的支持。我们各抒己见，不停地争辩，但从根本上来说，大家对公司都非常忠诚，这给了我巨大的支持。”

当公司的外部顾问建议施乐应该宣布破产，以减轻公司的180亿美元债务负担时，马尔卡希勃然大怒。

> 我告诉他们：“你根本不明白我们的感受——我们想奋起一搏，赢得这场战斗。破产绝对不是解决办法。只要还有一线希望，我就不会选择破产。我们还有很多机会。”尤其让我感到愤怒的是，这帮人根本不懂得我们是在靠激情和动力推动这家公司，也根本无法体会到破产将会对公司员工产生怎样的影响。所有的施乐人都坚信，我们一定能打赢这场战争。

安妮·马尔卡希最终赢得了胜利。她削减了数十亿的运营开支，同时维持了研发和现场销售部门的完好无损，将债务总额减少了60%，从而使公司驶离了破产的边缘。随后她通过发布60项新型彩色和数码技术产品，重新恢复了施乐的收入和利润增长水平。

在应对整个危机过程中，她表现出了高超的领导才能，大胆授权，引导人们接受挑战，并把所有人都团结到了“重塑施乐”这一使命的周围。

全能领导

相互尊重：授权的基础

为了激发队友们作出最佳表现，真诚领导者必须在相互尊重的基础上和队友建立信任的关系，这点是无法替代的。就像忠诚一样，尊重也是授权的重要基础。要想建立这一基础，你必须通过自己的努力来实现。以下是可以帮助领导者赢得同事尊重的几种方法：

- 平等待人；
- 做一名优秀的聆听者；
- 懂得学习其他人的长处；
- 分享人生经历。

平等待人

人们总是会尊重那些能够平等对待自己的人，尤其是那些本身已经获得巨大成就的人，比如沃伦·巴菲特 (Warren Buffett)。无论是和比尔·盖茨，还是和没毕业的大学生们，巴菲特总是会吃同样的三明治，喝同样的樱桃可乐。巴菲特并没有因为自己的地位而给人一种大权在握或者高人一等的感觉。他真诚地尊重每一个人，而别人之所以尊重他，与其说是因为他是投资大师，倒不如说他懂得尊重别人。虽然安妮·马尔卡希从来没有遇见过巴菲特，但她感觉自己可以随时飞到奥马哈，与巴菲特一起吃牛排，并在投资问题上征求他的建议。

做一名优秀的聆听者

我们总是很感激那些懂得聆听我们的人。积极聆听是那些懂得授权的领导者最重要的特点之一，因为在进行交流时，人们总是能够一眼看出对方是在认真地聆听，还是想要从我们这里得到好处。

懂得学习其他人的长处

当人们相信他们可以从我们身上学到东西时，我们就会感觉自己受到了尊重。80 高龄的沃伦·本尼斯在每年迎接南加州大学本科新生的时候，他总会告诉学生们：“我知道自己可以从你们那里学到很多东西。”刚开始时，每个人简直不敢相信自己的耳朵，但他们很快发现，自己所提供的反馈的确可以帮助本尼斯更好地理解年轻一代的想法。

分享人生经历

当领导者敞开胸怀，讲述自己的故事，暴露自己的脆弱时，他们身边的人同样也会愿意分享自己的人生经历。1996 年感恩节之夜，我给美敦力的全体员工发去了一封电子邮件，感谢他们支持彭妮和我战胜了乳腺癌。突然之间，很多人都立刻回信给我，告诉我他们曾经也有过类似的经历。

分享自己的人生故事可以让我们放下保护壳，敞开心扉，进而与身边的人建立更加真诚的关系。Safeco CEO 保拉·罗斯普特·雷诺德描述了自己曾经带领的一个信任度很低的团队的情形。在所有队员中，有一个人尤其固执，他总是不能和同事很好地协作。直到有一天，她请这位同事把自己的故事告诉大家。直到这时候，大家才知道，在他还不到 10 岁时，父亲和哥哥就去世了，整个家庭的重担全压在了他身上，为了生活，他甚至不得不去父亲生前工作的工厂干活。“突然之间，所有人都明白了，大家也开始愿意和他一起工作了。”雷诺德解释，“所以说，领导绝对是一种个人行为。”

如何授权

如果说相互尊重是激发人们做出最佳表现的基础，那么领导者又该如何对身边的人授权呢？授权可以表现为多种方式，从简单地出现在某些场合到吸引他们，帮助他们，挑战他们，或者用一个共同的使命激励他们。根据对方不同的个人经历和不同的现状，高效领导者在不同的情况下会使用不同的方式。

- 出现；
- 吸引人们；
- 帮助队友；
- 挑战队友；
- 鼓励队友大胆突破；
- 用一个共同的使命激发所有人。

出 现

伍迪·艾伦（Woody Allen）曾经说过："80%的成功都是通过出现来完成的。"让人感到遗憾的是，很多领导者总是那么繁忙，以至于根本没有时间出现在一些重要场合。他们不愿意参加颁奖典礼，不愿意出席公司的野餐活动、销售会议，甚至是商业和项目评估活动。他们也不愿意去工厂、实验室，销售或服务现场。他们过于忙碌，以至于错过了重要的客户会议或行业交易会。结果，他们的队友很少有机会和他们进行私下交流。对于队友们来说，他们唯一接触领导者的机会就是通过一些媒介，比如说演讲、语音邮件、录像带或公司的网络电视来实现。

霍华德·舒尔茨至今还记得自己在一个星期六参观一家星巴克店时所遇到的一件事情：

> 我走进店里，开始根本没有人知道我是谁。可我刚一坐下，这家店的经理立刻上前来问我："霍华德，真的是您吗？"我说："是的"。然后她告诉我自己收到了星巴克的股票，以及这件事将会给她和她的家庭带来怎样的影响。最后她开始大哭起来，说道："没想到您居然能到这里来，我真是太感动了。"后来我收到了她的一封语音邮件，她告诉我那次会面对她产生了巨大的影响。我立刻给她回了邮件，感谢她对我讲述自己的故事。

这种类型的人际交往通常具有非常强大的力量。舒尔茨只是出现在一家星巴克咖啡厅里，仅此而已。对于你的队友们来说，看到你出现在一些重要的场合将会给他们巨大的激励，这能够帮助领导者除去头上的神圣光环，可以让员工更加真实地看待自己。

吸引人们

那些最懂得授权的领导者往往懂得如何吸引别人。他们会和对方进行面对面的交流，询问他们的工作、家庭、个人生活和职业生涯，向他们敞开心扉，暴露自己的脆弱。这种亲密的做法可能会让有些领导者感觉不舒服，但它却是一种帮助人们建立深层关系的有力方式。

我的一位MBA学生曾经向我讲述过自己在智利宝洁公司工作时的一次经历：

> 我至今还记得我们第一次见到阿兰·雷富礼的情形。雷富礼事先要求我们在会见的前一天参观当地穷人的家庭。这不禁让所有人大吃一惊，因为我们平常根本不会关心穷人的生活。第二天早晨，我7点30分来到了公司，雷富礼先生很快就沿着大厅走进来了，只见他走到我的办公桌前停了下来，伸出手说：“我叫雷富礼。请和我谈谈你的工作吧。”当我紧张地告诉他我们该如何扩展公司在智利的市场后，他再次握了握我的手说：“谢谢你。你的工作对宝洁公司的未来十分重要，它将决定我们是否能够在智利这样一个国家有所发展。我这次来就是想要了解我们怎样才能在一些发展中国家的市场取得成功，怎样才能让宝洁的产品深入到更多消费者的生活当中。”

这就是授权。你可能会觉得雷富礼只是在和宝洁公司数十万名员工当中的一位进行交流，但事实上，我的这位学生和他的同事们先后把这个故事重复给了数百个人来听，很快，他们身边几乎所有的人都知道宝洁公司的全球总裁是一位多么和蔼可亲的人了。

帮助队友

真诚领导者懂得如何帮助自己的队友，无论后者遇到了个人问题还是职业问题，领导者都会向他们提供建议，或者帮他们联系到一些必要的人物。这反过来又会让队友们感到一种高度的授权。

默克 CEO 罗伊·瓦格洛斯经常会在公司食堂就餐，并在那里了解员工的工作情况，以及他们所遇到的困难。在交谈的过程中，他会记录下双方的谈话，并在接下来的几天时间里想出一些具体的办法帮助员工解决问题。

不妨设想一下，如果你是一名默克员工，你在一天早晨打开语音信箱的时候听到瓦格洛斯的声音，你会怎么想？“我经常会给他们打电话，告诉他们，‘这的确是个大难题，但你不妨试试……’”瓦格洛斯说：“人们喜欢和领导者建立一定的私人关系。他们会感觉你的确是想帮助他们，这本身就极大地鼓舞了他们。”这些互动会让研究人员意识到自己工作的重要性，而且对其他员工产生诸多方面的影响。

挑战队友

授权并不只是一系列积极的互动。很多情况下，领导者需要挑战他们的想法，问他们为什么要用这种方式完成某项工作，并帮助他们通过对话明确自己的想法。虽然这种做法刚开始可能会让对方感觉不舒服，但他们很快就会与领导者进行更深层次的互动，并且迅速改进自己的工作。

杰克·韦尔奇就是这方面的高手，他经常会向下属提出一些非常具有挑战性的问题，从而鼓励通用的领导者为自己和自己的团队确立更高的标准，对那些比较重要的问题作出更深层的思考。在很多情况下，他会毫不犹豫地拨通比自己低好几个级别的经理人的电话，挑战他们的某些做法。

鼓励队友大胆突破

大多数人都喜欢承担一些需要作出努力才能完成的工作。领导者领导的关键就在于要懂得了解人们是否已经准备好接受这种挑战。

同样重要的是，你一定要让你的团队成员知道你会在必要的情况下提供支持。美敦力的玛莎·古德伯格·艾伦森曾经和我提到过一个既对她充满信心，又愿意支持她的上司的故事。艾伦森告诉我，就在她刚刚接受一份新职位时，新上司告诉她：

> 有时候你会感觉自己力不从心，你会感觉自己像是挂在一根树枝上，当大风吹起的时候，你甚至会听到树枝“咔嚓咔嚓”响的声音，这时你可能会感觉自己会掉下悬崖。别担心，出现这种情况的时候，我一定会在你身边。

没过多久，艾伦森就在新的尿液管产品线上发现了一个严重的质量问题。她回忆说：“这时候，我的上司果真出现了。”只要明确知道，领导者会在遇到困难的时候随时出现，就可以带给下属巨大的鼓舞。它会让你意识到你不需要一个人来承担一切，这样你就可以为自己确立一些较有难度的目标，而且不会担心有人会在关键的时候切断你的后路。

用一个共同的使命激发所有人

最有利于授权的环境是整个组织为一个共同的目标而努力，每个人的激情和目标都保持一致的时候。要想做到这点并不容易，尤其是当你的组织当中有一些对现状心存不满的人的时候更是如此。但总的来说，只要能够创造一个有利于授权的环境，付出怎样的努力都是值得的。

通常情况下，每个人都会有不同的目标。如果组织的领导者能够让大家在实现组织目标的同时满足个人需求的话，就可以在整个组织内部开创出齐心协力的局面。

几年前，我曾经参观过美敦力在南加利福尼亚州的一个心脏瓣膜工厂，那里的工人们会对猪的心脏瓣膜进行改造，然后用其来取代人的心脏瓣膜。因为整个制作过程需要很高的技术性，所以它往往需要一些非常熟练的技术工人。在工厂车间，我遇到了整个工厂技术最好的工人——一位来自老挝的移民，她每年可以完成 1 000 个心脏瓣膜。当我问她有什么秘诀时，她满眼放光地看着我说："乔治先生，我是在生产一些能够救人性命的东西啊。"

> 每次在一个完成的心脏瓣膜上签上自己的名字之前，我都会问自己，我是否愿意把这个瓣膜放到我妈妈或儿子的心脏里。除非我能给出肯定答案，否则我绝对不会让它进入下一个环节。只要有一个心脏瓣膜出了问题，就会有人死掉。对公司来说，或许 99.9% 的合格率是可以接受的，但如果因为我的原因而让一个人丢掉性命，我一辈子都不会原谅自己。每当我晚上回到家里，躺在床上的时候，只要一想着我至今已经挽救了 5 000 个人的性命，我就会睡上一个好觉。

如果说这样的人会在自己的同事当中成为领导者，你还会有任何怀疑吗？她对自己的工作充满了热情，而这种热情又与公司的目标保持了高度一致，她为自己确立了很高的标准，并通过自己的行动为所有的人树立了一个好榜样。

美国最佳领导人之一，卡内森集团公司主席和CEO
——玛丽莲·卡尔森·内尔森

创造一种授权文化。旅游休闲巨头卡尔森公司CEO玛丽莲·卡尔森·内尔森经彻底改变了她的父亲克尔蒂斯·卡尔森(Curtis Carlson)所创建的企业文化。老卡尔森是一个顶级销售天才，同时也是一位强硬且咄咄逼人的上司。只要一看到有人在晚上7点30分的时候离开酒店，他就会走上前去，问对方是否对自己的工作失去了激情。“星期一到星期五的努力只能让我们和对手打成平手。”他经常说，“星期六才是超过对手的时候。”

老卡尔森教会了女儿很多商业知识，但从来不鼓励她加入自己的公司，因为他相信，办公室根本不是女人待的地方。在生下第一个孩子之后，内尔森开始在家办公，她的工作是负责公司内刊的出版。在为公司的产品制作出一份成功的目录之后，她被提拔为公司的部门主管。可是当她把这一消息报告父亲时，父亲的反应却相当冷淡：“你对生意投入太多了。你应该在家里和孩子们待在一起。”然后内尔森说：“父亲当场就解雇了我，让我泪流满面地离开了他的大楼。”

离开父亲公司的内尔森一边照顾家人，一边开始主持明尼苏达交响乐团协会的工作，她创办了“今日斯堪地纳维亚”，并在1992年一年当中最冷的时候将“超级碗”(Super Bowl, 美国国家橄榄球联盟NFL一年一度总决赛是美国最有影响力赛事)带到了明尼苏达州。她还成为第一位任职几家大公司董事会的女性，并成为一家乡村银行的合伙人。虽然她的商业资历在不断增加，可老内尔森却一次又一次地拒绝她加入自己的公司。

当她的最后一个孩子考上大学之后，内尔森最终回到了卡尔森集团，当时她已经48岁了。加入公司的第一个月，她陪父亲参加了明尼苏达大学卡尔森学院的一场MBA报告会，报告会的主题是“卡尔森集团的企业文化”。内尔森记得自己曾经问这些学生：“你们是怎么看卡尔森的？”没有一个人敢回答。最后，一位学生说：“卡尔森集团被看成是一座血汗工厂，它根本不关心自己的员工。我们的教授并不鼓励我们加入这家公司。”听到这个回答，内尔森呆住了。“这次会议让我受到了巨大的震撼。”她说。也正是在这次会议之后，她终于意识到，父亲的那种自上而下独裁式的管理风格需要改变了。

两年之后，当她担任CEO的姐夫突然离开卡尔森集团之后，她80岁的父亲重新回到公司负责日常管理工作，内尔森这时也开始负责一些更加重要的管理工作，但却始终没有被任命为父亲的继任者。与此同时，随着大家越来越忍受不了卡尔森的管理风格，管理层也开始陷入混乱。最终，内尔森接管了卡尔森内部一个相当重要的部门，并开始着手对公司的战略和领导风格进行调整。在庆祝公司成立60周年大会上，她被任命为公司的CEO。

在宣布任命之后，老卡尔森反复警告女儿不要依赖任何人。“一定要小心，”他告诉她，“除了自己之外，千万不要相信任何人。”内尔森的观点则恰恰相反，她感觉在一个充满关怀的企业中，信任才是最有力的武器。“如果你创建了一个人们彼此能够相互支持的环境，你就能吸引那些值得信任的人，只要你能信任他们，而且你本身也值得信赖，你就可以依靠身边的人。”她解释说。

和父亲的做法不同，内尔森开始把工作的重点转移到员工和客户身上。“父亲创建的是一个指令——控制型环境，”她说，“他剥夺了自己倾听不同意见的机会。”

反对意见可以迫使你更好地理解或者改变自己的立场。我希望能够建立一种相互协作的管理模式。在现在的卡尔森，每个人都可以贡献自己的智慧和经验。我相信，集体的智慧一定会有更大价值。当然，最后还是要由领导者来作出最终的决定。

内尔森认为，只有首先为员工创造出一个充满关怀的环境，才能将卡尔森改造成一家真正关心客户的公司。她将公司的管理重点从金融资本转移到人力资本，花大力气聘请那些有经验、智慧和思考能力的人才。她希望自己的员工能够具备三个特点：人品、能力和爱心。“人品是非常重要的，如果一个人的人品不好，你就很难信任他；能力也是非常重要的，我们需要一些拥有全球经验，拥有一定的专业知识和良好判断能力的人，所以这个要求毫不奇怪。”内尔森解释说，“但并非每家公司都看重爱心。”

> 我需要那些拥有一颗“仆人之心”的人。在我们即将创造的企业文化中，“仆人之心”的领导是一个非常重要的推动力。一名对自己的工作感到满意的员工会给我们带来更多预期客户。在服务业，客户很快就能感受到你是否在真心为他们服务。

内尔森知道，要想让这些观念变成所有卡尔森员工的行为准则，首先必须得到全球卡尔森员工的接受。为了达到这一目的，内尔森用了大量时间去会见全球各地的卡尔森员工和客户。“只有当员工感觉自己受到了肯定，并真正理解公司的愿景和使命时，我们才能更好地培养与客户之间的关系。”她说。

> 我们不能只是简单告诉员工该怎样把餐盘放到桌子上。在任何一家餐厅，只有当你真正了解客人是“想要更多隐私”还是“想要更多服务”时，你才能让他享受到真正的高质量服务。

在回想起自己9年来所进行的改革时，内尔森表示，如今再也不会有任何一项研究报告说卡尔森不关心员工了。“你不可能指望只用6个月时间就可以改变一家公司的企业文化，”她说，“如果你能够改变公司的经营模式，在公司内部提倡透明而公开的管理方法，它最终就会成为公司的企业文化，但这需要时间。”

经历了20年前的丧女之痛后，内尔森再也没有忘记自己那个“想尽一切办法回馈社会，让身边的人生活更加美好”的人生理想。她总是表示，领导者完全可以激励员工为了一个共同的目标而努力，并授权他们去领导，从这个意义上来说，她在卡尔森所推行的改革就是最好的证明。

像马尔卡希和内尔森这样的领导者渐渐发现，当领导者懂得如何在整个组织内部进行授权的时候，整个组织所取得的成果远比培养忠实的追随者所得到的结果更好。通过给予组织成员更大的权力，他们就可以将更多的领导职责转移到其他人身上，同时又可以进一步有效地扩大自己的领导范围。

第 10 章练习：学习授权艺术

读完第 10 章后，下面的练习将会帮助你更好地对其他领导者进行授权。

领导关系

领导关系表现为多种形式。接下来介绍的是领导者在和其他同事建立关系的过程中可能会扮演的角色清单。请对你在每一种领导关系中的效力作出评估（从 1 到 10，其中 10 是“非常好”，5 代表“满意”，1 代表“很差”）。在你希望改进的条目后打勾，在你对自己表现最满意的条目后标上星号。

打 分	满意	需要改进
1 ～ 10 分	指挥	告诉人们该如何完成具体工作
	组织	组织人们完成具体工作
	授权	给其他人分配相应的权力和职责
	说服	说服其他人接受你的观点
	聆听	积极地听取别人在说什么
	激励	鼓励人们完成工作
	授权	鼓励人们最大限度地发挥自己的潜力
	讨论	鼓励大家表达不同的观点
	学习	通过其他途径加深自己的理解
	教导	将自己的理解传达给其他人
	建议	在别人遇到挑战时表达自己的观点
	培训	指导别人完成工作
	指导	帮助其他人成长为领导者
	跟从	接受别人的领导

1. 在建立关系的时候，你最大的优势是什么？
2. 你希望在哪些领域有所改进？

工作中的领导关系

描述一下你在工作中与自己的上司、同事、下属和外部人员之间的关系。

1. 上司：你和上司是一种怎样的关系？你怎样才能改进这一关系？

2. 同事：你和同事是一种怎样的关系？

3. 下属：你希望与下属建立一种怎样的关系？你准备如何改进这一关系？

4. 组织网络：你是否善于在自己的组织当中建立一个有效的关系网络？你准备如何改进自己建立人际关系网络的能力？

授权其他领导者

1. 你是否曾经有效地激励身边的人共同完成一个目标？如果有的话，请举出一个例子。

2. 你如今是否善于激励人们主动承担领导责任？你是如何做到这一点的？你准备采取什么措施提高自己的效力？

3. 你是否在授权别人和实现自己的业绩目标之间遇到过冲突。如果有的话：

- 你是如何解决这一冲突的？
- 你是更看重自己的个人目标，还是更看重你和其他领导者之间的关系？
- 将来遇到类似冲突时，你是否会有不同的做法？

第 11 章

磨炼你的领导效力

从某种程度上说，我必须找到属于自己的有效的领导风格，而不能只是一味地去模仿其他人。

——艾伦·马拉姆
Tropicana 公司前任 CEO

My height was a very clear reminder to me that I couldn't simply emulate this man. In a symbolic way it reminded me that I had to find my own style of being effective, rather than trying to imitate someone else.
——*Ellen Marram, Tropicana*

在本书的引言当中，我们曾经指出，所采访的领导者都是真诚领导者，所以他们的领导才会更有效，也才会为组织创造出更好的结果。一旦你懂得了如何通过授权为了一个共同的目标进行领导时，你就为整个组织的进一步发展做好了准备。而要想进一步提高真诚领导者的效力，最后一步就是磨炼你的领导风格，用一种更加真诚的方式来发挥你的力量。

当你通过自己的领导为组织取得优异业绩时，你就会提升自己在组织中的影响力，并进而为自己争取到更多机会。这个过程会自动形成一个良性循环，你可以鼓励更多人加入你的阵营当中，并不断地提高你的领导效力。如迪克·科瓦塞维奇、丹尼尔·魏思乐、钟彬娴、霍华德·舒尔茨、玛丽莲·卡尔森·内尔森之类的领导者之所以能够帮助自己的组织创造更大的辉煌，秘诀就在于此。

优化你的领导效力

我们之所以要把“领导风格”这个话题放在最后，是因为一位高效的领导者首先必须是一位真诚领导者。只有当你能够认清自己，对自己的价值观有着清晰的认识，并真正理解自己的领导目标时，你才可能成为一名真诚领导者。

如果在这些问题上不能保持清醒的认识，你的领导风格就很容易被外部期待左右，你就很难成为一名真诚领导者，你也不可能做到真正地授权。事实上，由于领导者需要结合个人风格来实施领导，所以你使用权力的方式自然会和你的领导风格有着直接的联系。

但另一方面，你的领导风格和你使用权力的方式必须首先适应你所面对的形势，而且你必须学会随机应变，才能在你所处的环境中将你的个人领导力发挥到最佳水平。2001 年 9 月 11 日之后，纽约市长鲁迪·朱利安尼 (Rudy Giuliani) 立刻决定调动所有必要的资源来稳定局势，他根本没有时间去征求所有人的同意。出现这种情况时，人们需要有一位果断的领导者来作出决定，冷静地寻找解决方案。另一方面，在为自己的组织确定愿景时，领导者则需要用一种参与性更强的风格征求更多人的意见，让更多人参与到整个决策过程中。

此外，你还需要根据队友的个人能力，以及他们是否准备接受更大的权力和责任，来调整自己的领导风格。举个例子，如果你的队友需要清晰的指示，而你喜欢征求所有人的意见的话，他们很可能并不会适应你的风格。反过来说，那些富有创造性或比较独立的人可能并不会喜欢指令型的领导风格。所以当你考虑领导风格时，不妨首先问自己以下几个问题：

- 你的领导风格是否与你的领导原则和价值观保持一致？
- 你如何根据具体情况的变化以及队友特点的不同，来调整自己的领导风格？
- 在具体领导过程中，你准备如何将你的权力发挥出最大效力？
- 当你使用了不当的领导风格时，队友们会作出怎样的反应？
- 你通常会如何应对那些权力比你大的人？

高盛集团前主席——约翰·怀特海德

共识型领导风格。高盛集团的约翰·怀特海德 (John Whitehead) 几乎领导过这个世界上可能出现的所有类型的组织，从世界上最大的投资银行到美国国务院、纽约联邦储备局、多家大型教育机构，还有一些非营利型组织。但在1944年6月6日凌晨，这位当时年仅21岁的美国海军少尉却遇到了一生中最大的领导力的挑战。他当时正在领导六艘舰艇在诺曼底海岸向敌人发起第一轮冲锋。当时大雨滂沱，大海像发了疯一样在怒吼，即便如此，怀特海德还是在日出之前向自己的同伴发出了登陆的信号。

在进攻过程中，怀特海德的小分队遭到敌人猛烈的炮火狙击，更糟的是，他们发现敌人在海底铺设了一道金属栅栏，小分队根本无法按照既定路线靠岸。在这种情况下，怀特海德只得违反军令，命令小分队沿岸搜寻突破口。“当时的情况是，为了配合其他人员的进攻，”他说，“我曾经在出发之前接到过命令，一定要严格按照既定路线直接冲上岸，不得由于任何原因有所偏离。但如果不改变决定，我们整个分队都会被挂在海底栅栏上，这样就会阻挡住后面舰艇前进的道路。”

> 有时候你会有很多时间去作决定。但就这一次的情况来说，我只有不到10秒钟时间可以考虑。在这种情况下，我根本没有时间去征求别人的意见。在人的一生当中，你很少会遇到没有时间去考虑自己决定的时候。这是我这一生中作过的最快的决定。我完全是通过直觉来作出判断的。

小分队很快找到了一个突破口，并再次向岸上发起冲锋。就在舰队冒着强大的火力准备上岸时，甲板的一颗螺钉突然出现了问题，导致船舱里的士兵根本无法离船下水。说时迟，那时快，怀特海德果断地爬到了甲板上，用锤子砸开了螺钉，士兵们一涌而出冲到岸上。“在最初的100英尺当中，至少有一半人受了伤或者是丢了性命，”怀特海德说，“敌人的火力异常猛烈，我能大难不死，真的非常幸运。”

就这样，怀特海德凭着自己的直觉，用一种最直接的领导风格作出了违反军令的决定。这和他在哈福德学院作为学生委员会主席时所养成的“共识型”领导风格完全是两个极端。众所周知，由贵格会教徒们创立的哈福德学院要求学生们每周都要参加教派的会议，以此来反复温习教会谦忍、坚毅的品格，在这些会议上，贵格教徒们总是竭力达成共识的做法给怀特海德留下了深刻的印象。

> 我一直都没有成为贵格教徒，但贵格教会的这些做法，比如说通过讨论达成决策，尊重所有人的观点等，给我带来了极大的影响。贵格教徒们从来都不会投票，他们会不停地讨论，直到所有人都达成共识。

战争结束之后，怀特海德考上了商学院，并于1947年加入了高盛集团。他最初是该公司的一名普通统计人员，每天的工作就是坐在没有暖气的角落里做一些枯燥的高度量化的工作。当时控制高盛的主要是五个合伙人，但它的主要收入都是靠美国当时最著名的投资银行家、执行合伙人希尼·韦恩伯格 (Sidney Weinberg) 赚来的。在对怀特海德的人品和道德感有了深刻的印象之后，韦恩伯格提拔这个年轻人做了自己的助理，并亲自担任他的导师。

没过多久，怀特海德就帮助韦恩伯格起草了一份绝密文件，详细指出公司当前过于依赖韦恩伯格的个人关系，并为高盛集团列出了一份详细的新业务关系发展计划。第二年，在被选为公司合伙人之后，怀特海德将这份报告传给了其他15位合伙人。由于并没有听到任何反对意见，他开始成立一个新的业务部门，聘请4名员工向美国最大的公司征集业务。

考虑到公司可能会因为快速发展而陷入混乱，怀特海德相信，高盛集团需要一套清晰的道德原则指导全体员工的日常工作。一个星期天的下午，他在书房里写下了一些让高盛集团变得与众不同的基本原则。这些原则被称为“我们的商业原则”，它们反映了怀特海德的基本领导哲学。“除了其中的两条是后来由律师添加上的之外，”他说，“直到今天，高盛全体员工依然在用我那天在黄纸片上写下的这些原则来指导自己的工作。”

当韦恩伯格的继任者，加斯·列维（Gus Levy）在1976年患上一场致命的中风之后，怀特海德自然就成了公司董事会主席的不二人选。和竞争对手们草率而混乱的风格不同，怀特海德在日常工作中总是采用多年前在哈福德学到的共识型领导风格来管理团队。1984年，在度过了37年辉煌的职业生涯之后，怀特海德从高盛退休，但他当初为高盛确立的原则一直流传到今天。类似于“客户的利益永远是第一位的”和“在任何事情上都要讲求团队协作”等原则仍然是这家公司最基本的商业原则。

对于怀特海德来说，“退休”这个词毫无意义。离开高盛之后，他一次又一次地接受了一些重要的领导职位，其中包括代理国务卿、纽约联邦储备局主席，以及十余家非营利组织的托管委员会主席，其中包括他的母校。尤其值得注意的是，无论是担任哪种职位，他总是用共识型的方式进行领导，在使用权力时总是表现得非常谦虚和谨慎。

但每次需要作出决定时，怀特海德总是毫不犹豫地发挥自己的影响力，动用自己的说服力和毅力去说服人们接受自己的意见。当高盛的合伙人在1999年考虑是否将公司上市时，怀特海德力排众议，坚持要求公司一定要保持自己独特的合伙人文化，坚守自己的商业原则。作为高盛集团的客户和前任董事，我曾有幸亲眼目睹了高盛是如何始终坚持这些原则的。

“9·11”之后，当纽约州长乔治·帕塔基（George Pataki）聘请怀特海德主管曼哈顿下城发展公司（Lower Manhattan Development Corporation，简称LMDC）主持世贸中心的重建工作时，他的共识型领导风格受到了有史以来最大的挑战。LMDC所处的高度政治化氛围对怀特海德来说是一个全新的工作环境。2006年5月，当他结束了自己在 LMDC4 年的任期，怀特海德明确表示："这项工作仍然没有完成。"

> 在一个高度政治化的环境中达成共识是我从来没有遇到过的挑战。纽约的州长和市长都在准备参选，所以他们都非常关注自己在选民当中的政治形象。而"如何重建世贸中心"又是一个公众极其关注的话题。纽约有 800 万人，在这个问题上也就有 800 万个想法。

在先后多年担任营利组织、政府机构以及非营利组织领导者的过程中，约翰·怀特海德始终表现出了对环境高度的驾驭能力，能够最大限度地发挥自己"共识型"领导风格的效力，并且始终没有背弃自己的原则。他的故事说明，只要你懂得聆听自己身边的人，努力理解自己所面对的挑战，能够最大限度地利用自己手中的权力，无论身处何种环境，你都可以最大限度地发挥自己的领导能力。

确定与修正你的领导风格

怎么才能判断你的领导风格是否适合自己呢？你真的关心自己的真诚领导风格是否适合你所在的组织吗？你是否会为了掌握权力而改变自己的领导风格呢？

许多组织都在努力让年轻的领导者接受公司所推崇的领导风格，甚至会通过一些培训项目改变他们的领导风格，从而让其更加适应公司的发展。这种做法存在着一个巨大的风险：你是否会为了在组织中取得成功而刻意改变自己的领导风格呢？如果答案是肯定的，那你就会感觉自己像一个冒充者，感觉你只是在努力掩盖自己的本来面目。

在职业生涯早期，许多最优秀的领导者都会遇到类似的问题。强生公司的詹姆斯·伯克和通用电气的杰克·韦尔奇，都曾经因为不愿意屈就公司的规范而在任职第一年时就提出辞职，虽然最终他们的导师还是吸引他们留了下来。

如果你愿意适应组织的风格，或者是在努力地想去模仿其他人的风格，那么人们很快就可以看得出来。一旦遇到压力，领导者很快就会显露出自己最真实的一面，有的人可能是高度指令型的风格，有的人则可能是完全消极被动的风格。正因如此，我们才建议你应该找到自己最真实的领导风格，并对其进行不断地改进。

Tropicana 公司的艾伦 · 马拉姆很早就发现了这一点。她曾经效力的第一个部门主管有个习惯：每次想要说服别人时，他总是站起身来强调自己的观点。他比艾伦 · 马拉姆整整高出了一英尺，所以马拉姆回忆说："这听起来可能有些愚蠢，但说实话，我的身高提醒我，我根本不可能超过这个家伙。所以这也在不断地告诉我，我必须找到自己的领导风格，而不是一味地去模仿其他人。"

在反思自己的领导风格时，不妨考虑一下你属于下列表 11.1 当中所列 6 种领导风格中的哪一种。

指令型的领导风格在过去，尤其是在军队和制造业中普遍存在。在类似于"9·11"的事件当中——这时候人们往往需要在短时间内迅速作出决定——这种风格仍然非常重要。但随着多数大公司开始以知

	指令型领导	要求下属严格遵守指令和公司的规章
1	参与型领导	懂得如何动员下属为了一个共同的目标和价值观而努力
2	教练型领导	培养人们担任领导职务
3	共识型领导	通过鼓励人们参与决策达成决议
4	合作型领导	加强团队成员的情感纽带，创造和谐的工作氛围
5	专家型领导	希望下属拥有高度的专业知识和自我管理能力

表 11.1　领导风格

识型员工为主，需要激励人们采取主动或者做一些创造性工作时，指令型风格就变得不再那么合适了。

近些年来出现的最常见的领导风格是参与型领导。其中安妮·马尔卡希就是一个典型例子，她会积极地与各级人员沟通——向他们提出问题，聆听他们的反馈，激励他们，并且鼓励他们作出更高水平的表现：前提是符合组织的共同目标和价值观。

以约翰·多纳霍为代表的教练型领导懂得如何帮助人们作出最佳表现，以及如何培养他们担任未来的领导工作。通常情况下，出于长远利益的考虑，这种领导更关心人们的长期发展而不是短期结果。

以约翰·怀特海德为代表的共识型领导，会平等地对待团队中的所有人，并且会鼓励所有人积极参与决策，直至最终达成共识。他们愿意花大量的时间帮助团队达成共识，即便为此推迟决定也在所不惜。大多数非营利组织都需要共识型领导激励自己的下属。

合作型领导通常更注重在团队成员之间建立信任关系。保持团队成员之间的和谐往往需要放弃一些短期利益。这些领导者往往会让人感觉他们根本不是在领导，不过他们可以最大限度地激发团队成员作出最佳表现。他们的领导方式一般是非常微妙而且非常克制的。

专家型领导如描绘人类基因图谱的克莱格·温特尔 (Craig Venter) 在很大程度上依赖于自己的专业知识。许多科学组织、咨询机构以及金融服务机构的领导者大都属于这种类型。这种领导者非常善于聆听其他专家的观点，但同时也要求自己的队友能表现出相当程度的专业知识和业务水平。

真诚领导者会在不同的情况下考虑使用指令型或专家型领导风格，但他们经常采用的还是参与型、教练型、共识型以及合作型风格。

巧妙地利用手中的权力

要想实现目标，至关重要的一点就是要学会有效地利用手中的权力。在完成了与前苏联的裁减核武器条约谈判，并主持过 Bechtel 公司的工作之后，乔治·舒尔茨开始彻底地理解了权力的内涵。他的建议是："不要害怕权力，但一定要学会对它负责。"

如果没有头衔、级别和大型组织在背后支持自己，许多领导者都会感觉非常无助。当他们使用手中的权力时，领导者经常会遇到一些更加强势的下属。遇到这种情况时，只要能够学会让自己变得更加坚定，你就会发现，你所掌握的权力比自己想象的要大。在我刚开始工作不久，我发现自己经常对一个强势的执行官让步。一位同事问我："你为什么要给他那么多权力呢？"我立刻意识到这位同事的观察是对的，于是我便开始向这位执行官发起挑战，结果我发现他居然非常愿意让我来掌握大权。

从传统意义上来说，权力意味着你可以主宰他人。事实也的确如此，许多在组织当中身居要职的领导者都会用自己手中的权力控制别人。但在很多情况下，他们都低估了自己对其他人的影响力，并没有意识到自己的强势领导甚至过于滥用权力的做法会影响其他人的积极性。这种类型的领导者根本不懂得下属为什么发挥不出最佳水平，以及为什么整个组织达不到理想的业绩。

许多高效的领导者通常都是通过微妙地利用手中的权力获得影响力的。参与型领导会让人们参与到公司的决策中来，并在这个过程中说服别人接受自己的决定。教练型领导者会不断向人们提供建议，帮助他们想清很多问题，改进他们的做事方式，并最终获得影响力。

虽然有些人可能会误以为共识型领导和合作型领导看起来并不那么果断有力，但事实则恰恰相反。由于共识型领导往往比较懂得如何让别人心悦诚服地接受自己的观点，所以他们的影响力反而会更大一些。合作型领导则懂得如何通过关心别人来获得对方的支持。当他们需要帮助时，人们更愿意伸出援助之手。

专家型领导则和其他几种类型的领导风格截然不同。专家型领导的权力主要来自于他们的专业知识，他们主要通过专业水平来赢得别人的尊重。

这些比较微妙的领导方式：说服、咨询、赢得同意、专业知识等，往往比直接利用职位来控制对方更加有效。

具有讽刺意味的是，一个人手中所掌握的权力越大，他所使用的权力就应当越小。从另外一个角度来看，当你在使用自己的权力时，你其实是在剥夺其他人的权力。真诚领导者都知道，他们需要运用权力才能完成工作，但他们在运用权力时大都会采用一种比较微妙的方式。与那种指令型的领导方式相比，他们更愿意说服下属接受自己的观点，从而在整个团队当中达成共识。通过这种方式，他们更容易赢得下属的信任、忠诚和支持。这反过来又会帮助他们作出更好的决策，激发下属更大的责任心。

风格与权力的结合

你的领导风格和你运用权力的方式是紧密相联的。事实上，领导风格本身就传达了一种权力，而人们也可以通过你的领导风格看出你运用权力的方式。表 11.2 就说明了这种联系，并指出了每种领导风格所对应的下属的特点。

指令型领导者会和自己的下属建立一种依赖型关系，下属会顺从地执行上司的指令。另一方面，参与型领导则会通过授权等方式和下属建立一种相互依赖的关系。安妮・马尔卡希就是通过提问和聆听的方式来进行领导的，所以她的团队就变得更加容易接受新想法，在提出创造性解决方案来解决困难问题的时候，也就会更加高效。结果，她根本不需要运用自己的职位权力来强迫人们支持自己。

教练型领导会在自己的团队中创造一种类似于比尔・坎贝尔和兰迪・科米萨、唐纳・杜宾斯基，以及布鲁斯・齐森之间的关系。后三者需要坎贝尔帮助自己成长为领导者，而坎贝尔也需要他们来帮

领导风格	权力运用	队友风格	关系特点
指令型	主导、职位	顺从	依赖
参与型	说服	授权	相互依赖
教练型	咨询	接受	相互依赖
共识型	赢得同意	平等	相互依赖
合作型	理解	以团队为导向	相互依赖
专家型	知识	自主	独立

表 11.2 领导风格和权力方格

助自己建立一家伟大的公司。教练型领导相信，人们必须学会从自身的经历，尤其是失败的经历当中学到东西。他们并不会为了避免错误而立刻告诉员工正确的做法。当一个团队的成员能够敞开心扉接受教练的指导，并且真心想要有所发展的时候，这种领导方式通常是最有效的。

共识型领导懂得如何微妙地发挥自己的权力，同时又不会伤害到那些意见不同者的感情。他们非常善于从事幕后工作，懂得如何通过一种长期的、相互依赖的关系激发人们实现一个共同的目标。但如果时间短暂的话，这种风格往往就不那么适合了。

合作型领导者往往能和身边的人建立一种相互理解的关系，他们的权力正是来自于这种关系，而同时也正是这种关系可以让下属激发出高度的忠诚和信任。通常情况下，只有当队员具有高度的责任心，而且极其珍视彼此之间的关系时，这种领导者往往才是最有效的。

专家型领导者坚信知识就是力量，他们相信正确的决策和高效率的工作要远比人际关系更为重要。由于这类领导只提供很少的情感支持，所以当队友从事的是一些自主性工作，而且整个工作的结果取决于知识和专业判断时，这种领导风格往往能够发挥最大的效用。

环境与领导风格的统一

随着阅历的丰富，领导者会变得越来越成熟，他们会形成一种真诚的领导风格，不仅适合自己，而且还可以最大限度地发挥自己的领导效力。通常情况下，只要工作环境没有发生变化，这种领导风格就是有效的。但一旦环境发生变化，领导者又该怎么办呢？共识型或合作型领导者能够随着环境的变化而改变领导风格吗？

在担任领导的过程中，你首先一定要理解自己的工作环境和整个团队的作业目标。正像N.R.纳拉亚纳·穆尔蒂所说的那样，“在选择领导方式时必须考虑到具体的背景。最好的CEO也未必能胜任参议员或总统的工作，因为他们所面对的是完全不同的环境。”但一旦理解了自己的工作环境，你就可以调整自己的沟通方式和领导风格，带领整个团队实现一个共同的目标。

Amgen CEO凯文·夏尔在MCI的经历让他学会了要随着环境变化而调整自己的领导风格——要根据工作需要和队员的自主性变化来进行调整。夏尔用“海拔”这个概念来描述手头工作的抽象或具体程度。

> 在最高“海拔点”，你会关心一些比较宏观的问题：公司的使命和战略是什么？人们是否理解和信任这些目标？在最低的“海拔点”，你会关心一些比较实际的问题：我们能否完成销售额？我们的产量如何？在二者之间，你会问一些类似下面的问题：我们是否应该投资那家小型生物技术公司，他们推出的新药是否有市场前景？我们这个季度需要聘请多少名化学家？
>
> 作为一名CEO，你必须同时处理所有这些“海拔”的问题，要做到这一点并不容易。我从杰克·韦尔奇那里学会了如何在不同“海拔”之间迅速切换，甚至同时应付几个不同“海拔”

的工作。大多数CEO都会倾向于用大多数时间来处理自己感觉最舒服的工作。不幸的是，一旦过于陷入某个“海拔”，他们就会遇到麻烦。

夏尔承认自己总是过于关注细节性工作：“当我进入潜水艇模式（非常深入地钻进一个问题时），我会感觉自己完全可以一个人解决这个问题，这时我可能会完全忽视专家的建议，甚至会停止争辩。”

我已经为此付出了代价，比如说我曾经不顾其他人的反对而推出了一种新产品，结果一败涂地。一般来说，我喜欢在中高层的“海拔点”工作。我非常喜欢战略规划工作。这也可能会让整个组织感到不安，比如说人们可能会问：“凯文接下来又会有什么新想法呢？”所以我一定要非常小心，总是告诫自己千万不能把这些事情透露给错误的对象。但能够做到在不同的领域和不同的“海拔点”灵活切换对领导者来说是非常重要的，尤其是当整个组织处于快速成长的时候更是如此。

夏尔一直在努力改进自己的领导风格和权力运用方式。他已经形成了一种更加有效的领导风格，并学会了如何更加微妙地运用自己手中的权力。他认为360°评估让自己有了更大进步。“我担任CEO时的风格是一种典型的首相式风格，”他说，“如果没有一个独立、可靠、知识渊博的团队支持，我将一事无成。”

团队成员与领导风格的一致性

判断自己在某种情形下应当采用哪种风格时，你还应当考虑到队友们是否愿意接受更大的权力和责任。打个比方，那些已经习惯听命于上司的人可能并不适应共识型领导风格；反过来说，那些极有创造性，又注重独立的人则很难接受指令型的领导风格。此外你还应该仔细考虑一下你希望与自己的队友之间建立怎样的关系，以及怎样的人际关系才会更有利于你的团队或组织实现目标。这些关系通常有 3 种类型：依赖、独立、相互依赖。

要想创建依赖型关系，领导者必须意识到，队友们可能会完全依赖自己的指令或决定。而一旦缺乏明确、具体的指导，依赖型的下属就会完全失去方向。

与此相反，独立型的关系会让队友拥有充分的自主权，他们可以按照自己的想法行事，但这时领导者和队友之间通常不会有任何感情纽带。学术研究人员和科学家通常比较适合在这种环境下工作。

参与型、教练型、共识型和合作型的领导者则更懂得如何与下属分享权力，如何激发他们的潜力，所以他们也较容易创建相互依赖的关系。他们相信，这种相互依赖可以帮助整个团队作出更好的决定，帮助团队成员建立更强大的责任感，从而确保团队目标的实现。

最大化发挥领导效力

对于所有领导者来说，最重要的一点就在于让自己的领导效力发挥到最大，从而帮助整个团队实现最优的业绩。真诚领导者更善于做到这一点，因为他们内心往往有清晰的道德指针，而且会考虑到整个组织的长期发展。通过培养真诚的领导风格，他们可以帮助队友们发挥出最佳水平，帮助整个组织将自己的潜力发挥到最大。

随着个人经验的不断增加，真诚领导者将学会如何在各种不同的环境中调整自己的风格，更好地适应自己所面对的环境以及发挥出队友们的作用。在整个过程中，他们一方面会不断改进自己的效力，另一方面必然也会大大改进整个组织的业绩水平。

那些能够取得优异成绩的领导者，无论他们是在领导一支球队还是在领导一家组织，都会懂得如何在工作当中确立自己的信誉和影响力。如果没有取得成绩，他们可能就会失去自己的信誉和影响力。而那些能够确立信誉和影响力的人自然也就会得到更大的权力和资源。反过来说，更多的权力和资源会带给他们更大的挑战，也让他们有能力来维持优异的表现水平，无论是对于一位年轻的工程项目经理，还是对于像 IBM CEO 萨缪尔·彭明盛这样的人来说，都是如此。

所有的领袖都必须经受住一定的考验。一旦你能够通过真诚考验，你就很容易进入到一个良性循环，你所取得的成绩也会进一步提高你的领导效力。你的成功会吸引到更多聪明而有天分的年轻人，他们会帮助你更好地实现团队目标，从而形成新一轮的良性循环。

优异的业绩是真诚领导者最终的目标。这样，到了最后，你就可以坦诚地说：“我已经跟随了我的真北，通过我的领导对这个世界作出了一些改变。”

图 11.1 说明了你的人生经历、你的真诚领导发展维度，以及你的授权能力发展之间的关系。最后，这种发现真诚领导力的方法可以帮助你更好地发挥自己的影响力，并取得优异的成绩。

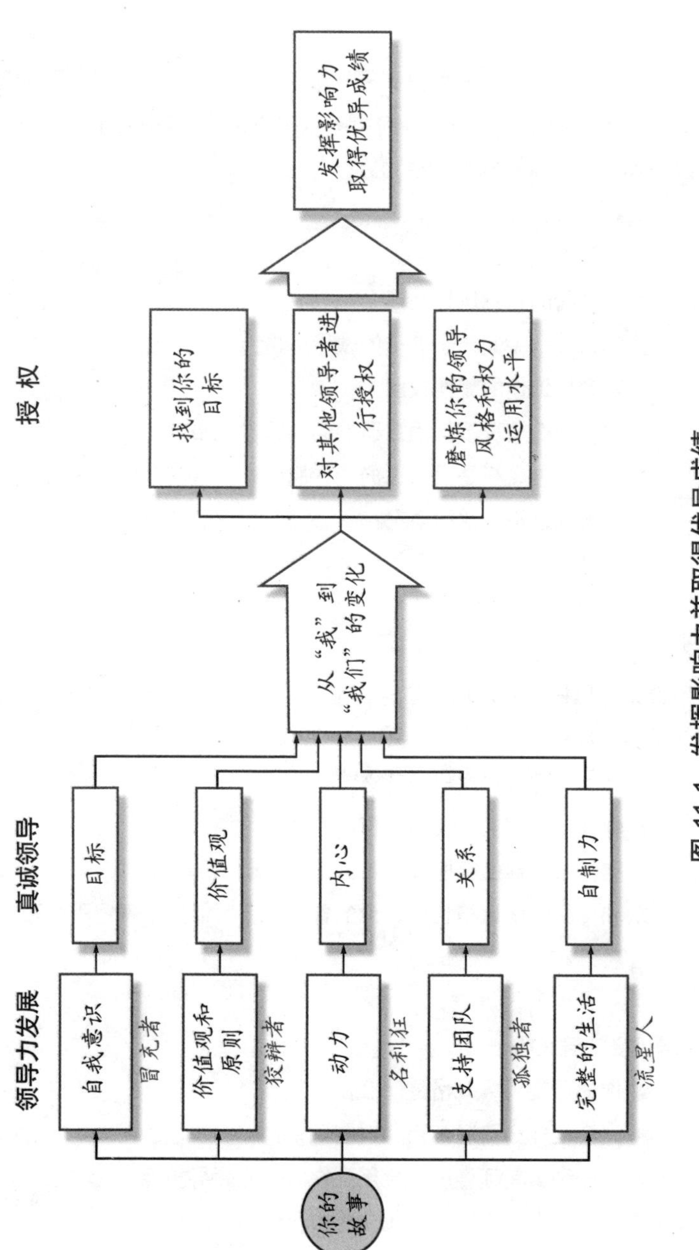

图 11.1 发挥影响力并取得优异成绩

第 11 章练习：磨炼你的领导效力

下面的练习会帮助你有效提高领导效力，包括告诉你如何灵活调整自己的领导风格和使用个人权力。读者可参考本书第 11 章中对于领导风格的定义，以及表 11.2“领导风格和权力方格”。

1. 倾向领导风格：
   - 你倾向的领导风格是什么？
   - 你为什么会倾向于这样的领导风格？
   - 它会用到你的哪些技能？
   - 你在什么情况下使用自己的倾向领导风格？
   - 你的倾向风格是否与你的领导原则和价值观一致？它们之间是否出现过不一致的情况？
   - 你准备如何改进自己的倾向风格？

2. 备选风格：

所谓备选风格，就是指你在遇到压力，或者发现你的倾向风格行不通的时候会用到的风格。

- 你的备选领导风格是什么？
- 你在什么情况下会用到自己的备选风格？
- 它会用到你的哪些技能？
- 和你的倾向风格相比，你的备选风格可能产生哪些积极和消极的后果？

3. 可变领导风格：
   - 你的可变领导风格是什么？
   - 你会在什么情况下用到这些风格？
   - 每一种可变领导风格会用到你的哪些领导技能？
   - 你如何根据环境的变化调整自己的领导风格？
   - 你如何根据团队具体情况的不同来调整自己的领导风格？
   - 你准备如何在调整领导风格的同时保持真诚？

4. 使用权力：
   - 权力在你的领导工作中会发挥怎样的作用？
   - 你如何在你的团队内部获得影响力或权力？
   - 在领导别人的过程中，你会如何有效地使用自己的权力？
   - 举出一个你应用权力产生不当后果的例子。对方反应如何？
   - 到底出了什么问题？如果有机会从头来过的话，你会作出怎样的改变？
   - 你如何应对那些会对你运用权力的人？在应对那些权势极大的人的时候，怎样才是最恰当的做法？
   - 你如何才能避免受到别人的权力压制？
   - 你如何才能避免将自己的个人权力让给那些强势人物？

5. 领导效力：

   你准备作出哪些改变来提高自己的领导效率？

尾声

领导者的满足感

抽出一点时间，设想一下，今天是你在这个世界上的最后一天。你正躺在卧室里，所有的儿女、孙子、曾孙们围坐在你的床前，逐个和你道别。这时你可爱的曾孙女抬起头看着你，大大的棕色眼睛一闪一闪：“请您告诉我们，您这一生究竟为这个世界做了些什么？”

你开始泪如泉涌，嗓子眼里堵满了东西，往事历历在目，可却不知该从何说起。你回想起自己在 19 岁生日晚会上发表的激动人心的演讲，你发现自己一直都没有机会跟人们讲述你的人生，也没有时间向大家解释领导究竟是怎么一回事。好了，现在机会来了。当着全家人的面，你准备说些什么？你准备为这个世界留下什么？

为什么不现在就抽出一些时间，趁你还有时间书写自己人生故事的时候仔细思考一下这个问题呢？就好像人们说的那样，对于想要成为领导者的人来说，什么时候都不会太晚，同样，如果你想要改变这个世界，或者为那些一直追随你的人留下些什么，现在也不晚。但只有你才能回答这个问题。当你找到自己的答案时，你就体会到为什么领导会给人带来巨大的满足感了。

我的一位好朋友曾经接触过许多五六十岁的商人，他们中大部分人都取得了巨大的成就，却发觉自己非常空虚，因为他们根本没有任何满足感。所以如果你想要成为一名领导者，请记住：现在还不晚。

在研究了大量失败执行官的案例之后，我的一位 MBA 学生问我，“难道领导一家组织就一定要承担失败、受指责、被起诉，甚至被羞辱的风险吗？”她说的没错，要想成为一名真诚领导者，很可能就意味着要承担所有以上这些风险。

记得在那堂课结束时，我曾经引用了西奥多·罗斯福 (Theodore Roosevelt) 于 1910 年在索尔本发表的那篇著名的演讲：《竞技场上的人》(*The Man in the Arena*) 中的一段话：

光荣属于那些
屹立在竞技场上的人，
虽然尘土、汗水，还有鲜血
模糊了他的脸庞；
虽然屡经挫折，
但他依然斗志高昂；
他激情四射，全心全意
投入自己的梦想；
他深知奋斗之后胜利的喜悦，
却也从不惧怕失败的泥塘，
因为即便是失败，也是奋斗之后的失败；
何况那些敢于挑战，
实现突破的人；

哪怕是失败了，
也不屑于站到那些冰冷萎缩的灵魂身旁；
只因后者从不知胜负在哪方。

你准备踏入竞技场，奋然前行，激情四射、全心全意地追寻自己的梦想，将自己的一生投身到伟大的事业了吗？如果答案是肯定的，你最终就能体会到那些丰功伟绩背后的荣耀。

这就是领导者的成就。

你不可能只是站在一旁观看别人领导，或者从竞技场上高挂的显示屏上观看和体会这种成就感。你别无选择，只能踏入竞技场，用尘土、汗水和鲜血来实现你的梦想。

这就是生活，也正是领导的全部意义。你的成就不是来自于金钱、头衔、奖赏，或者是别人的夸奖。那些只是稍纵即逝的符号，即刻就会随风而逝。

能够留在记忆深处的，只有：

- 你是如何跟一群你所关心的人一同朝着一个共同目标努力；
- 你是如何热心地帮助别人，改善社会不公；
- 你为实现目标而奋战的日日夜夜；
- 你和队友们为理解彼此的观点而争辩的每一个情景；
- 你所经历的失败，以及从失败中奋起的过程；
- 你成长为一名领导者的整个过程；
- 你和队友们通过共同努力改变了世界。

在一起实现了目标之后，一定要在接受下一个挑战前抽出足够时间来庆祝自己的成功。然后将其传递给那些追随你的人。

这就是领导者的成就。

领导者的成就在于认清自己，并始终保持朝向自己的真北。领导者的成就在于，一旦发现自己偏离了航向，你能够及时地纠正自己的方向，让自己回到正确的轨道上来。

在你的整个职业生涯中，没有一种成就能够比得上这种成就。没有一个人的成就能够跟带领一群人实现一个伟大目标时那种成就相比。当大家一起跨越终点线时，你经历的所有伤痛和苦难都会烟消云散。取而代之的是一种因成功地改造了世界而产生的深深的满足感。

将会有无数人，包括那些尚未出生的人会从你的努力中有所收益。他们会把你所创造的一切传递给后来的人，因为到了生命尽头的时候，你所能带走的全部就是你所遗留下来的东西。

你会把这些话告诉你的曾孙女吗？如果是这样的话，她就可以站在你的肩膀上，眺望到更为宏伟的远景，并且开始踏上自己的真诚领导旅程。这样，你的人生就会变得更加完整。

你遵从了自己的真北。

你发现了自己的真诚领导力。

这个世界因为你而变得更加美好。

这就是领导者的成就。

当你发现自己成为了一名真诚领导者时，就说明你已经开始发现自己的真诚领导力了。祝你好运。

附录A

真诚领导研究项目介绍

研究课题：如何成为一名真诚领导者，并坚持下去？

研究团队

比尔·乔治，哈佛商学院管理实践教授

戴安娜·梅耶，哈佛商学院 MBA

安德鲁·麦克莱恩，哈佛商学院研究助理

彼得·西蒙斯，斯坦福商学院 MBA

"真诚领导者"的定义

真诚领导者五个维度

- 充满激情地追求目标

- 拥有坚定的价值观
- 用心领导
- 建立持久的关系
- 表现出高度的自制力

真诚领导者懂得如何忠于自己的信念。他们不会让别人的期待来左右自己，他们懂得如何做好自己。随着日益成长为真诚领导者，他们开始更加关心如何服务他人，而不再只是一味关心成功和荣誉。但与此同时，他们也会不断寻找机会取得更大的成就。真诚领导者能够跟身边的人建立一种真诚的关系，彼此之间形成强大的信任感。因为能够得到人们的信任，所以真诚领导者往往也比较懂得如何授权，从而更好地激励他人。

现场采访

我们最主要的研究方式是对那些公认的真诚领导者进行现场采访。整个研究过程主要以单独采访的方式进行（只有极少数由于各种原因无法进行单独采访）。每个人的采访平均时间为 75 分钟。为了保持引言的准确，我们对所有的采访（在受访者的许可之下）都进行了录音。而出于写作方面的原因，我们又在采访结束之后将录音转化成了书面文字。

几乎所有的采访都是由比尔·乔治、戴安娜·梅耶和皮特·西蒙斯在 2005 年 4 ～ 11 月之间完成的，只有少数几个是在 2004 年 10 月份提前完成的。有些时候是由两位采访者来完成采访，有时候安德鲁·麦克莱恩也参加了进来。

在进行采访之前，采访者们通常会事先准备一些常见的问题，但受访者们也可以在回答问题的过程中主动提出那些对自己最重要的采访主题。在有些情况下，由于时间关系，对方可能并没有时间允许我们提出所有的问题。此外我们也没有对受访者的受访时间作出详细的统计，因为这并不是本研究项目的本意。

一次典型的采访通常会遵循以下结构：

1. 受访者早期所受到的影响及其后来的发展情况 (15 分钟)
   - 一些关键的人物和经历对受访者的影响
2. 受访者是如何发现自己的真诚领导力的 (30 分钟)
   - 动力
   - 印象最深刻的成长经历
   - 关键转折点
   - 从失败中学到的教训
   - 相关的个人生活经历
3. 培养领导力的方法 (20 分钟)
   - 最重要的做法或资源
   - 在压力之下保持真诚
   - 个人遇到的最大挑战
4. 领导目标和遗产 (10 分钟)
   - 领导目标
   - 希望为这个世界留下什么

采访对象

根据受访者的个人声誉和成就，我们共列出了 125 名采访对象。在进行现场采访的过程中，我们努力将采访范围拓展到更多行业和领域。具体来说，有 28% 的受访者是女性，8% 的受访者是少数民族，12% 的受访者出生在美国本土之外。需要指出的是，虽然在本书中我们也会偶尔谈到宗教和性别的影响，但在实际操作中，我们并没有刻意地考虑这些问题。

根据我们的安排，每个年龄阶段至少会有 15 名受访者 (70 岁以上这个年龄阶段例外)。结果表明，我们进行采访时的年龄分布如下：

年龄阶段	人数（占总人数比例）
70 ~ 93 岁	14(11.2%)
60 ~ 69 岁	18(14.4%)
50 ~ 59 岁	38(30.4%)
40 ~ 49 岁	22(17.6%)
30 ~ 39 岁	18(14.4%)
23 ~ 29 岁	15(12.0%)

本书采访领导者年龄段分布

选择标准

在选择受访者的时候，我们主要的参考依据是对方的真诚度，以及他们率领自己的团队所取得的成就。有些受访者是通过其他受访者以及领导力研究专业人士，或受访者的同事的推荐而接受采访的。

采访结束之后，采访者会按照前面提到的维度来评估对方的真诚程度。至于受访者的成功程度，我们将会根据研究团队所搜集的定性资料作出判断，而不单单是用一些量化的方法。

提纲评估

我们会请多个研究成员反复阅读采访提纲。然后我们会按照每次采访时所确定的主题对受访者的回答进行分类。2005 年 5 月至 2006 年 3 月间，在进行多次团队讨论之后，我们针对这些采访得出了一些普遍结论，我们在本书当中所呈现的正是这些观点。

附录A练习：你的个人领导力发展计划

个人领导力发展计划是一项包含各种练习的集合。你可以用它来指导个人发展。如果你能正确使用，你可以根据自己的领导经历不断对其进行更新，并按照你对自己的发展阶段评估来进行修改。

建议你用几个小时完成这个计划，同时考虑将这些练习跟你的一些个人的思想变化相互结合起来。

1. 你的真北：
   - 给自己写一篇文章，回答这样一个问题："你的真北是什么？"你怎么判断自己是否在追随自己的真北？

2. 智力发展：
   - 你准备如何提高自己的智力水平？
   - 你准备如何扩大自己的知识面？
   - 你喜欢阅读和学习哪些领域的文章？
   - 你准备通过生活或者是参观哪些地方来提升自己？

3. 个人自制力和压力管理：
   - 描述一下你的健康饮食计划
   - 描述你的个人锻炼计划
   - 你的睡眠要求是什么？你可以在多大程度上偏离自己的计划
   - 你准备通过下列哪些方式来管理自己的压力：

     沉思或静坐

     跑步或走路

     去健身房或者进行竞争性游戏

     瑜珈

     向配偶、朋友或导师倾诉

     听音乐

     看电视或电影

     其他

4. 价值观、领导原则、以及道德界限：
    - 如果按照重要性的顺序排列的话，对你来说最重要的价值观是什么？（用星号标出那些你认为是从来没有违反过的价值观）
    - 你在进行领导的时候所奉行的基本原则是什么？
    - 指导你职业生涯的道德界限是什么？

5. 你的动力和激发能力：
    - 你的外在动力是什么？
    - 你的内在动力是什么？
    - 按照重要性的顺序列出你的动力来源。
    - 你最大的强项是什么？
    - 你有着怎样的发展需要？
    - 你的激发动力是什么？
    - 你在怎样的情况下能将自己的激发动力发挥到最大水平？

6. 个人反思：
    - 你通过怎样的方式进行反思？
    - 你会进行哪些精神练习？
    - 如果你不相信上述练习，你准备如何处理生活中所存在的问题？
    - 你准备如何加强这些练习？

7. 培养关系：
    - 你生命中最重要的人是谁？
    - 你和谁能够毫无保留地敞开心扉？
    - 当你感到沮丧的时候，你会向谁倾诉？
    - 你的导师是谁？
    - 你会向哪些朋友寻求慰藉或建议？
    - 你会通过怎样的方式和你的同事打成一片？
    - 你想建立一支个人支持团队吗？你准备如何利用这支团队？

8. 领导风格：
    - 你最喜欢的领导风格是怎样的？

- 你在遇到压力的时候经常会采用怎样的领导风格？你准备通过怎样的方式来改进这些风格？
- 你准备通过怎样的方式来让自己变得更加灵活？
- 你准备如何培养自己，以及你的队友们随机应变的能力？
- 你准备如何更加有效地利用自己的权力？

9. 领导力发展：
   - 要想发展自己的领导力，你需要有些怎样的经历？

10. 整合：
   - 你准备如何将自己的个人生活、家庭生活、社区生活等跟自己的职业生活结合起来，以便使自己成为一名更好的领导者？
   - 为了实现你的职业和个人目标，你准备作出怎样的牺牲和取舍？

11. 领导目标和遗产：
   - 你的领导目标是什么？
   - 你的目标跟你的真北、你的生活故事以及你的激情之间有着怎样的联系？
   - 你准备给下列对象留下怎样的遗产：
     你的家庭
     你的职业
     你的朋友们
     你所在的社区

12. 写一篇文章，谈谈你在自己的生命结束的时候会如何描述自己的生活故事，你希望自己的真诚领导之路能够在哪里结束。

附录B

《真北》中采访过的真诚领导者

下面列出了我们在创作本书过程中所采访过的 125 名领导者，并按年龄阶段进行分类。

70岁以上的领导者	
沃伦·本尼斯 (Warren Bennis)	南加利福尼亚大学商业管理教授
阿德里安·卡德伯里爵士 (Adrian Cadbury)	吉百利 (Cadbury Schweppes) 主席 (1965 ～ 1989)
T.J. 德莫特·邓菲 (Dermot Dunphy)	Kildare 企业 LLC 主席； 希悦尔公司主席兼 CEO(1971 ～ 1999)
费舍尔·霍 (Fisher Howe)	约翰·霍普金斯大学高级国际关系研究 学院前任副院长

希尼・那菲尔 (Sidney Knafel)	SRK 管理公司执行合伙人； Insight 传播公司主席； Vision Cable 传播公司主席 (1971 ~ 1981)
约翰・马克斯基 (John Mackowski)	亚特兰大共同公司主席兼 CEO (1985 ~ 1988)
约翰・莫格里奇 (John Morgridge)	思科系统公司主席 (1996 ~ 2006)； 思科系统公司 CEO(1988 ~ 1995)
兹格蒙特・纳格尔斯基 (Zygmunt Nagorski)	国际领导力中心创始人
乔治・舒尔茨 (George Shultz)	美国国务卿 (1982 ~ 1989)； Bechtel 总裁 (1975 ~ 1979)
贺尔蒙特・希勒 (Helmut Sihler)	保时捷主席； 中央管理委员会德国汉高主席 (1980 ~ 1992)
约翰・斯迈尔 (John Smale)	通用汽车主席 (1992 ~ 1996)； 宝洁公司主席兼 CEO(1981 ~ 1990)
罗伊・瓦格洛斯博士 (Dr. Roy Vagelos)	默克公司主席兼 CEO(1985 ~ 1994)
约翰・怀特海德 (John Whitehead)	高盛集团联合主席 (1976 ~ 1984)； 美国代理国务卿 (1985 ~ 1989)
詹姆斯・"吉米"・威廉姆斯 (James "Jimmy" Williams)	SunTrust 银行主席兼 CEO(1985 ~ 1998)

60～70岁的领导者	
耐德・巴恩霍尔特 (Ned Barnholt)	安捷伦主席兼 CEO(1999 ～ 2005)
理查德・布拉德克 (Richard Braddock)	MidOcean 合伙公司，LLP 合伙人； 花旗集团总裁兼 COO(1990 ～ 1992)
比尔・坎贝尔 (Bill Campbell)	Intuit 主席兼 CEO(1994 ～ 1998)
玛丽莲・卡尔森・内尔森 (Marilyn Carlson Nelson)	卡尔森集团主席兼 CEO
里萨・克拉克・金 (Reatha Clark King)	通用磨坊基金主席 (1998 ～ 2002)
戴维・考克斯 (David Cox)	Cowles 媒体总裁兼 CEO(1981 ～ 1998)
伊安・卡宁 (Ian Cumming)	Leucadia 国家公司主席
罗伯特・戴 (Robert Day)	TCW 集团主席兼 CEO
布拉德・弗里曼 (Brad Freeman)	Freeman Spogli 公司创始人兼合伙人
大卫・格根 (David Gergen)	哈佛大学肯尼迪政府学院公共领导力中心主任；曾历任尼克松、福特、里根和克林顿时期的白宫顾问

阿兰・霍恩 (Alan Horn)	华纳兄弟公司总裁兼 COO
乔恩・亨茨曼 (Jon Huntsman)	亨斯迈公司主席
迪克・科瓦塞维奇 (Dick Kovacevich)	富国银行主席兼 CEO
布兹・麦考伊 (Bowen McCoy)	USC 副教授； 曾任摩根士丹利合伙人
琼・皮埃尔・拉索 (Jean-Pierre Rosso)	世界经济论坛（美国）主席； CaseNew Holland 主席兼 CEO(1996 ~ 2004)
罗伯特・伊安 (Robert Ryan)	美敦力高级副总裁，CFO
查尔斯・施瓦布 (Charles Schwab)	嘉信理财主席兼 CEO
曼尼・维拉法纳 (Manny Villafana)	St. Jude Medical，ATS Medical， CardiacPacemakers 公司（如今的佳腾公司） 创始人
萨姆・A. 威廉姆斯 (Sam A.Williams)	Metro Atlanta 商会总裁
50～60岁的领导者	
布兰达・巴恩斯 (Brenda Barnes)	莎莎 (Sara Lee) 公司主席兼 CEO

南希・巴里 (Nancy Barry)	女性世界银行总裁
约翰・布雷纳 (John Brennan)	先锋 (The Vanguard) 集团主席兼 CEO
爱伦・布雷耶 (Ellen Breyer)	Hazelden 基金会 CEO
麦克・布尔曼 (Mike Buhrmann)	1024 合伙人公司 LLC 合伙人； @mobile 创始人兼 CEO
唐纳德・卡蒂 (Donald Carty)	维珍美国主席； 美国航空公司主席兼 CEO(1998 ～ 2003)
林恩・弗里斯特・德・罗 (Lynn Forester de Rothschild)	EL 罗斯柴尔德公司创始人兼 CEO； 斯柴尔德夫人
大卫・迪龙 (David Dillon)	克罗格主席兼 CEO
罗伯特・费舍 (Robert Fisher)	盖普 (Gap) 公司主席
安・傅洁 (Ann Fudge)	杨・罗必凯主席兼 CEO
保罗・加西亚 (Paul Garcia)	全球支付公司主席兼 CEO
朱迪・哈伯肯 (Judy Haberkorn)	Consumer Sales & Services； Verizon 通信公司总裁 (1998 ～ 2000)

米歇尔·胡珀 (Michelle Hooper)	The Directors' Council 执行合伙人； Voyager 扩展学习公司前任 CEO； 巴克斯特保健公司副总裁
克里斯·约翰逊 (Kris Johnson)	Affinity 资本公司执行合伙人； 美敦力前任高级副总裁
路易斯·朱利伯 (Lois Juliber)	高露洁首席运营官 (2000 ~ 2004)
戴维·凯雷 (David Kelley)	IDEO 共同创始人兼主席
兰迪·科米萨 (Randy Komisar)	Kleiner Perkins Caufield & Byers 合伙人； LucasArts CEO(1994 ~ 1995)
贝尔·洛夫伯格 (Per Lofberg)	默克风险投资公司，LLC CEO； Medco 保健公司主席 (1993 ~ 2000)
艾伦·马拉姆 (Ellen Marram)	North Castle 合伙人公司执行顾问； Tropicana 总裁兼 CEO(1993 ~ 1998)
盖尔·麦加文 (Gail McGovern)	哈佛商学院教授； Fidelity 个人投资公司总裁 (1998 ~ 2002)； AT&T 消费者市场部门 EVP(1996 ~ 1998)
安·莫尔 (Ann Moore)	时代集团主席兼 CEO
安妮·马尔卡希 (Anne Mulcahy)	施乐公司主席兼 CEO

N.R. 纳拉亚纳・穆尔蒂 (N.R.Narayana Murthy)	Infosys 联合创始人兼首席导师； Infosys 主席兼 CEO(1981 ～ 2002)
史蒂芬尼・奥德嘉德 (Stephanie Odegard)	奥德嘉德公司总裁
乔尔・彼得森 (Joel Peterson)	斯坦福商学院讲师； 川梅尔・克罗公司执行合伙人 (1988 ～ 1991)
泰德・派珀 (Tad Piper)	Piper Jaffray 公司副主席； Piper Jaffray CEO(1983 ～ 2000)
戴维・波特拉克 (David Pottruck)	Eos 航空公司主席兼 CEO； 嘉信理财公司 CEO(1998 ～ 2004)
小・朱・罗杰斯 (Joe Rogers Jr.)	Waffle House 主席兼 CEO
史蒂夫・罗斯柴尔德 (Steve Rothschild)	Twin Cities RISE! 创始人兼主席； 通用磨坊前任 EVP
乔恩・朗兹 (Jon Rounds)	Risc 风险投资，LLC 首席运营官
路易斯・桑德尔 (Lewis Sanders)	安联资产管理公司主席兼 CEO
霍华德・舒尔茨 (Howard Schultz)	星巴克主席； 星巴克 CEO(1987 ～ 2000)
凯文・夏尔 (Kevin Sharer)	安进主席兼 CEO

约翰・泰恩 (John Thain)	纽约证券交易所 CEO
吉姆・汤普森 (Jim Thompson)	积极培训联盟创始人兼执行主管
玛丽安・托德达拉基 (Marianne Toldalagi)	MCT 公司总裁； 美国运通公司消费者旅行部门 SVP 兼总经理
丹尼尔・魏思乐博士 (Dr.Daniel Vasella)	诺华制药主席兼 CEO
朱迪・弗里登伯格 (Judy Vredenburgh)	"Big Brothers, Big Sisters" 组织 CEO
40～50岁的领导者	
道格・贝克 (Doug Baker)	Ecolab 主席兼 CEO
麦克・贝克 (Mike Baker)	Arthrocare CEO
罗伯特・切斯 (Robert Chess)	Nektar Therapeutics 主席兼 CEO
布鲁斯・齐森 (Bruce Chizen)	Adobe 系统公司 CEO
齐普・孔雷 (Chip Conley)	Joie de Vivre 酒店创始人兼 CEO

约翰·多纳霍 (John Donahoe)	eBay 总裁，贝恩公司全球执行主管 (1999 ～ 2005)
唐纳·杜宾斯基 (Donna Dubinsky)	Numenta 联合创始人兼 CEO； Handspring 联合创始人兼 CEO(1998 ～ 2003)； Palm 公司 CEO(1992 ～ 1998)
马克·恩斯特 (Mark Ernst)	H&R Block 主席兼 CEO
马克·费德勒 (Mark Feidler)	贝尔南方公司总裁兼 COO
法蒂·甘朵尔 (Fadi Ghandour)	Aramex 创始人兼 CEO
钟彬娴 Andrea Jung	雅芳公司主席兼 CEO
凯斯·克拉克 (Keith Krach)	Ariba 公司创始人兼 CEO
万达·马洛 (Vanda Marlow)	Zen Hospice 项目
德尼斯·欧李尔 (Denise O' Leary)	美敦力主管； Menlo 风险公司前任合伙人
卡尔·亨里克·罗伯特 (Karl-Henrik Robert)	The Natural Step 创始人

保拉・罗斯普特・雷诺德 (Paula Rosput Reynolds)	Safeco 公司总裁兼 CEO
路塞・萨姆斯 (Louise Sams)	特纳广播系统国际总裁
丹・舒尔曼 (Dan Schulman)	维珍移动 (美国)CEO
麦克尔・史威尼 (Michael Sweeney)	Goldner Hawn Johnson & Morrison 执行主管
理查德・泰特 (Richard Tait)	Cranium 创始人兼 Grand Poo Bah
肯特・希里 (Kent Thiry)	DaVita 主席兼 CEO
卡罗尔・汤姆 (Carol Tomé)	家得宝 CFO
30～40岁的领导者	
伊安・常 (Ian Chan)	美国 Genomics 创始人兼前任 CEO
凯撒・孔德 (Cesar Conde)	Univision 副总裁
丽萨・大卫 (Lisa Dawe)	DaVita 地区运营主管

史蒂芬・德伯利 (Stephen DeBerry)	Omidyar 网络投资主管
查尔斯・蒂姆勒 (Charles Dimmler)	Geron 公司总经理
玛莎・古德伯格・艾伦森 (Martha Goldberg Aronson)	美敦力投资关系部副总裁
杰米・埃里克 (Jaime Irick)	通用电气副总裁
温迪・科普 (Wendy Kopp)	"为美国教书"总裁兼创始人
克里斯・兰敦 (Chris Landon)	美敦力心律管理部门主管
伯纳德・鲁尼 (Bernard Looney)	英国石油副总裁
菲利普・麦克雷 (Philip McCrea)	Vitesse 学习公司创始人，前任总裁
克里斯・欧康奈尔 (Chris O' Connell)	美敦力紧急反应系统总裁
麦克尔・贝特泽拉 (Michal Petrzela)	Lightyear 资本公司合伙人
马克・雷诺索 (Mark Reynoso)	贝尔金公司销售及营销高级副总裁

谢兰德拉·辛 (Shailendra Singh)	红杉资本(印度)副总裁
罗纳德·桑塔格 (Ronald Sonntag)	犹他度假村创始人兼主席
克里斯托夫·伍雷 (Kristopher Woolley)	Greystar 不动产合伙人公司副总裁
萨姆·亚甘 (Sam Yagan)	OkCupid 联合创始人兼 CEO
20～30岁的领导者	
戴维·达尔斯特 (David Darst)	Potentia Pharmaceuticals 联合创始人； Medicine in Need 联合创始人
乔纳森·杜琴 (Jonathan Doochin)	麦肯锡领导者； 哈佛领导力机构创始人
朱利安·弗兰纳 (Julian Flannery)	摩根士丹利 CEO 助理； 白宫参谋长助理
里安·弗雷德里克 (Ryan Frederick)	CoastWood 资本集团助理
嘉里德·霍金斯 (Jared Hutchings)	大学风险资本公司联合创始人兼执行主管
萨拉·莫雷 (Sarah Molloy)	Acadian Asset 管理公司副总裁

阿萨塔・穆尔蒂 (Akshata Murthy)	斯坦福商学院学生
克莉丝汀・奥兹比 (Kristin Ostby)	Boys & Girls Hope 中央美国运营部门主管
詹姆斯・谭・鲍威尔 (James “Than” Powell)	美国礼来营销部门负责人
玛格丽特・布兹・鲍威尔 (Margaret Booth Powell)	美国礼来营销经理
达尼尔・萨尔瓦多里 (Daniel Salvadori)	New Leaf 投资公司助理
司各特・史带 (Scott Starr)	通用电气管理培训项目
萨拉・斯特拉米埃罗 (Sara Strammiello)	Year Up Providence 办公室创始人 兼执行主管
尼克・泰勒 (Nichole Taylor)	Frito Lay 产品研发副经理
艾丽斯・伍德沃克 (Alice Woodwark)	麦肯锡公司
来自公共资源和个人讨论时提到的领导者	
厄尔・巴肯 (Earl Bakken)	美敦力创始人，前任 CEO

马丁格利的布朗爵士 (Lord Browne of Madingley)	英国石油集团首席执行官
沃伦·巴菲特 (Warren Buffett)	伯克希尔·哈萨韦主席兼 CEO
詹姆斯·伯克 (James Burke)	强生集团主席兼 CEO(1976 ~ 1989)
杰夫·伊梅尔特 (Jeffrey Immelt)	通用电气主席兼 CEO
阿兰·雷富礼 (Alan “A.G.” Lafley)	宝洁公司主席兼 CEO
萨缪尔·彭明盛 (Samuel Palmisano)	IBM 主席兼 CEO
汉克·保尔森 (Henry Paulson)	美国财政部长； 高盛集团主席兼 CEO(1999 ~ 2006)
欧普拉·温弗莱 (Oprah Winfrey)	Harpo 公司主席

致谢

《真北》是我与合著者彼得·西蒙斯 (Peter Sims)，以及我在哈佛商学院的同事戴安娜·梅耶 (Diana Mayer) 和安德鲁·麦克莱恩 (Andrew McLean) 合作的结果。他们不遗余力地和我一同了解了大量真诚领导者的成长过程，和我一起采访了本书中提到的领导者，并对他们的反馈进行了评估。特别是彼得，他是一位真正的合著者；他对下一代的真诚领导者，以及真诚领导的意义和影响力，表现出了非凡的洞见和理解。戴安娜帮助我们对全美的众多真诚领导者进行了采访，让我们的思考变得更加完整有力。安德鲁在研究方法方面为我们提供了重要的帮助，他负责确保整个团队沿着正确的轨道前进，并随时帮助我们了解其他领导力研究的进展。在整个项目过程中，我们还从我们的执行编辑沃伦·本尼斯，以及 Jossey-Bass 的苏珊·威廉姆斯 (Susan Williams) 和拜伦·施耐德 (Byron Schneider) 那里得到了十分宝贵的指导和建议。

我们尤其要感谢在创作本书过程中接受我们采访的 125 位领导者，他们跟我们分享了自己的个人故事，而且还在领导力、未来真诚领导者，以及如何成为真诚领导者等问题上提供了大量的真知灼见。

如果没有他们的支持，本书或许根本不会问世。

在本书的编辑过程中，约翰·罗森博格 (John S. Rosenberg)，琼·马丁 (Jean Martin)，杰夫·乔治 (Jeff George)，彭妮·乔治 (Penny George)，格莱斯·卡恩 (Grace Kahng)，大卫·格根 (David Gergen)，卡罗琳娜·赫尔米克 (Carolina Helmick)，道格·贝克 (Doug Baker)，齐努恩 (Chi Nguyen)，马特·布里福特菲尔德 (Matt Breitfelder) 等人就本书的创作提供了大量宝贵的意见。理查德·谢帕德 (Richard Sheppard) 为我们设计了精美的图形。我们还要感谢比尔·布赞伯格 (Bill Buzenberg)，查理·蒂姆乐 (Charlie Dimmler)，保拉·古德曼 (Paula Goldman)，黛西·威德曼 (Daisy Wademan)，莱恩·弗雷德里克 (Ryan Frederick)，罗恩·桑塔格 (Ron Sonntag)，麦克尔·贝特里拉 (Michal Petrzela)，马特·凯恩 (Matt Cain)，布莱恩·德罗恩斯 (Bryan Droznes)，凯瑟琳·凯莉 (Kathleen Kelly)，珍纳特·拉吉尔 (Jeannette Lager)，雷纳·威尔·乔治 (Renee Will George)，乔恩·乔治 (Jon George)，克里斯托弗·格根 (Christopher Gergen)，达尼尔·萨尔瓦多里 (Daniel Salvadori)，朱利安·弗莱纳 (Julian Flannery)，司各特·史带 (Scott Starr)，弗兹·朱米恩 (Fawzi Jumean)，欧里·布拉福曼 (Ori Brafman) 和吉吉·西蒙斯 (Gigi Sims) 等帮助。尤其要感谢我在美敦力公司的助手卡罗尔·米尔卢 (Carol Mierau)，我在哈佛的助手凯西·费伦 (Kathy Farren)，他们都为本书的研究付出了大量的劳动。我在哈佛的同事们——尼汀·诺里亚 (Nitin Nohria)，杰·罗什 (Jay Lorsch)，大卫·格根，乔·巴达拉克 (Joe Badaracco)，林恩·潘 (Lynn Paine)，斯理康特·达塔尔 (Srikant Datar)，罗尼·黑菲兹 (Ronnie Heifitz)，罗萨贝兹·莫斯·康特 (Rosabeth Moss Kanter)，霍华德·史蒂文森 (Howard Stevenson)，乔·鲍威尔 (Jay Bower)，司各特·斯努克 (Scott Snook)，以及领导力与公司责任教学小组的成员们，还有我在哈佛的 MBA 学员们，他们帮助我更好地理解了领导力这个课题，

并为我的研究提供了大量的支持。此外，彼得在斯坦福的同事，查尔斯·欧雷利 (Charls O' Reilly)，乔尔·彼得森 (Joel Peterson)，贝兹·本杰明 (Beth Benjamin) 也为本书的完成提供了巨大的帮助。

如果没有我的妻子彭妮的支持、鼓励，以及耐心，本书也绝对不可能问世，我从她身上学到了很多关于人性以及领导的学问。

对于所有向我们提供过帮助的人，彼得和我在此对你们表示深深的感谢。

比尔·乔治

彼得·西蒙斯

作者简介

比尔·乔治(Bill George)

曾供职于世界顶级医疗技术公司美敦力公司(Medtronic)，1991 ~ 2001年担任公司首席执行官，1996 ~ 2002年担任公司董事会主席。在他的领导下，美敦力的市值从11亿美元暴涨至600亿美元，年增长率高达35%。目前他是哈佛商学院管理学教授，并同时兼任埃克森石油(ExxonMobil)、高盛集团(Goldman Sachs)和诺华制药公司(Novartis)董事。他还曾经供职于塔吉特公司(Target Corporation)董事会。

他出版过畅销书《真诚领导：重新发现创造永恒价值的秘密》(*Authentic Leadership: Rediscovering the Secrets to Creating Lasting Value*)。他经常出现在各种电视和广播节目当中，包括《今日秀》(*Today Show*)、《吉姆·赖勒新闻时间》(*The News Hour With Jim Lehrer*)、CNBC、《彭博新闻》(*Bloomberg News*)等。他曾经在《财富》(*Fortune*)、《华尔街日报》(*Wall Street Journal*)、《哈佛商业评论》(*Harvard Business Review*)等各种刊物上发表过多篇文章。

他曾被美国公共广播事务局 (PBS) 评选为“25 年来最顶级的 25 位商业领袖之一”，被美国管理学会评选为“2001 年度执行官”，被美国董事协会评选为“年度董事”。他现为美国卡耐基国际和平基金会托管人和世界经济论坛执行董事，曾担任 Allina 健康系统、Abbott-Northwestern 医院、Greater Twin Cities United Way 和 Advamed 等多家组织董事会主席。

他早期曾在霍尼韦尔 (Honeywell) 和 Litton 工业公司担任执行官，并曾就职于美国国防部。他还是耶鲁管理学院的住校执行官。他获得乔治亚理工学院工业工程学士学位和哈佛大学 MBA 学位，以及布莱恩特大学荣誉博士学位。

彼得·西蒙斯(Peter Sims)

协助全球顶级投资公司 Summit 合伙人公司创建了伦敦分公司，在学生时代就在斯坦福商学院创建“领导力视角”(Leadership Perspectives) 课程。他还曾就职于德勤全球战略团队 (Deloitte Touche Tomatsu Global Strategy Team)。

此外，西蒙斯还曾担任鲍德温学院 (Bowdoin College) 常务委员会委员，并曾加入 Summer Search 董事会。他以优异成绩毕业于鲍德温学院，并获得斯坦福 MBA 学位……

中资海派出品

为精英阅读而努力

领导力没有“风口”，真诚是你需要的一切

互联网 + 时代的真诚领导力读本

〔美〕比尔·乔治 著
中资译者·施红慧 译

中资海派出品
定 价：59.80元

自 2007 年首版《真北》面世以来，这部著作已经成为领导力传世经典。它告诉世人，只要能在直面内心时保持真诚、笃定与温情，任何人都能成为一名真正的领导者。

然而，2007 年至今，随着互联网经济再一次进入快速膨胀期，新兴企业家轻而易举地收获了巨额财富，却在随后的经济全球动荡与短期恐慌中迷失了自己的真北。另一边，马云、扎克伯格、拉里·佩奇等领袖则凭借对新时代领导力变革方向的准确把握，带领他们的“盈利独角兽”一路高歌猛进，为互联网时代的领导者树立了新的标杆。

比尔·乔治在《真北》（互联网 + 变革版）中新增了大篇幅的新时代成功领袖案例，从刚刚开启领导生涯的初创企业家，到已经抵达职业顶峰的 CEO，本书为所有互联网 + 领导者提供了紧跟时代脉络的领导力指引。

领导者如能终其一生坚持自己的真北，将在任何变革中攀上事业与人生的巅峰。

全球 172 位顶尖创新型领袖的真诚领导力告白

《财富》500 强百位 CEO 亲身实践，成功登上领导力巅峰